21世纪高等学校电子商务专业系列教材

U0362204

供应链管理

张静芳 主　编

陶振晖　向万里　杨向飞 副主编

清华大学出版社

北京

内 容 简 介

本书将基础理论和实际案例相结合,系统介绍了供应链管理的理论和方法,吸收了最新的研究成果,反映了供应链管理的发展趋势,采用了富有创新的体例设计。其内容和体系安排的特点是:在阐明供应链管理基本理论的基础上,系统阐述供应链管理过程中应用到的技术和方法,并对供应链管理发展趋势进行描述。本书在体例设计上力求探索教学改革,每章设有主要内容、学习目标、引导案例和复习思考题。全书共分为10章,内容包括供应链管理概论、供应链战略与规划、供应链网络构建、供应链协调管理、供应链采购决策、供应链库存管理、供应链运输管理、供应链数字协同、供应链金融管理和供应链绩效管理。

本书可作为高等学校物流管理类专业的教科书,也可供管理学其他各类专业使用,还可供物流管理人员在职培训和应试参考使用。

图书在版编目(CIP)数据

供应链管理 / 张静芳主编;陶振晖,向万里,杨向飞副主编. -- 北京:清华大学出版社,2024. 8.
(21世纪高等学校电子商务专业系列教材). -- ISBN 978-7-302-66990-6

Ⅰ. F252

中国国家版本馆 CIP 数据核字第 2024KP6550 号

责任编辑:陈景辉 薛   阳
封面设计:刘   键
责任校对:徐俊伟
责任印制:丛怀宇

出版发行:清华大学出版社
　　网　　　址:https://www.tup.com.cn,https://www.wqxuetang.com
　　地　　　址:北京清华大学学研大厦 A 座　　　邮　　编:100084
　　社 总 机:010-83470000　　　　　　　　　　邮　　购:010-62786544
　　投稿与读者服务:010-62776969,c-service@tup.tsinghua.edu.cn
　　质量反馈:010-62772015,zhiliang@tup.tsinghua.edu.cn
　　课件下载:https://www.tup.com.cn,010-83470236
印 装 者:三河市天利华印刷装订有限公司
经　　销:全国新华书店
开　　本:185mm×260mm　　印　　张:17.5　　　　　　字　　数:428千字
版　　次:2024年8月第1版　　　　　　　　　　印　　次:2024年8月第1次印刷
印　　数:1～1500
定　　价:59.90元

产品编号:101546-01

前　　言

随着社会经济的发展和信息化水平的提高,作为新的利润点,物流越来越受到重视。物流业在社会经济中的作用越来越重要。从概念的提出至今,供应链管理已经有30多年的发展历程,在理论和实践上不断推陈出新。智慧物流的发展,促使数字化供应链成为供应链管理发展趋势之一,必将推进供应链运营向更高层次发展。供应链管理理念在我国实业界和学术界已经得到广泛重视。供应链管理理论研究内容在不断扩展,企业在供应链管理实践过程中也取得了令人瞩目的成果。"供应链管理"是以管理学、物流学和运营管理等理论为基础,以管理统计学方法、管理运筹学方法、计算机信息处理等为手段的一门运作类课程。本书非常适合具备一定物流管理基础知识的读者学习。读者可以在短时间内学习供应链管理的相关理论和方法。

本书主要内容

全书共10章。

第1章为供应链管理概论,讲述供应链产生的过程、供应链管理理念与发展趋势、物流管理与供应链管理、供应链管理的内容和目标。

第2章为供应链战略与规划,讲述供应链战略匹配、供应链合作伙伴关系管理、供应链业务流程再造、供应链风险管理。

第3章为供应链网络构建,讲述供应链网络构建的作用和影响因素、供应链网络构建过程、供应链网络选址模型构建、供应链分销网络设计。

第4章为供应链协调管理,讲述供应链协调问题、供应链协调的障碍因素、提高供应链协调性的管理措施、改善协调的实践方法、合同定价实现供应链协调。

第5章为供应链采购决策,讲述采购管理概述、供应链采购组织设计、供应链环境下的采购模式、供应商开发与管理、供应商绩效评价与关系维护。

第6章为供应链库存管理,讲述库存管理的基本原理与工具、供应链环境下库存管理基本方法、供应链不确定需求与安全库存、供应链多级库存优化与控制。

第7章为供应链运输管理,讲述运输及其在供应链中的应用、物流运输决策、运输成本的特点、物流运输路线的确定、物流运输优化。

第8章为供应链数字协同,讲述供应链数字化转型的起因、数字化供应链的概念和转型趋势、数字化供应链的协同与细分策略、供应链数字意识指数框架构建。

第9章为供应链金融管理,讲述供应链金融概述、供应链金融融资模式、供应链金融风险管理。

第 10 章为供应链绩效管理,讲述供应链绩效评价概述、供应链绩效评价方法、供应链绩效改进策略与激励机制。

本书特色

(1) 问题驱动,由浅入深。

本书通过分析问题,由浅入深,逐步对操作系统的重要概念及原理进行讲解与探究,为读者更好地掌握操作系统原理提供便利和支持。

(2) 突出重点,强化理解。

本书结合编者多年的教学经验,针对应用型本科的教学要求和学生特点,突出重点,深入分析,同时在内容方面全面兼顾知识的系统化要求。

(3) 注重理论,联系实际。

本书为重要的知识点配备了典型例题,例如,在第 7 章供应链运输管理中,选择典型案例,通过节约里程法,确定最优的运输路线。

(4) 风格简洁,使用方便。

本书风格简洁明快,对于非重点内容不作长篇论述,以便读者在学习过程中明确内容之间的逻辑关系,更好地把握重点,掌握操作系统的内容。

配套资源

为便于教与学,本书配有教学课件、教学大纲、教案、教学日历、教学进度表、习题答案、期末试卷及答案、课程思政案例、实验素材、课后设计。读者可以扫描本书封底的"书圈"二维码,关注后回复本书书号,即可下载。

读者对象

本书主要面向广大从事物流或供应链管理专业学习和工作的相关人员、从事高等教育的专任教师、高等院校的在读学生及相关领域的广大科研人员。

本书由张静芳担任主编,陶振晖、向万里、杨向飞担任副主编,何瑞春担任主审。具体编写人员及负责编写的内容是:张静芳负责第 1~第 5 章,陶振晖负责第 6~第 8 章,向万里负责第 9 章,杨向飞负责第 10 章;张静芳负责全书框架的构建和统稿工作。

在本书的编写过程中参考了大量有关书籍、文献及论文,引用了互联网上的相关文章和案例,在此对相关资料的作者表示衷心的感谢。特别感谢兰州交通大学交通运输学院对本书出版给予的经费支持。

限于编者水平,加之时间仓促,书中难免存在疏漏之处,欢迎广大读者批评指正。

编 者
2024 年 5 月

目　　录

第1章　供应链管理概论

思政案例

【主要内容】

本章共有4节内容,分别讲述供应链产生的过程、供应链管理的理念与发展趋势、物流管理与供应链管理、供应链管理的内容和目标。

【学习目标】

通过本章的学习,掌握供应链(supply chain)的含义和特点,了解"牛鞭效应"产生的原因;掌握供应链管理(supply chain management)的内涵,了解供应链管理的发展趋势;理解物流管理与供应链管理之间的联系和区别,熟悉供应链环境下物流管理的特点;掌握供应链管理的内容,理解供应链管理的目标,为后续章节的学习奠定理论基础。

【引导案例】

青岛啤酒集团有限公司(以下简称青岛啤酒)在迅速完成扩张后,营销战略由以规模为主的"做大做强"相应转变为以提升核心竞争力为主的"做强做大"。啤酒下线后送达终端市场的速度,即所谓的"新鲜度管理",成为青岛啤酒打造企业核心竞争力的关键要素。"新鲜度管理"本质上就是企业的供应链管理。青岛啤酒是如何成功进行这场供应链管理的呢?

1. 信息不畅是青岛啤酒的"保鲜"大碍

青岛啤酒自1998年起开始推行"新鲜度管理"。但是,按照旧的业务流程,成品出厂后存入周转库,由周转库发至港站,然后进入分公司仓库,最后才转运给消费者。啤酒作为日常消费品,其口味在长时间流转过程中已发生了极大的变化。由于物流信息不畅,运输过程不但增加了运费,加大了库存,也占用了资金,提高了管理成本,新鲜度管理很难落到实处。另外,各区域销售分公司在开拓市场的同时需要管理运输和仓储,往往顾此失彼。青岛啤酒认为,不能及时为公司决策层提供准确的销售、库存信息是让消费者喝到最新鲜啤酒的严重阻碍。所以,青岛啤酒把"新鲜度管理""市场网络建设"等纳入了信息化建设范畴。

2000年,青岛啤酒利用先进的信息化手段,再造青岛啤酒的销售网络,建立起销售总公司与各销售分公司的物流、资金流、信息流顺畅的供应链管理信息系统。

青岛啤酒销售供应链管理信息系统由财务、库存、销售、采购、储运等模块构成。目的是加快产品周转、降低库存和加快资金周转。实现以销定产的"订单经济"。2001年2月,青岛啤酒与甲骨文(Oracle)公司开始正式合作,通过引入企业资源计划(enterprise resource planning,ERP)系统实施企业信息化战略。青岛啤酒规划"借助ERP系统这个现代管理平台,将所有的啤酒厂、数以百计的销售公司、数以万计的销售点,集成在一起。对每一点、每一笔业务的运行过程实施全方位监控,对每一个阶段的经营结果实施全过程审计,加快资金周转速度,提高整个集团的通透性,实现资源的优化配置"。在金志国看来,"做ERP,青岛啤酒绝对不是赶时髦,我们需要用新技术改造青岛啤酒传统业态的管理体制和运作方式"。

应该说,借助于网络技术的应用改造产品价值链,实现企业生产链向供应链管理转变是青岛啤酒管理重组的必经之路。

2. 流程不顺也难保"新鲜"

1998 年第一季度,青岛啤酒以"新鲜度管理"为中心的物流管理系统开始启动,企业着重做了两个方面的工作,一是限产压库,二是减少重复装卸,以加快货物运达的时间。青岛啤酒花费了很多精力对发货方式、仓库管理、运输公司及相关部门进行改革和调整。青岛啤酒热衷于流程再造,对青岛啤酒而言,流程再造就是为了建立现代物流系统,从根本上对企业流程进行重新设计。青岛啤酒筹建了技术中心,将物流、信息流、资金流统一在计算机网络的智能化管理之下,简化业务运行程序,对运输仓储过程中的各个环节进行了重新整合、优化,以减少运输周转次数,压缩库存,缩短产品仓储和周转时间等。根据客户订单,将产品从生产厂直接运往港、站,省内订货从生产厂直接运到客户仓库。仅此一项,就使每箱的成本下降了 0.5 元。同时对仓储的存量作了科学的界定,规定了上限和下限,上限为 1.2 万吨。存量低于下限时发出要货指令,高于上限时安排生产,使仓储成为生产调度的"平衡器",有效地改变了淡季库存积压、旺季市场断档的尴尬局面,满足了市场对啤酒新鲜度的需求。

销售部门根据各地销售网络的要货计划和市场预测,制订销售计划;仓储部门根据销售计划和库存及时向生产厂传递要货信息,生产厂有针对性地组织生产,物流公司则及时地调动运力,确保交货质量和交货期。同时,销售代理商在有了稳定的货源供应后,从人、财、物等方面进一步降低销售成本,增加企业效益。

1.1 供应链产生的过程

随着全球经济的快速发展,信息技术在各行各业得到了广泛的应用。居民消费水平在不断提高,需求表现出多样化和个性化的特征。市场环境发生了巨大的变化,企业之间的竞争不断加剧,作为"第三利润源泉"的企业物流管理受到了广泛关注。而供应链管理强调上下游企业之间相互合作,它是流程和信息高度集成与共享的联盟组织,是现代企业提升客户服务水平、降低物流运作成本的竞争利器。

工业时代的到来,人们开始更多地强调效率与分工的重要性,每个企业都追求效率化和高度专业化。人们普遍认为只要企业可以达到效率和效益的最大化,必然能够增强竞争力,但由于过分强调工作切割及局部最优化,整体观念被削弱。例如,企业为追求高生产效率,引进了许多高度自动化生产设备并强调单一动作的生产管理方式,这些快速生产出来的标准化产品,不是在仓库堆积形成库存就是形成销售渠道的库存,企业不得不想尽办法把库存变成现金,于是便采取推陈出新的促销手段,减少或消除库存以回收资金,维持企业的简单再生产。在这种情况下,零售商不会考虑制造商的问题,反过来,制造商也不会考虑零售商的问题,因而造成生产和销售的信息不对称,各类企业运营缺乏整体观念,以物流驱动的供应链呼之欲出。

1.1.1 供应链产生的背景

物流运作模式萌芽于 19 世纪后期,从 20 世纪二三十年代开始在美国工业中广泛应用,对美国经济的迅猛发展起到了巨大的推动作用,第二次世界大战后成为世界工业的主导模式。依靠较低的劳动力成本和大量的资本投入实现一定的生产规模,要求生产的规范化和产品的标准化。规范化可以最大程度地利用工人的劳动能力,标准化易于实施大批量生产。以机械化平行作业实现标准化加工和组装,通过流水线生产来简化物料的组织管理,从而实现高产量、低成本、高质量。

随着市场竞争环境的变化,规范化和标准化的生产要求在竞争激烈的全球市场中,面对一个变化迅速且预测可靠性低的买方市场,传统的企业生产和经营模式对市场巨变的响应越来越迟缓和被动。为了摆脱这种困境,一些企业自 20 世纪 70 年代起就引入了先进的制造技术和管理方法,如计算机辅助设计(computer aided design,CAD)、柔性制造系统、准时生产(just in time,JIT)、制造资源计划(manufacturing resource planning,MRP Ⅱ)等,虽然这些方法取得了一定的实效,但在经营的灵活性、快速满足客户需求方面并没有带来实质性的改变。人们意识到,问题不在于具体的制造技术与管理方法本身,而在于企业仍局限于传统生产经营模式的框架中。

1.“纵向一体化”的企业管理模式

(1)“纵向一体化”概念及其表现形式。

纵向一体化是指与制造企业的产品、用户或原料的供应商相联合,或自行向这些经营领域扩展,即企业在现有业务的基础上,向现有业务的上游或下游发展,形成“供—产”“产—销”或“供—产—销”一体化,以扩大现有业务范围的企业经营行为。在产品或服务的生产或分销过程中,企业参与其中两个或两个以上相继阶段的经营,可称为纵向一体化经营。纵向一体化有两方面的含义:一是组织结构现有状态,即加深企业在产品的加工或经销各阶段上的延伸程度;二是企业行为,即企业通过纵向兼并等手段进入另一加工或经销阶段的行为。在特定的历史阶段,“纵向一体化”具备其合理性,主要体现在以下几个方面。

① 管理模式上的合理性。

管理模式是一种系统化的资源组织与控制方法,它把企业中的人、财、物和信息等资源高质量、低成本、快速、准确地转换为市场所需要的产品和服务。自从有了企业这个组织机构,质量、成本和时间(生产周期)就一直是企业活动的三个核心,企业管理模式也在围绕这三个方面不断发展。企业的生存和发展全部依赖于对这三个核心活动过程的管理水平,因为质量是企业的立足之本,成本是生存之道,时间是发展之源。好质量得到消费者的认可,企业得以在市场上立足;低成本使得企业有实力进行价格竞争;短生产周期提供给消费者所需要的产品或服务,能保证企业适应不断发展的消费需求。为了做好这三个方面的工作,企业不断寻找最有效的管理方法。

20 世纪 80 年代以前,企业出于对制造资源的占有要求和对生产过程直接控制的需要,一般采用的策略是自身投资建厂或参股到供应商企业,一个产品所需要的各种零部件基本上都是在企业内由各个工厂加工出来,企业直接控制着各个零部件的生产过程,“大而全、小而全”的管理模式就是“纵向一体化”的形象描述。例如,许多制造商拥有铸造、毛坯准备、零件加工、部件装配、总装、包装、运输等一整套设备设施及组织机构,但其构成比例却又是畸形的。受长期卖方市场决策背景的影响,其产品开发能力和市场营销能力都非常弱,但其却拥有庞大的加工体系。如今,我国绝大部分国有企业已经改制并进入了市场竞争领域,但是,几十年来所形成的思维方式却不会随着改制的完成而很快转换过来。因此,尽管国有企业形式上已经是股份制企业,但相当一部分企业管理者仍然受原有管理观念的影响,需要时间去改变。

② 计算机应用于生产计划与控制机制上的可行性。

企业生产管理系统在不同的时期有不同的发展和变化。20 世纪 60 年代以前,比较盛行的方法是通过确定经济生产批量、安全库存、再订货点来保证生产的稳定性,但由于缺乏对独立需求和相关需求的区别,采用这些方法有不合理性。20 世纪 60 年代中期,出现了物料需求计划(material requirement planning,MRP),较好地解决了相关需求的管理问题。随着企业对计算机技术与信息技术的进一步应用,出现了制造资源计划、准时生产及精益生产(lean production,LP)等新的生产方式。这些新的生产方式对提高企业整体效益和市场竞争力确实作出了卓著的贡献。

在工业化发展初期,人们消费水平较低,价格的高低成为企业竞争的主导因素。产品只要便宜、实用,就有市场。为了在销售过程中保持低价,必须在生产过程中降低成本。与此相适应的“大量生产”成为主流市场方式。以汽车市场为例,20 世纪初,亨利·福特(Henry Ford)通过流水线作业方式,使过去通过手工方式制造、价格高昂的汽车,能像生产“纽扣和螺丝”那样大量生产出来,且成本和售价大幅度降低,成为普通工薪阶层买得起的商品。“大量生产”满足了人们拥有一辆车的愿望,把汽车从少数富翁专享的奢侈品变成了大众化的交通工具,使汽车进入了普通家庭。汽车工业成为美国的支柱产业,汽车也改变了人们的生活方式。

③ 大量生产模式下时间压缩的适应性。

企业的经营环境和竞争形势的变化,促使竞争模式从基于价格的竞争转向基于质量和服务的竞争,最终又转移到基于时间的竞争上来。对于时间要素在企业管理中重要性的科学研究,可以追溯到弗雷德里克·温斯洛·泰勒(Frederick Winslow Taylor)倡导的科学管理运动,与他所进行的时间研究和动作研究,其实质是通过缩短加工时间来提高劳动生产率。在泰勒科学管理模式的基础上,福特运用劳动分工和标准化理论,将汽车制造过程进行细分,使流水线生产的生产效率得到了极大的提高。对于大批量生产,因品种少、批量大,只要能减少加工时间,就能提高生产效率,调整准备时间问题并不突出。但对于多品种、小批量生产,品种转换时的设备调整准备时间却成为妨碍生产效率提高的主要问题。

(2)“纵向一体化”管理模式的弊端。

在特定的历史时期,“纵向一体化”模式发挥了重要的作用,20 世纪 40—60 年代,企业处于相对稳定的市场环境中,这时的“纵向一体化”模式为经济社会的发展作出了贡献,但随着时代的发展,自 20 世纪 90 年代以来,在新技术、新管理模式不断出现,企业竞争日益激烈,顾客需求多样化的形势下,“纵向一体化”管理模式弊端凸显。

① 增加了企业投资负担。

无论是投资新建的工厂,还是用于其他公司的控股,企业都需要自己筹集必要的资金。这给企业带来了许多不利之处。首先,企业必须花费人力、物力和财力,设法在金融市场上筹集所需的资金。其次,资金到位后,进入项目建设周期,为了尽快完成基本建设任务,企业要花费精力从事项目实施的监管工作,这同样需要消耗大量的企业资源;在项目建设周期内,企业不能安排生产,还有要按期支付的借款利息,那么用于项目基本建设的时间越长,企业背负的利息负担就越重。

② 需要承担丧失市场时机的风险。

对某些新建项目来说,由于建设周期长,往往出现“项目建成之日也就是项目下马之时”

的现象,即市场机会早已在项目建设时逝去。从选择投资方向来看,决策者当时的决策可能是正确的,但就是因为花在基本建设上的时间太长,生产系统建成投产时,市场行情可能早已发生了变化,企业也因此错过了进入市场的最佳时机而蒙受损失。因此,项目建设周期越长,企业承担的风险就越大。

③ 企业从事不擅长的业务活动。

"纵向一体化"管理模式的企业实际上是"大而全,小而全"的经营模式。这种企业把产品设计、计划、财务、会计、生产、人事、管理信息、设备维修等工作看成企业必不可少的业务工作,许多管理人员往往由于花费过多的时间、精力和资源去从事辅助性的管理工作而无法做好关键性业务活动的管理工作。结果不但辅助性的管理工作没有抓起来,关键性业务也没有做出特色,不仅使企业失去了核心竞争力,还增加了成本。

④ 企业各部门面临众多的竞争对手。

企业采用"纵向一体化"管理模式还必须在不同业务领域直接与不同的竞争对手竞争。例如,有的制造商不仅生产产品,而且拥有自己的运输公司。鉴于此,企业不仅要与制造业的对手竞争,还要与运输业的对手竞争。在企业资源、精力、经验都十分有限的情况下,企业的各个部门要紧跟行业发展是很难的。事实上,即使是华为这样的大公司,也不可能拥有开展所有业务活动所必需的才能。20 世纪 90 年代初,华为开始与其他企业建立广泛的合作关系。

⑤ 增加企业的行业风险。

如果整个行业不景气,采用"纵向一体化"管理模式的企业不仅会在终端用户市场上遭受损失,而且会在各个纵向发展的市场上遭受损失。例如,因为疫情发展,口罩需求量持续上升,某企业建立口罩生产线,并建立了辅料加工厂,但由于口罩供应企业增加,口罩市场饱和,该厂生产的大部分口罩失去了销路,这样不但使口罩生产线遭受损失,与之配套的辅料厂也举步维艰。

2. "横向一体化"管理模式

由于企业能力和资源的约束,单一企业很难满足众多细分市场的需求。20 世纪 80 年代后期,横向合作联盟组织应运而生。

(1)"横向一体化"的概念及其表现形式。

"横向一体化"是指把与本企业处在生产-营销链上同一个阶段的具有不同资源优势的企业联合起来形成一个经济体。"横向一体化"的实现途径包括收购、兼并、基于契约关系的分包经营和许可证及特许权经营、基于产权关系的合资经营等。其源于市场营销和战略管理,又称"水平一体化"或"整合一体化",是指企业收购或兼并同类产品生产企业以扩大经营规模的成长战略。其实质是提高系统的结构级别,开展与企业当前业务相竞争或相互补充的活动。企业通过联合与协作扩展其组织边界,成为合作联盟组织单元(扩展企业),"横向一体化"管理模式如图 1-1 所示。

一方面,新产品开发设计与供应商合作,借助计算机辅助设计系统实现产品和工艺快速设计;物料采购与供应商合作,保证物料供应的稳定性,并借助计算机辅助制造系统(computer aided manufacturing,CAM)使市场计划更加有效地制订和执行。另一方面,新产品开发设计和产品生产订单与下游经销商合作,实现开发适销对路的产品和供应与需求协调的产成品,实现产成品库存最小。随着上下游企业之间合作的深化,通过共同的市场利

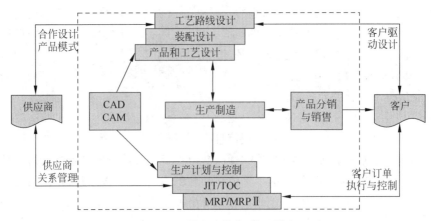

图 1-1　"横向一体化"管理模式

益和业务与相关企业结成战略联盟,即形成"横向一体化"管理模式。

（2）"横向一体化"模式的优缺点。

采用横向一体化战略,有助于企业实现规模经济,快速获得互补性的资源和能力。收购或合作的方式,有助于企业建立与客户之间的固定关系,遏制竞争对手的扩张意图,维持自身的竞争地位和竞争优势。

横向一体化战略同样存在一定的风险,如过度扩张所产生的巨大生产能力对市场需求规模和企业销售能力都提出了较高的要求;在某些横向一体化战略中,如合作战略,还存在技术扩散的风险;组织上的障碍也是横向一体化战略所面临的风险之一,如"大企业病"、并购中存在的文化融合程度低等现象。

单纯考虑企业内部资源优化已经不能适应基于时间竞争的需要,企业必须充分利用外部资源,与合作伙伴协同运作,才能真正降低整个供应链的响应时间。促使供应链管理应运而生。

1.1.2　供应链的提出

鉴于"纵向一体化"管理模式的种种弊端,从 20 世纪 80 年代后期开始,美国等西方国家的一些企业及国际上很多企业放弃这种经营模式,响应"横向一体化"的管理理念,即利用企业外部资源快速响应市场需求,企业只抓住自己的核心业务,而将非核心业务委托或外包给合作伙伴企业。"横向一体化"形成了一条从供应商到制造商再到分销商、零售商的贯穿所有企业的"链"。由于相邻节点企业必须达到同步、协调运行,才能使链上的所有企业都能受益,因此供应链及供应链管理的思想成为主流。

1. 供应链的定义

我国《物流术语》(GB/T 18354—2021)中对供应链的解释为生产及流通过程中,围绕核心企业的核心产品或服务,由所涉及的原材料供应商、制造商、分销商、零售商直到最终用户等形成的网链结构。

供应链是一个系统,是人类生产活动和整个经济活动的客观存在。人类生产和生活的必需品,都是从最初的原材料生产、零部件加工、产品装配、分销、零售到最终消费的过程,同时也包括了废弃物回收和退货形成的逆向物流。可见,供应链既有物质材料的生产和消费,也有非物质形态(如服务)产品的生产(如提供服务)和消费(如销售服务)。各个生产、流通、交易、消费环节,形成了一个完整的供应链系统。网状结构供应链如图 1-2 所示。

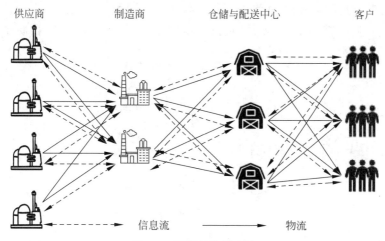

图 1-2　网状结构供应链

对于供应链的定义,不同的专家学者给出了不同解释,尤其是美国的多位学者分别对供应链进行了定义。

一些学者认为,供应链是制造企业中的一个内部过程,它是指把从企业外部采购的原材料和零部件,通过生产转换和销售等活动,再传递到零售商和用户的一个过程。传统的供应链概念局限于企业的内部操作层面,注重企业的自身资源利用程度。另外一些学者把供应链的概念与采购、供应管理相关联,用来表示与供应商之间的关系,这种观点引起了那些研究合作关系、准时生产方式、精益供应、供应商行为评估等问题的学者们的重视。但这是一种仅局限于制造商和供应商之间的关系,而且供应链中的各个节点企业独立运作,忽略了与外部供应链成员之间的联系,往往造成企业间的目标冲突。马士华教授认为,供应链是围绕核心企业,提供对信息流、物流、资金流的控制,从采购原材料开始,制成中间产品及最终产品,最后由销售网络把产品送到消费者手中的将供应商、制造商、分销商、零售商、最终用户连成一个整体的功能网链结构。它是一个范围更广的企业结构模式,包含所有加盟的节点企业。从原材料的供应开始,经过链中的不同企业的制造加工、组装、分销等过程直到最终用户。它不仅是一条连接供应商到用户的物流链、信息链、资金链,而且是一条增值链,物料在供应链上因加工、包装、运输等过程而增加其价值,给供应链上的节点企业均能带来收益。

2. 供应链结构的模型

从不同的角度对供应链进行分析,得出不同的供应链结构。供应链结构一般划分为链式结构供应链与网状结构供应链、推动式供应链与拉动式供应链、效率性供应链与响应性供应链、精细化供应链与敏捷化供应链等。

（1）链式结构供应链与网状结构供应链。

根据参与供应链的节点企业的数目多少和企业之间的连接关系复杂程度,可分为链式结构供应链与网状结构供应链。链式结构供应链是一种最简单的供应链结构,即每一个节点企业只与一个上游企业相连接,就像一个直线型链条,一环扣一环。这种供应链在企业外部供应链、产业和全球网络供应链中较少出现,在企业内部或动态企业联盟中则较为常见。

网状结构供应链是比较常见的结构,每个供应商可以为多个制造商服务,每个制造商可以从不同的供应商手中获得原材料,并将生产的产品交由不同的分销商进行分销。若只针对两个相邻的节点企业而言,有一对多、多对一、多对多的供应链关系结构,网状结构供应链如图 1-3 所示。

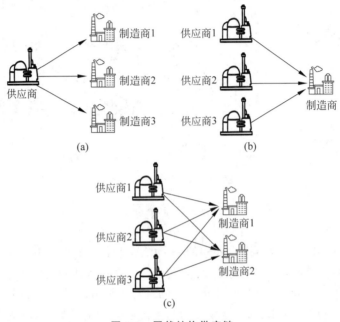

图 1-3 网状结构供应链

(a) 一对多;(b) 多对一;(c) 多对多

(2) 推动式供应链与拉动式供应链。

推动式供应链一般是以制造企业的生产为中心,以制造商为驱动源点,通过尽可能提高规模化运作效率,来降低单件产品成本而获得利润。传统的供应链几乎都属于推动式供应链,侧重于供应链的规模效率,强调供应链节点企业按基于预测而预先制订的计划运行,适合于客户需求比较稳定、订货周期较长的产品市场环境,获取运输和制造的规模经济效益。推动式结构供应链如图 1-4 所示。

图 1-4 推动式结构供应链

拉动式供应链则是以消费端的客户需求为中心,以销售商为驱动源点,尽可能提高生产和市场需求的协调一致性,减少供应链上的库存积压,从而降低单件产品成本而获利。拉动式供应链管理模式依据消费市场或消费者当期的实际需求,沿供应链向上游传递信息,拉动产品的生产和服务,适合于需求不确定性很高、订货周期较短的产品市场环境。如果按各个客户的单次订单交货,则较难实现运输和制造的规模经济。拉动式结构供应链如图 1-5 所示。

图 1-5　拉动式结构供应链

（3）效率性供应链与响应性供应链。

效率性供应链是基于有效客户响应（efficient consumer response，ECR）的一种完全以客户需求和满意度为驱动的管理方法，通过让零售商与供应商共享客户销售信息数据系统，以分析消费者的需求为基础来提高流通效率，其目的在于减少流通过程中的浪费，降低销售成本。效率性供应链主要体现在供应链的物料转换功能，强调按部就班地对原材料、半成品和产成品进行采购、生产、存储和运输，最终完成将产品送达消费者手中的使命。效率性供应链的整个运营模式更加强调成本概念，而不强调时间成本，不强调及时交货，允许短暂的缺货，并不影响整体效率性的供应链运作。

响应性供应链是基于快速响应（quick response，QR）的零售商与供应商密切合作的策略，他们之间通过共享销售时点（point of sale，POS）信息，预测未来需求的发展变化，以便对消费者的需求做出快速反应。响应性供应链的运作过程强调的是供应链的市场整合功能，把产品在正确的时间、正确的地点，以正确的数量、正确的品种分配到满足用户需求的市场。运营模式更加强调时间成本，着重强调各个节点企业之间的协调，从而最终实现快速响应市场变化、及时满足客户需求的核心目标。在采购、市场、运输等环节及时地考虑成本，甚至采用高成本的操作方式，而在销售环节从产品附加值中赚取较高的利润。产品类型与供应链运作资源的有效匹配如图 1-6 所示。

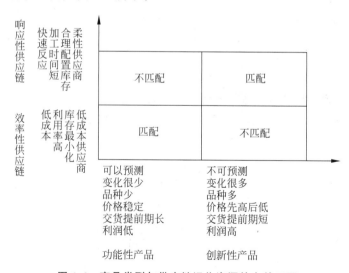

图 1-6　产品类型与供应链运作资源的有效匹配

（4）精细化供应链与敏捷化供应链。

精细化供应链源于精细生产，采用准时生产方式，追求"零库存"，主要着眼于供应链的"费用节流"等方面，努力降低供应链物流运作总成本，以尽可能少的投入获得尽可能多的收益。精细化供应链重点关注从供应链整体优化来减少浪费、降低成本、缩短订货提前期和交货期、增加客户价值,从而增强企业的竞争优势。

敏捷化供应链源于敏捷制造,采用基于时间的竞争战略,追求"零时间",主要着眼于供应链订货和交货时间的缩短。敏捷化供应链是一种以变化的需求为出发点,以缩短产品开发的周期和物流周期为目标,以柔性生产技术为特点,依靠信息技术和网络技术,由具有核心竞争力的企业整合而成的虚拟企业或动态联盟。敏捷化供应链强调供应链的"敏捷性",通过保持适量的供应链库存,达到柔性化生产,满足客户的个性化产品需求的目的。精细化供应链和敏捷化供应链的区别见表 1-1。

表 1-1　精细化供应链和敏捷化供应链的区别

比 较 项 目	精细化供应链	敏捷化供应链
竞争战略	成本领先	时间领先
供应目标	最小化供应链成本	快速响应市场需求,最大化客户满意度
关注重点	利润率最低,要求高效	利润率高,要求有效
需求特征	有历史数据,可以预测	市场需求难以预测
库存策略	JIT 生产,追求零库存	生产中保持适量缓冲库存、柔性化生产
伙伴选择	成本、质量水平	敏捷性、柔性、质量水平、协调能力
生命周期	较长	短
生产方式	少品种、大批量	多品种、小批量
组织形式	企业长期合作、战略合作	虚拟企业、动态联盟
人力资源	张掖分工、个人操作技能	敏捷型员工

3. 供应链的特点

(1)满足客户的需求。

无论何种形式的供应链,其存在的前提均是满足某种需求的存在。这种需求作为供应链的驱动力,促进节点企业的结盟、分工合作,拉动供应链中信息、物资、资金的流动和交换,在为用户提供高质量产品和服务的同时,实现供应链增值。

(2)结构动态性。

供应链是在一定市场目标和环境下建立的一种竞争合作模式,随着供应链目标、服务方式及企业核心竞争力的不断变化,链上节点企业及其地位也会不断发生变化,这就决定了供应链为适应市场需求会不断进行节点企业的变更与调整。

(3)关系复杂性。

供应链是在一定用户需求目标条件下为实现企业横向择优与合作建立的网链关系。链中的节点企业来自不同的区域、行业,甚至不同的国度,其根据自身核心竞争力情况在供应链中担当不同的角色。各企业在制度、技术、组织等方面的差异决定了供应链系统的复杂性。同时,供应链动态变化的特性进一步增加了节点企业关系的复杂性。

(4)互利合作性。

供应链的出现是为适应经济全球化,合理调整企业间存在的目标冲突和利益冲突,以供应链目标为共同目标,实现竞争向合作转化的结果。通过这种战略性合作,企业可以实现对市场变化的快速反应,实现供应链企业合作共赢。

(5)信息共享性。

以互联网为代表的信息技术是构筑供应链的基本条件。供应链依靠互联网跨越时空的界限,实现真正意义上的资源共享、择优合作,才能把握市场需求变化,消除传统销售链上出现的信息需求失真放大的"牛鞭效应",协调、控制供应链整体,实现对用户需求的快速反应。

(6) 虚拟协同性。

在信息技术的支持下,供应链不依靠一个集团或大企业,就可以将不同地域、不同国度、不同形式的企业以一种协作组织的形式联结起来。这种组织在一定目标条件下具有相对的稳定性,但并不是具有确定机构的企业实体,而是形成的虚拟协同运作的供应链。

1.2　供应链管理理念与发展趋势

供应链是一个有组织的体系,但是供应链体系本身并不能天然地带来人们所期望结果,必须通过对供应链的管理,才能让供应链真正发挥其应有的作用,因此,也就有了供应链管理的概念。早期的供应链管理的重点主要在库存管理,通过协调来平衡有限的生产能力和用户需求变化之间的冲突。现行的供应链管理则把供应链上各个节点企业看作一个不可分割的整体,涵盖从供应商到最终用户的采购、制造、分销、零售等职能领域过程,供应链上的企业通过执行以上职能组成一个协调发展的有机整体。

1.2.1　供应链管理的定义和理念

1. 供应链管理的定义

有关供应链管理的定义,不同专家和学者提出了各自的看法。

伊文斯(Evens)认为供应链管理是通过前馈的信息流和反馈的物料流及信息流,将供应商、制造商、分销商、零售商,直到最终用户连成一个整体的管理模式。

菲利普(Phillip)则认为供应链管理不是供应商管理的别称,而是一种新的管理策略,以协调客户高服务水平和低库存、低成本的相互冲突。

史蒂文斯(Stevens)认为供应链管理的目标是使来自供应商的物流与满足客户需求协同运作,以协调客户高服务水平和低库存、低成本的相互冲突。

柯林(Collins)指出供应链管理不只是单纯的生产、销售、供货与企业联盟,而是合作关系的进一步改善,使供应链的运作程序更加合理化、弹性化,以获得产业环境波动中无法取代的竞争优势。

我国《物流术语》(GB/T 18354—2021)中,供应链管理是指从供应链整体目标出发,对供应链中采购、生产、销售各环节的商流、物流、信息流及资金流进行统一计划、组织、协调、控制的活动和过程。

马士华、林勇编著的《供应链管理》(第 6 版)中对供应链管理的定义为:供应链管理就是使以核心企业为中心的供应链运作达到最优化,以最低的成本,供应链从采购开始到满足最终顾客的所有过程,包括工作流(work flow)、实物流(physical flow)、资金流(funds flow)和信息流(information flow)等均高效率地操作,把合适的产品以合理的价格及时、准确地送到消费者手上。

从所列的供应链管理定义中可以看出,供应链管理需要借助信息技术和管理技术,将供应链节点企业上的业务流程相互集成,从而有效地实现从原材料采购、产品制造、成品分销到交付给最终用户的全过程物流,同时达到提高客户满意度、降低供应链系统成本、增加节点企业效益的目的。

2. 供应链管理的核心理念

从供应链管理的概念和供应链的结构模型可以看出,供应链管理的对象是一个以核心企业或品牌商为核心的企业群。核心企业通常也就是品牌商,要使该品牌产品具有强大的竞争力,它的供应链管理必须十分强大。为了使供应链达到提高竞争力的目的,供应链管理需要坚持四大核心理念。

(1) 供应链节点企业资源整合。

供应链管理理念从提出到现在已经过了 30 多年。在供应链管理的实践过程中,人们将供应链管理从一般性的管理方法已经提升到整合思维的理念。供应链中所有节点企业被看作一个有机的整体,涵盖物流的全部职能领域。但当一个企业要拓展一项业务或开辟一个新的市场时,首要任务是从企业外部寻找最佳资源,如果企业将所有时间留给自己完成,可能丧失很多机会,甚至将企业带入万劫不复的深渊,因此,资源整合是供应链管理的核心理念之一。

(2) 供应链合作伙伴关系。

供应链管理是从"横向一体化"发展而来,在供应链管理的实践中非常强调合作伙伴关系,只有实现了合作伙伴之间的战略性合作,才能共同实现供应链整体利益最大化。供应链管理的对象是一个企业群,其中的每一个企业都有各自的核心业务和核心能力,如何才能将这些企业的能力整合在一起,形成真正的合力,是关系实现供应链整体目标的关键。如果每个节点企业都只顾自身利益,就会损害供应链的整体目标,最终无法保证个体的利益。因此,供应链核心企业要与合作企业逐步建立战略合作伙伴关系,兼顾合作伙伴的利益和诉求,调动合作伙伴的积极性,保证供应链健康、稳定、低风险发展。

(3) 供应链节点企业协调运营。

供应链管理涉及若干企业在运营中的管理活动,为了实现供应链管理的目标,相关企业在运营活动中必须按计划协调运作,不能各自为政。例如,供应商应该按照制造商的要求,将零件按计划生产出来并准时配送到制造商的装配线上,而且不同零部件的供应商必须同步地将各自的零部件配送到位。任何一个供应商的延误,不仅会使自己遭受损失,而且会连累那些准时交货的供应商,最后对总装配造成延误。协调运营的另一个问题就是打破传统的企业各自为政的分散决策方式,通过协调契约的设计,能使合作双方增加收益。

(4) 供应链节点企业收益共享。

供应链管理强调的另一个重要理念就是收益共享。通过供应链资源整合,形成合作伙伴关系,协调运作达到整体利益最大化,这还不是供应链管理的全部。事实上,能够达到整合、合作和协调,重要的影响因素之一就是收益共享。合作企业之所以愿意在一个供应链体系内共创价值,是因为它们看到这个供应链能够创造更多的收益,但是这些收益必须实行共享,才有可能将供应链的资源整合起来。如果合作企业发现供应链的利益被某一个企业独占,它们是不可能参与到供应链管理系统中的,即使有可能介入,也可能是抱着短期利益最大化的心态,捞一把就撤出,影响供应链长期稳定发展。因此,是否具有供应链管理的核心理念——收益共享是保证合作伙伴是否愿意与核心企业长期合作的重要条件。

1.2.2　供应链管理的趋势

供应链管理的有效实施对于供应链节点企业有很多益处：企业通过供应链成员合作降低库存,减少降价处理的滞销损失,提高企业资源的利用率,降低产品成本;通过建立合作伙伴关系,提高交货的可靠性,实现准时供应,从而改善客户服务水平;加快资金周转,实施供应链管理的企业比一般企业的资金周转率提高近一倍;并且通过产品联合开发,协同生产,产品上市更快,提高市场占有率;通过建立合作联盟,成为受欢迎的业务伙伴,竞争对手也难以介入。因此,供应链管理对企业发展具有重要意义。

1. 供应链管理的意义

（1）供应链管理支持企业营销策略。

供应链管理是营销策略的重要支柱。供应链物流活动是营销策略的焦点。一方面,供应链管理可在产品成本、新产品开发和促销服务等方面支持营销策略。产品成本实证分析表明,在产品销售价格中,物流成本是产品制造成本的 3 倍,物流成本的高低决定了产品成本高低,从而影响产品售价。产品改良和新产品开发,需要理解消费者需求的变化,通过供应链下游的分销商,进行分销网络的信息共享,从而及时、准确地获取客户需求因素的变动信息,开发和上市适销对路的新产品。产品促销是营销部门常用的策略,但是如何真正让利于最终消费者和扩大企业的市场份额,而不是促销期间造成销售商有意囤积,可以通过供应链的信息共享与监督来解决。另一方面,企业通过使用物流服务提升客户忠诚度,以有效的物流服务来提高顾客服务水平,如改进交付可靠性、缩短订货提前期等策略,创造顾客服务优势,提高顾客的满意度和忠诚度,进而形成顾客价值优势。订单即时、准确地执行,需要通过物流活动才能实现,供应链物流支持企业的营销策略。企业创造的价值是企业的市场盈利和让渡给顾客的利益总和。企业创造价值的构成关系如图 1-7 所示。

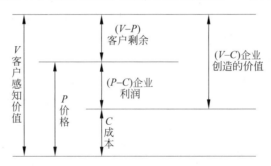

图 1-7　企业创造价值的构成关系

（2）供应链管理便于消除"牛鞭效应"。

在市场营销活动中,分销商是依据零售商的订货需求量汇总之后进行订货决策,而零售商通常是依据历史的销售量和当前的销售情况进行需求预测、确定订货数量,但为了防止因需求增量而缺货,通常会将预测订货量放大一定比例后向分销商订货。分销商在汇总零售商当期订货量的基础上,为了防止缺货,又做一定比例的放大后向上游销售公司订货。这样,虽然消费市场实际需求量的波动并不太大,但经过零售商和分销商的订货放大后,订货量就被逐级放大了。由于订货信息从供应链下游节点企业向上游供应链节点企业逐级传递,未能有效地实现市场需求信息共享,从而导致需求信息被人为扭曲而逐级放大,逐级订货量放大图形就像一根甩起的牛鞭,上游的供应商批量犹如梢部,下游的消费者需求好似把柄,一旦把柄抖动,传递到末梢就会出现很大的波动性。因此,订货量在供应链上的需求变化被逐级放大的现象称为"牛鞭效应"。"牛鞭效应"对供应链节点企业订货量的影响如图1-8所示。

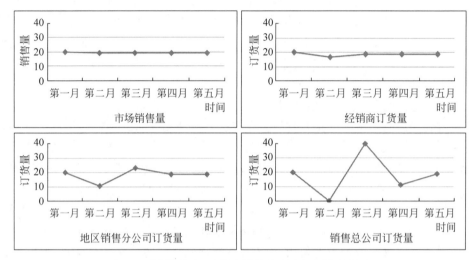

图1-8　"牛鞭效应"对供应链节点企业订货量的影响

产生"牛鞭效应"的原因主要有需求预测误差、订货提前期较长、企业的订货批量决策选择、市场价格波动、销售季节造成的短缺博弈、库存责任不到位、下游市场消费需求不确定等。追根溯源,主要由于供应链信息不能有效共享、信息不对称造成了企业从自身利益最大化角度进行决策,因此需要变革供应链管理的订货模式,改变原有的逐级订货模式,对订货流程进行业务流程重组,实现信息集成与共享,最终有效减少和消除"牛鞭效应"。

(3)供应链管理是利润的"新"源泉。

第三利润源泉是日本早稻田大学教授、日本物流成本学说的权威学者西泽修先生在1970年提出的。在生产力相对落后、社会产品处于供不应求的历史阶段,由于市场商品匮乏,制造企业无论生产多少产品都能销售出去,于是就大力进行设备更新改造、扩大生产能力、增加产品数量、降低生产成本,以此创造企业剩余价值,即第一利润。当产品充斥市场,转为供大于求,销售产生困难时,也就是第一利润达到一定极限,很难持续发展时,便采取扩大销售的办法寻求新的利润源泉,这就是第二利润。当销售达到了一定极限时,同时发现物流不仅可以帮助扩大销售,而且也是一个很好的新利润增长源泉,这就是第三利润。因此可以说节约原材料是"第一利润源泉",提高劳动生产率是"第二利润源泉",建立高效的物流系统被誉为企业建立竞争优势的"第三利润源泉"。

从宏观层面来看,连续近4年时间,我国社会物流总成本占GDP的比例持续保持在14%以上,与发达国家相比,有很大的下降空间。从微观层面来看,按照盈亏平衡分析理论,供应链节点企业要保持或提高利润,可以通过降低原材料价格、提高劳动生产率、降低物流成本等措施,分别获得第一利润、第二利润和第三利润。

(4)供应链的优势不易被复制。

供应链的最大优势是供应链中的上、下游企业形成战略联盟,它们通过信息共享形成双赢关系,实现社会资源的最佳配置,降低社会总成本,避免企业间的恶性竞争,提高各企业和整个供应链的效益。

供应链管理作为一种新型的管理理念、模式和一套实际的管理系统,已被越来越多的企业认识、接受和采用。在经济全球化环境下,从供应链管理的角度考虑企业乃至整个供应链的经营活动,可以充分发挥企业的核心能力,提高企业竞争力。通过实施供应链管理,鼓励供应链上的节点企业共同开发新产品,推进新产品或新服务开拓市场;开发新分销渠道,提高售后服务水平和用户满意度;降低库存持有成本、运输和仓储物流成本、单位制造成本,在效益和效率等方面获得满意的效果。

实施供应链管理带给企业的优势十分明显。但供应链管理的障碍同样存在:一方面,供应链节点企业的某些目标相互冲突;另一方面,供应链是一个动态的系统,顾客需求变化、供应商能力变化或者供应链成员关系变化,都会增加供应链管理的复杂性,因此动态系统的资源优化配置难度更大。正因为供应链管理的难度大,所以使得供应链管理带给节点企业的优势不易被复制且可持续。

2. 供应链管理的趋势

(1) 供应链管理双向发展模式。

随着社会对供应链管理的认识,供应链管理从核心企业为主导的体系,扩展到其他相关领域,使供应链管理在社会经济体系建设和发展中的价值更加突出。供应链体系构成示意图如图 1-9 所示。

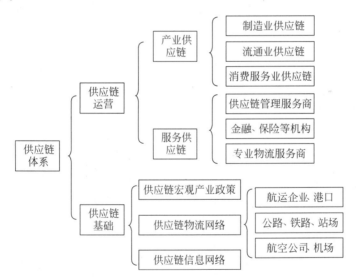

图 1-9　供应链体系构成示意图

由图 1-9 可以看出,根据供应链体系的要素在供应链体系中起的作用不同,供应链体系的要素分为供应链运营和供应链基础。供应链运营指围绕核心企业组成的企业群体开展的生产和销售活动,这是构成一个国家经济活动的主旨,也是决定国家整体竞争力的基础,如工业、农业、流通业及各类服务性企业。供应链基础指为使供应链运营得以有效进行而提供的基础性资源支撑,包括支撑供应链运行的物流网络,如公路、铁路、航空、航运等基础设施及相关运营企业或政府主管部门等,构成畅通的供应链通道,为供应链主体企业的高效运营提供支撑；信息网络，如互联网、物联网、移动商务、公共信息共享等各类平台；支持供应链发展的宏观产业政策等。由此可见，供应链基础建设离不开政府的政策与资金支持。

根据供应链运营中的主体内容不同，供应链运营分成产业供应链和服务供应链。产业供应链是供应链体系的核心，如工业企业、农业企业、流通企业及消费服务类企业组成的供应链；服务供应链特指为产业供应链提供供应链管理服务的企业，如金融、保险、第三方物流、物流平台企业等，它们共同为产业供应链运营的主体企业提供供应链管理服务，助推产业供应链提升竞争力。

研究供应链体系有助于不同行业、不同企业找到其在供应链体系建设中的定位，找准发展方向，对制度主管部门而言，其同样可以在供应链基础中的通道建设、助推供应链的产业政策等供应链体系建设上发挥作用。

（2）供应链管理向细分行业发展。

供应链企业在实践中不断面临新的调整和需求，社会上出现了围绕供应链管理的服务型企业，逐渐形成了以现代服务为核心的、为产品制造或流通企业供应链提供管理服务的业态，得到了社会的认同，并成为国民经济中的一种统计类别。根据《国民经济行业分类》（GB/T 4754—2017），供应链管理服务指基于现代信息技术对供应链中的物流、商流、信息流和资金流进行设计、规划、控制和优化，将单一、分散的订单管理、采购执行、报关退税、物流管理、资金融通、数据管理、贸易商务、结算等进行一体化整合的服务。供应链管理服务模式的出现，使企业供应链管理者得以将供应链运作的辅助性业务外包出去，专注于核心主体业务，有力地促进了供应链各种能力的提升。供应链管理服务企业参与供应链管理体系如图 1-10 所示。

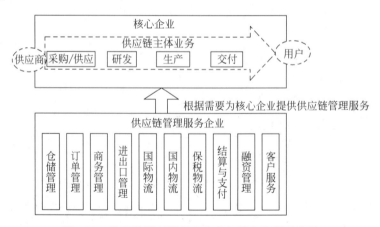

图 1-10　供应链管理服务企业参与供应链管理体系

（3）数字化智慧供应链建设。

随着"中国制造 2025"战略及相关配套政策陆续出台，中国制造业正加速向智能制造转型升级，智慧供应链建设也由此成为制造业升级发展的必然趋势。汽车、家电等行业的领先企业在从"制造"向"智造"转型中，努力构建智慧供应链生态圈。

物联网改变了企业生产方式，也改变了传统的供应链管理模式。多年来供应链上的节点企业均通过各种方式获取市场信息，而物联网实现了企业通过供应链获取数据的新方式。通过产品或设备所携带的传感器发出的数据信息，制造商能够获得从零部件供应商到销售渠道零售商的全链海量数据,进而通过数据分析来发现市场的需求偏好、产品购买用户的使用偏好、产品零部件的质量等。数字化贯穿了整条供应链的采购、分销、库存及信息等,使得需求预测更加准确、产品定制化更加敏捷、采购物流的成本更加优化。

1.3　物流管理与供应链管理

部分学者认为供应链管理与物流管理将是包含与被包含的关系,物流是供应链流程中的一部分,是为了满足客户需求而对商品、服务及相关信息从原产地到消费地的高效率、高效益的正向和反向流动及储存进行的计划、实施与控制过程。物流管理与供应链管理之间存在着区别和联系。

1.3.1　物流管理与供应链管理的关系

（1）管理目标方面。

现代物流管理的目标是为了满足客户需求而产生的从生产地到销售地的产品、服务和信息的流动过程,以及为使保管能有效、低成本进行而从事的计划、实施和控制行为。供应链管理则是在提供产品、服务和信息的过程中,对从终点用户到原始供应商之间关键商业流程进行集成,从而为生产和其他所有流程参与者增值。由此可见,物流管理与供应链管理在为顾客服务的目标上是一致的。

虽然二者的管理目标是一致的,但这并不能代表其工作性质也是相同的。供应链工作的性质突出了处理和协调供应商、制造商、分销商、零售商,直到消费者之间存在的各种关系;物流工作的性质突出了具有一定物流市场技能的物流工作者,运用物流设施、物流机械等劳动手段,作用于物流对象的生产活动。

（2）管理内容方面。

物流管理的内容包括物流活动及与物流活动直接相关的其他活动,它包括从原材料的供应到产品的销售的全部物流活动。但供应链管理涉及的内容要庞大得多。供应链管理是通过前馈的信息流和反馈的物流及信息流,将供应商、制造商、分销商、零售商,直到最终用户连成一个整体的模式。供应链管理既包括商流、信息流、资金流、增值流的管理,也包括物流管理。因此,物流管理属于供应链管理的一部分。

但物流管理与供应链管理二者还存在诸多不同。比如,物流中还包括城市物流、区域物流和国际物流等,而这些在供应链管理中显然是不作为研究对象的。当然,供应链研究涉及的产品设计与制造管理、生产集成化计划的跟踪与控制及企业之间的资金流管理等,物流管理也同样不将其作为研究对象。

即使将管理的范围限定在企业管理上,物流管理和供应链管理的内容也存在着明显的不同。供应链管理是企业的生产和营销组织方式,而物流管理则为企业的生产和营销提供完成实物流通的服务活动。物流服务所表现出的第二特征是在任何时候、任何场合、任何状态下都是不会改变的。

（3）管理手段方面。

供应链管理是基于互联网的供应链交互的信息管理,是以电子商务为基础的运作方式。在电子工具和网络通信技术的支持下,商流、信息流、资金流可以通过网上传输轻松实现。

物流运作环节包括对商品实体的运输、储存、装卸、包装、流通加工、配送等活动,必须由具体的物流设施设备进行操作才能完成,当然,物流运作环节离不开物流管理信息,需要物流信息技术的支持,但是互联网显然不是构成物流管理的必需手段,即物流在没有互联网技术的支持时照样运行。

1.3.2　供应链环境下的物流管理

供应链节点企业之间的物流是企业间联系的纽带。通过优良的物流环节,保证上游企业按照各自既定的仿真正常运作,实现供应链节点企业之间的无缝衔接,发挥供应链的整体优势,提升企业竞争力。节点企业选择优质物流服务企业,确保物流服务水平的同时,与合作企业保持良好的合作关系。

1. 供应链物流管理的概念与特点

(1) 供应链物流管理的概念。

供应链物流管理是供应链管理思想实施对供应链物流活动的组织、计划、指挥、协调与控制。作为一种共生型的物流管理模式,供应链物流管理强调供应链成员企业不再孤立地优化自身的物流活动,而是通过协作、协调与协同,来提高供应链物流的整体效率。

(2) 供应链物流管理的特点。

① 信息共享。在供应链环境下的物流系统,除了需求信息、供应信息,还增加了信息共享。共享信息对供应链管理是非常重要的。由于可以做到信息共享,因此供应链上任何节点的企业都能及时地掌握市场的需求信息和整个供应链的运行情况,每个环节的物流都能透明地与其他环节进行交流与共享,从而避免了需求信息的失真现象。

② 过程同步。对信息跟踪能力的提高,使供应链物流过程更加透明化,也为实时控制物流过程提供了条件。

③ 互利合作。合作性与协调性是供应链管理的重要特点,但如果没有物流系统的无缝衔接,那么若运输的货物逾期未到,顾客的需求不能得到及时满足,采购的物资常常在途受阻,这些因素都会导致供应链的节点企业合作不畅。因此,无缝衔接的供应链物流是供应链获得协调运作的前提条件。

④ 准时交货。物流网络规划能力的增强,反映了供应链环境下的物流特征。充分利用第三方物流、代理公司等机构运输方式和交货手段,确保准时交货,同时降低供应链节点企业库存压力和安全库存水平。

⑤ 敏捷响应。作业流程的快速重组能力极大地提高了物流系统的敏捷性。通过消除不增值的过程和时间,使供应链的物流系统进一步降低成本,为实现供应链的敏捷性、精益化运作提供了基础性保障。

⑥ 满意服务。灵活多样的物流服务提高了消费者的满意度。通过制造商和运输部门的实时信息交换,及时地把用户关于运输、包装和装卸方面的要求反映给相关部门,提高了供应链物流管理系统对节点企业个性化响应的能力。

2. 供应链物流管理的任务

(1) 供应链物流系统合理化。

供应链物流系统包括物流系统安排合理化和管理理念的现代化。在管理理念上,把供应链物流管理纳入企业发展战略一体化范围。企业的有机运转,依赖于商流、物流、信息流和经营管理四个"轮子"的协调,并以物流为主导。物流系统与生产系统、销售系统、财务系统一起,被称为企业的四大支柱。物流是生产系统、销售系统的支持系统,供应链物流系统的合理化,对整个供应链运作产生深远影响。同时,物流的时间、空间、数量、形态等结构,又受供应链计划安排、产品设计、销售策略和财务状况等因素的制约。供应链物流系统的合理化,需要将物流管理与其他系统有机结合成一个整体,作为企业发展战略的一个重要构成要素。用先进的管理理念和管理方法,研究与管理物流的活动过程,完善物流计划,提高控制的系统性和科学性。由各部分的分散管理向集中管理转化,由操作性管理向决策性管理转化,由封闭型管理向开放型管理转化,用先进的物流信息技术支持系统的高效运作。供应链物流系统中的运输、仓储、包装、装卸搬运、流通加工、配送及物流信息等各种职能因素,相互关联、相互制约、相互影响。因而,供应链物流系统的结构安排应建立在低成本、高效率、高效益的基础上。物流系统安排合理化应注重运输与装卸搬运路径优化、物流设施设备布局优化、各类物流库存控制优化、先进技术应用合理化和物流作业绿色化。

(2) 供应链物流网络化。

供应链物流管理旨在使供应链各环节的运作实现无缝衔接,提升客户满意度,保持物流运作的恰当成本。这就需要对供应链运作的全过程进行网络化物流管理。供应链物流发生在供应、生产、销售各环节,在决策制定上要考虑供应链模块的关联性,分析其各模块职能对其职能运作成本的影响。在此基础上,才能合理安排供应链全过程的物流网络。供应链物流网络结构由供应链运营的驱动要素决定,归纳为采购、库存、运输、分销、选址和信息六个方面,对于每一个独立要素,供应链管理者必须在反应能力和盈利能力之间权衡,供应链物流网络要素构成如图 1-11 所示。

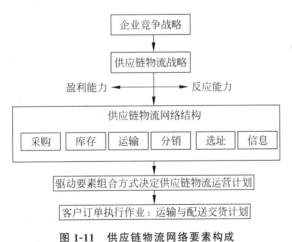

图 1-11　供应链物流网络要素构成

① 采购。供应链下的采购不是单纯的购买行为,而是指从潜在的供应商遴选开始,经过询价和比价,确定日常供应商和订单分配到明确采购交货条件(如对产品、质量、价格与交付方式的选择),直到采购的商品进入需求者仓库为止的全过程。

② 库存。库存要素主要是指管理库存方式,包括将库存分配(推动式)到存储点与通过自发补货(拉动式)库存两种策略。另外,还涉及产品系列中的不同品种分别选择工厂、地区性仓库或基层仓库存放,以及运用各种方法来管理长期存货的库存水平等决策内容。

③ 运输。运输要素包括运输方式、运输批量、运输时间及运输路线的选择。多种运输

方式可供选择，并对运输路径进行组织优化。运输速度快、服务水平高，则反应能力强，但运输成本高、盈利水平相应降低。

④ 分销。分销是指在整条供应链中，产品从供应商向客户移动或储存所采取的措施或步骤。分销涉及供应链的末梢，对供应链物流网络的实施效果起着决定性作用。

⑤ 选址。生产场所和储备场所是供应链网络中物资储存、装配和制造的地方。选址主要涉及确定设施数量、地理位置、设施规模、设施功效和能力柔性等决策。要提高反应能力，选址应靠近消费者，但由此会使设施密度增大，成本提高，导致盈利水平降低。

⑥ 信息。信息要素包括整条供应链中的有关采购、库存、运输、设施、顾客的订单（订单资料）和预测分析。信息是供应链运营中最重要的驱动要素，直接影响其余要素。

（3）客户满意度管理。

供应链物流运作的最终目标是满足客户的期望和要求，不断提升供应链的竞争优势，使供应链上的各合作伙伴实现共赢。对于物流服务提供者而言，无论是本企业内部还是企业外部，凡是接受物流服务者，都是其客户。接受服务的客户是制定物流运作要素的中心和驱动因素。在制定物流战略时，要充分认识到物流服务必须满足各种客户的要求，同时，要时刻关注对客户满意度的管理。客户满意度强调的是客户、客户期望及他们对物流运作绩效的认同。了解客户的期望，提升操作标准，减少工作失误，以不断提高物流运作绩效，最终达到提升客户满意度的目标。

① 物流运作绩效管理。物流运作不管涉及采购、生产还是销售的任何阶段，都应该从运作速度、持续性、灵活性、可靠性等几个方面衡量运作绩效。运营周期的运作速度是指客户产生需求、下达采购订单、货物配送全过程所需的时间，它取决于物流系统的设计构成。订货/交货周期的持续性是指在运行周期内按计划规定的时间完成的交货次数。物流的灵活性是指企业的物流系统能应对特殊情况，来满足客户需求的能力。相应地，在物流服务中能预见可能出现的故障或服务中断，并由相应的应急措施来补救，则能保证客户生产的正常运作。物流服务的可靠性体现了物流的综合特征。因此，为客户的服务应确定客户正确的产品、正确的数量、正确的时间、正确的地点、正确的条款、正确的价格及正确的信息。

② 客户期望管理。客户在交易时有很多期望都是围绕基本物流服务而产生的。客户期望多样，不同客户的期望值各不相同。对客户期望管理旨在了解客户、保持客户普遍认同的服务水平，同时，提升增值服务水平。唐纳德·J.鲍尔索克斯（Donald J. Bowersox）在他的《供应链物流管理》一书中给出了物流运作绩效相关的 10 种客户期望：可靠性、快速反应、可接近性、沟通、可信度、安全性、礼貌、胜任能力、硬件和了解客户。

③ 物流运作的关系管理。对客户满意度的管理是一项需要持续改进的长期任务，市场的动态竞争，使得客户期望也在日益增加。事实上，现代供应链物流运作不仅涉及整个链条的一体化物流动态管理，对服务对象的管理，还涉及出现物流外包时对第三方物流企业的管理。同时，现代物流面临着跨国物流的竞争。

1.4　供应链管理的内容和目标

供应链管理涉及的内容多、范围广，不同的供应链管理书籍对于供应链管理的内容认识不同，供应链管理的目标正是依据供应链管理的内容而设计，最终决定整条供应链的竞争力。

1.4.1　供应链管理的内容

1. 供应链网络设计与构造

供应链是由供应商、制造商、分销商和零售商组成的网链,供应链网络系统是为客户提供产品和服务的物质基础,通常是由工厂、车间、设备、仓库、配送中心等物质实体构成的一个有机体,是实现企业产品物流和配送活动的载体。供应链管理中的网络设计,是指运用科学的方法确定各种设备设施的数量、地理位置、规模,并分配各设施所服务的市场范围,使之与供应链的整体经营系统有机结合,以实现有效、经济的供应链运作。供应链网络选址对设施建成后的设备布置及投产后的经营费用、产品和服务质量带来持续的影响。供应链网络的功能也将根据不同的市场环境进行合理规划和设计。设施选址、设施能力和生产柔性的决策对供应链效率产生很大的影响,因此保证供应链网络决策的合理性和正确性是供应链正常运行的前提。

2. 供应链计划管理

供应链计划管理在整个供应链系统中处于中心位置,是连接所有相关的供应链企业生产系统与市场的枢纽,是供应链管理中最重要的要素之一。供应链计划管理活动一般由核心企业主导,它的主要功能有以下几点。①了解和掌握市场需求。供应链节点企业必须采用先进的需求管理和预测技术,将互联网时代的碎片化需求整合起来,准确地掌握客户的需求信息和客户动态。②定义供应链活动范围。③规划供应链节点企业的客户订单承诺能力(available-to-promise,ATP)、供应链物料需求计划、分销需求计划、集中与分散交货计划、订单交付周期压缩计划等。④制订主生产计划,包括需求预测和需求管理、主生产计划编制、制造支持、减少库存资金占用、供应链需求复查功能、物流资源匹配支持等。供应链计划管理着眼于优化整条供应链,整个供应链都按照它发出的指令运行。因此设计从原材料供应、产品制造、订单交付、产品配送直到最终用户的全过程的计划管理。为了提高客户满意度,供应链企业必须同时做好线上线下全渠道的客户需求管理工作,使供应链的运营能够围绕着客户需求进行,供应链企业能够快速响应客户的个性化需求,始终如一地为客户提供优质、可靠的产品和服务。

3. 供应链供需协调管理

供应链供需协调运作需要信息技术的支持,信息流贯穿供应链各个节点企业。信息技术的发展进一步增强了企业应用供应链管理的效果。由于信息流直接影响着供应链物流、资金流、商流及其他关键要素的运行质量,因此,它是保证供应链供需协调的最重要的一个要素。有效的信息流管理为供应链企业对市场需求响应更快、资源运用效率更高提供了保证。

4. 供应链采购管理

供应链采购管理就是在建立战略性合作伙伴关系的基础上,实现供应链成员之间信息沟通和相互合作,通过供应链供需双方共享库存数据实现无缝衔接和管理,使采购决策过程透明化,减少安全库存、消除供应过程的组织障碍、简化采购手续、鉴别并剔除整条供应链上的冗余环节和非增值环节,降低整条供应链的成本,为实施准时(just in time,JIT)采购策略创造条件。

5. 供应链库存管理

供应链管理中库存管理的功能,是通过维持一定量的库存来克服由于市场随机需求产生的变化和供应的不确定性风险对供应链带来的不利影响,库存在供应链管理中的角色定位如图 1-12 所示。

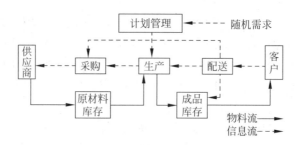

图 1-12 库存在供应链管理中的角色定位

供应链管理的主要目的是保证供应链中物流和信息流的有效流动。但在企业的实际管理活动中,经常出现由于各种不确定性问题而导致物流和信息流的流动障碍,如原材料延迟到达、机器故障、产品质量发生缺陷、客户订单突然取消等。这些不确定因素都会使企业管理者被迫提高库存水平及吸收和平衡随机波动因素带来的损失,管理者试图通过建立一定数量的原材料、半成品和产成品的库存来克服这种不确定性。然而,提高库存水平必然导致库存持有成本上升,也会削弱供应链的竞争力。根据实际调查得知,一般情况下库存费用要占库存物品价值的 20%,有时高达 40%。过高的库存水平对供应链效率与响应速度都有巨大的影响,因此如何设置供应链的合理库存水平,一直是供应链管理的重要组成部分。

6. 供应链运输管理

根据我国《物流术语》(GB/T 18354—2021),运输的定义为利用载运工具、设施设备及人力等运力资源,使货物在较大空间上产生位置移动的活动。运输是供应链一个重要的驱动因素,产品的生产和消费绝大多数发生在不同的地理空间上。在绝大多数供应链中,运输成本都是供应链成本的重要组成部分。在全球供应链中,运输的作用更为重要。任何供应链的成功都与合理利用运输来支持其竞争战略密切相关。运输网络设计将对供应链绩效产生影响,设计良好的运输网络能够以低运输成本实现客户所期望的响应水平。因此,选择合理的运输方式和运输设备、利用有效的运输网络、规划合理的运输线路,从而达到运输总成本最低。

7. 供应链数字化协调管理

21 世纪的供应链已转变为全球相互连接的供求网络,供应链的竞争力直接影响企业的产品和市场的竞争力,供应链数字化转型就是帮助企业提高供应链的竞争力,从而获得企业在数字经济时代的竞争优势。供应链的数字化转型不单是采用新兴数字技术来变革传统的供应链,而且是关乎供应链商业模式、组织、流程、服务和运营的数字化变革,以及应对不确定性和风险的能力。数字化供应链将充分利用大数据、物联网、数字化协作平台,实时进行信息互换;在管理模式上将偏重敏捷并寻求最佳战略匹配;管理工具为全渠道供应链数字平台、互联网机构、云端架构等,支持供应链业务发展,并支持供应链全业务领域的数据流通;在企业合作上,将趋向战略性合作达成共生共赢,通过网络扩展、数字化协调、人工智能和机器学习帮助提高未来预测的准确性;在响应机制上将根据已有数据主动预测,敏捷响应。

8. 供应链金融管理

资金是企业发展的源泉。供应链核心企业往往对其上下游的中小型供应商和销售商有比较强的议价能力,从而变相占用中小企业的流动资金,造成了中小企业的资金缺口。中小企业为填补资金缺口往往需要向银行等金融机构申请融资。然而,由于中小企业存在缺少抵押和担保、财务报表不健全、信用评级不高、抗风险能力弱等问题,因此难以获得金融机构的信贷融资。中小企业融资难、融资贵的问题由此产生。供应链金融从关注商流和信息流向关注资金流关系协调发展转变。供应链金融在供应链上下游真实交易的基础上,运用自偿性贸易的信贷模型,引入供应链中核心企业、第三方物流、数据平台等相关主体,对供应链中的企业提供封闭式融资授信支持,以及相关的资金结算、理财、信托等综合性金融服务。通过对供应链上下游节点企业筹措资金并对现金流进行统筹安排,合理分配各节点企业的流动资金,实现供应链整体资金成本最小化。

9. 供应链绩效管理

从系统分析的角度看,供应链绩效评价与激励是供应链管理中的一项综合性活动,涉及供应链的各个方面。供应链绩效评价的目的主要有两个:一是判断各方案是否达到了各项预定的性能指标,能否在满足各种内外约束条件下实现系统的预定目标;二是按照预定的评价指标体系评出参评方案的优劣,做好决策支持,帮助管理者进行最优决策、选择系统实施方案。供应链激励的目标主要是通过某些激励手段,调动合作双方的积极性,兼顾合作双方的共同利益,消除由于信息不对称和败德行为带来的风险,促使供应链整体协调运作,消除双重边际效应,实现供应链节点企业共赢的目标。

通过建立供应链绩效评价与激励机制,围绕供应链管理的目标对供应链整体、各环节(尤其是核心企业)运营状况及各环节之间的营运关系等进行事前、事中和事后分析评价。设置恰当的供应链绩效评价与激励机制,有助于正确判断供应链运营状况和协调供应链节点企业之间的合作关系。因此,保证供应链绩效评价与激励机制的合理性与一致性是供应链有效运行的关键。

1.4.2　供应链管理的目标

主导企业实施供应链管理的目标是建立一个高效率、高效益的扩展企业并为最终用户创造价值。通过贸易伙伴之间的密切合作,以最小的总成本和最低费用提供最大效用和最好的服务。

1. 获得真实的供应链供需信息

在瞬息万变的动态市场活动中,需求不仅包括一般性产品和服务,还包括个性化产品和特殊服务需求。在供应链多层次需求信息反馈中存在的“牛鞭效应”,往往会导致需求信息失真。尽快准确地获得真实的需求与准确的需求量,使企业的供应活动建立在真实可靠的市场需求基础之上,预防生产过剩、库存积压等情况的发生,提高运输、包装、订单处理等活动的效率。

2. 实施快速供应

为保证供应链核心企业比竞争对手更快捷、更准确、更积极地将货物供应给客户,就需要借助计算机、移动通信、动态跟踪和大数据等技术,避免供应链任何环节上低效率运作、高频率停滞现象,从而提高企业物流运作效率,进而能够最大限度地提高服务质量和用户满意度。

3. 实现供应链整体优化

传统供应链存在的不足,如库存过大、盲目生产、渠道复杂等。同时由于不同组织之间相互独立,导致相互冲突的组织目标出现。因此,必须站在供应链管理全局的高度,从企业整体的角度出发,对产品发展方向和获利性、业务流程和组织结构,企业内外部各种资源利用、生产及流通计划、交货期、销售、服务及仓库布局等各方面进行全方位优化。

4. 促成供应链集成化管理

在仓库、作业点布局、取送货、装卸现场管理时,如果没有供应链集成化管理,那么供应链上的节点企业就会只管理自身的库存,并以这种方式来预防由于供应链其他企业的独立行动而带给本企业的不确定性。由于供应链中各个节点企业运作中都存在不确定因素,而且没有相互间的沟通与合作,出现重复库存在所难免。而在供应链的集成化管理中,链中的全部库存管理可通过供应链节点企业之间信息沟通、责任分配和相互合作来协调,这样有利于减少供应链节点企业的不确定性因素,减少节点企业的安全库存量。较少的库存又会带来减少资金占用量、削减库存管理费用的效果,从而降低成本。通过对供应链上每个成员信息处理行为和产品处理行为的检查,可以鉴别整条链上的冗余行为和非增值行为,从而提高供应链整体效率和竞争力。

【复习思考题】

1. 简答题

(1) 什么是供应链? 说明供应链的特征。

(2) 供应链管理的含义是什么? 物流管理与供应链管理有哪些联系和区别?

(3) 简要说明供应链管理的内容和目标。

(4) 简要说明供应链管理的意义。

(5) 供应链管理的趋势体现在哪些方面?

(6) 供应链管理的内容有哪些?

2. 计算题

某零售业对于某种商品的需求变化见表 1-2,假设第一周之前的客户需求都是 110 件。

(1) 填写需求变化表;

(2) 简要分析产生这种现象的原因。

假定条件:

a. 需求＝下游客户购买的数量;

b. 一周的期初存货＝前一周的期末存货;

c. 本周的期末存货＝本周的需求;

d. 购买的单位数＝需求加上库存中的任何变化,购买量＝需求＋(期末存货－期初存货)。

表 1-2　商品需求变化表

项目		周次	第一周	第二周	第三周	第四周	第五周	第六周	第七周
1	客户	购买	110	105	110	110	110	110	110
2	零售商	需求							
3		期初存货							
4		期末存货							
5		购买							
6	当地批发商	需求							
7		期初存货							
8		期末存货							
9		购买							
10	地区批发商	需求							
11		期初存货							
12		期末存货							
13		购买							
14	生产商	需求							
15		期初存货							
16		期末存货							
17		生产							

3. 案例分析题

戴尔公司创业时间不长,但是创造了一系列业界奇迹。查阅戴尔公司成长历程,说明戴尔公司成功的供应链管理模式。

思政案例

第 2 章　供应链战略与规划

【主要内容】

本章分析了供应链战略匹配相关内容,指出实现供应链战略匹配的具体做法;对供应链合作伙伴关系管理进行详细讲述,分析了供应链合作伙伴关系的重要性;由于供应链动态性等特性,供应链应及时开展业务流程再造,形成高效率低运营成本的供应链;供应链是由多个企业组成的松散组织,供应链风险无处不在,分析供应链存在的各类风险,指出风险防范的办法和措施。

【学习目标】

通过本章的学习,熟悉供应链战略与企业战略之间的关系,掌握供应链战略匹配应用的方法;了解供应链合作伙伴关系形成的理论技术,掌握供应链合作伙伴关系的分类依据;熟悉供应链业务流程再造的核心思想,掌握如何实现供应链业务流程再造;了解供应链存在的风险,学习针对不同风险,应该采取的风险防范措施。

【引导案例】

国际能源署:满足 2030 年关键矿产需求,供应链需扩大 10 倍

据 Mining.com 网站报道,国际能源署(International Energy Agency,IEA)发布的一份报告预测,要满足 2030 年关键矿产需求,全球电池和矿产供应链需要扩大 10 倍。

报告的结论是要满足 2030 年全球净零碳排放目标,需要新建 50 多座锂矿、60 多座镍矿及 17 座以上的钴矿。

"短期内需要额外投资,特别是在采矿环节,因为其先期准备时间要比供应链其他部分长。某些情况下,从初步预可行性研究到投产需要 10 年以上,并且还需要几年才能达到设计产能"。

预测在 2030 年末矿产供应量与 IEA 关于世界能源模型"既定政策情景"(Stated Policies Scenario,STEPS)下的动力电池需求量一致。但是一些矿产如锂的供应量到 2030 年需要增长 1/3 才能满足同一能源模型中'公开承诺情景'(Announced Pledges Scenarion,APS)下动力电池的需求。例如,在 APS 情境下预测 2030 年供需缺口最大的锂的需求量将增长 5 倍至 500 万吨,相当于需要新建 50 座新的矿山。"

目前,高镍化学品为动力电池主流负极材料,预计这种趋势还将持续,到 2030 年,镍将成为绝对需求增量最大的金属。而钴的情形刚好相反,为了降低成本及环境、社会和治理(Environmental,Social,and Governance,ESG)压力,电池制造商不断地降低钴含量(甚至到 2030 年将推出无钴电池)。

尽管如此,报告仍发现,未来 10 年内全球动力电池对钴的需求量总体上增长。IEA 认为,在 STEPS 情景下,要满足 2030 年预测需求,需要新建 41 座镍矿和 11 座钴矿,远大于目前项目数量。在 APS 情景下,到 2030 年需要新建 60 座镍矿和 17 座钴矿(假设镍矿平均产能 38 000 吨/年,钴矿 7000 吨/年)。IEA 发现,经过勘探确定可采资源量后,一座矿山正式

投产需要 4 年至 20 多年。目前,矿山要完成必须的可行性研究、工程设计和建设工作,前后开发时间长达 16 年。除了正式投产需要时间,矿山达到设计产能也需要时间。

IEA 认为,除非能够顺利推进足够投资,否则上游矿产开发可能导致严重瓶颈。如果宣布的新供应能够及时到位,在 STEPS 情景下,2025 年动力电池金属需求都能够得到满足。但是,如果中游加工不能跟上快速的供应扩大进度也无济于事。因此,为了转变为电动汽车供应,需要新建数十个电极材料、巨型电池和电动汽车生产厂。

IEA 建议,为弥补不断扩大的缺口,从长期看需要创新采选技术,如直接提锂法(direct lithium extraction,DLE)、高压酸浸法(high pressure aicd leaching,HPAL),以及废矿再利用。直接提锂法可以提高现有矿山产量。它克服了含量低的卤水蒸发及化学提纯耗时的缺点。除了成本和交货时间优势外直接提锂还具有可持续经营优势,扩大了可经济提锂的资源范围。然而,此项技术尚未得到经济上的验证,也未进行商业化应用。高压酸浸法为增加镍产量提供了解决方案。这种工艺在高温高压下利用红土镍矿通过酸分离来生产一级镍。然而,这项技术并不是万能的。HPAL 项目的投资成本通常是传统氧化矿石冶炼厂的两倍,而且需要 4～5 年才能达到产能。人们还担心 HPAL 对环境的影响,由于经常采用燃煤或燃油锅炉供热,因此温室气体排放通常是硫化物矿床的三倍。IEA 还特别提到混合氢氧化物沉淀(mixed hydroxide precipitate,MHP)工艺,这是一种由红土生产的中间产品,能够在低成本下生产电池所需的硫酸镍和硫酸钴。MHP 可以通过酸浸生产镍钴,对环境影响较小。为实现净零目标,道路交通电动化将加速推进,由此带来的关键矿产供应压力与日俱增。IEA 预测,2030 年全球动力电池需求量将从目前的 340 吉瓦时增至 3500 吉瓦时。

这类企业如何形成供应链,进行战略规划,并防范风险?

2.1　供应链战略匹配

供应链网络规划一般从战略规划、战术计划和作业优化三个层次来考虑,其中战术计划和作业优化涉及供应链管理中较为具体的操作业务层面,而战略规划涉及的内容比较宏观,对供应链管理起指导作用。对于核心企业而言,其供应链战略应能够直接支持和配合其市场竞争战略。确定企业的总体战略目标,明确企业为客户带来的价值,明确企业在市场上的特色和差异化优势,通过制定企业竞争战略,制定供应链战略。

2.1.1　企业竞争战略与供应链战略

1. 企业竞争战略

企业竞争战略是企业总体战略的组成部分,是指企业根据外部环境的变化,结合自身资源和能力,确定以何种方式提供商品和服务以满足不同顾客的需求。企业竞争战略对于企业的生存与发展至关重要,其战略目标是供应链设计和规划的前提。只有结合企业自身的实力全面分析影响一般性竞争战略选择的关键因素,才能制定出适应市场需求的竞争战略。企业应根据自身拥有的资源、提供的产品和服务、定位的目标客户条件,确定适宜企业发展的竞争战略目标。

一个企业获得成功会受多种因素限制,只有所有的职能战略必须相互协作并支持竞争战略的实现。以一个典型企业的职能部门组成的关系架构为例,核心职能部门分别为新产品开发部门与支持和帮助的职能部门,典型企业职能部门之间的关系架构如图 2-1 所示。

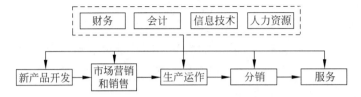

图 2-1　典型企业职能部门之间的关系架构

2. 战略目标实现

随着经济全球化和信息化进程的加快,以及随之而来的国际竞争的加剧,对企业竞争战略的要求也越来越高。但不管竞争战略如何变化,现阶段企业战略目标是通过实现低成本、差异化、反应快在竞争中取胜,企业战略目标实现过程如图 2-2 所示。

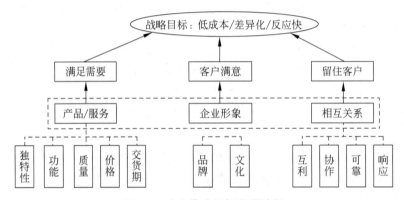

图 2-2　企业战略目标实现过程

3. 供应链战略设置

所谓供应链战略就是从企业战略的高度来对供应链进行全局性规划。供应链战略是从企业竞争战略的高度考虑供应链管理的核心问题,由此决定如何构建供应链,并决定原材料获取和运输途径、产品制造和服务提供、产品配送和售后服务等。通过在整个供应链上进行规划,供应链战略突破了一般战略规划仅关注企业本身的局限,进而达到企业获取竞争优势的目的。

供应链战略可以从内外两个层面来理解:从外部看,企业通过与供应商、制造商、分销商等建立良好的合作关系和有效的信息共享与交流,实现外部关系的融合;从内部看,企业各职能之间通过有效集成与运作,保证企业资金流、物流、信息流的顺畅流动,实现内部职能的集成。对于企业而言,供应链战略必须与企业竞争战略相匹配,能使企业根据不同的顾客及其潜在需求不确定性的特点,为顾客提供全面的产品和服务,帮助其更好地实现总体战略目标。简单来说,供应链战略设置就是在企业竞争策略的不同目标之间进行权衡,供应链战略设置的三角模型如图 2-3 所示。

供应链战略一般分为反应性供应链战略和有效性供应链战略,如果企业的竞争战略目标是实现低成本,而供应链战略是反应性战略,两者之间就不匹配。反应性供应链战略强调对市场需求做出快速反应,为了能够实现快速反应,必然要求一定的渠道库存、快速有效的物流系统等,这就不可避免地导致成本的上升,难以实现低成本目标。在这种情况下,企业

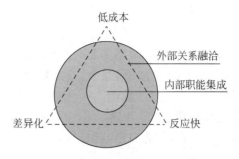

图 2-3　供应链战略设置的三角模型

强调低成本就必然难以对市场需求做出快速反应，从而会错过市场机会。同样，如果有效性供应链与差别化竞争战略配合的话，企业不能通过提供功能性产品而实现产品的差异化。因此，如果供应链战略和企业竞争战略不匹配，企业既不能建立成本领先的优势，也不能获得差异领先的优势，而只能处于尴尬的境地。

2.1.2　供应链战略匹配的实现

要实现供应链战略与竞争战略之间的重要匹配，企业的竞争战略需要明确或暗示性地说明企业希望满足的一个或多个顾客细分市场。要实现战略匹配，企业必须保证其供应链能力能够支持其满足目标顾客细分市场的需求。

1. 顾客需求和供应链的不确定性

理解顾客的需求，企业必须明确所服务的细分市场的需求。一个特定顾客细分市场中的顾客通常具有类似的需求，不同顾客细分市场中的顾客可能有着完全不同的需求。国内的小型零售店与大型的华联超市相比，顾客在小型零售店购买洗涤用品，在乎的是方便和近距离，而不一定是为了买到最低价格的产品。相反，低价对于华联超市的顾客十分重要。只要价格低，顾客就能够忍受品种单调，甚至会购买大包装产品。即使对于会同时光顾这两个地方的顾客，其需求在某些属性上也会有所不同。在小型零售商店购物时，顾客赶时间，在乎的是便利；在华联超市购物时，顾客在乎的是低价格，并且愿意花费时间获得低价格。总体而言，不同顾客细分市场的需求存在着不同。

（1）所需产品数量。

对于企业和用户来说，购买维修生产线所需材料的紧急订单的订货量可能会很少，而订购新建一条生产线所需材料的订单的订货量则可能会很大。

（2）愿意接受的响应时间。

企业或客户对于紧急订单所能接受的响应时间可能很短，而用于新建生产线的材料订单所允许的响应时间可能会较长。

（3）所需产品的种类。

如果能从一个供应商那里购买到紧急维修订单所需的所有零部件，顾客通常愿意支付更高的价格；而建设新生产线的物料采购订单则在时间上比较宽松，客户只愿意支付认为合理的价格。

（4）服务水平的要求。

紧急订单的顾客期望高水平的产品可获得性。如果订单里的所有零部件不能马上供货，顾客可能会另寻供应商。因为顾客通常会提前订货，这种情况通常不会发生在建设新生产线的采购订单上。

（5）产品价格的影响。

与新生产线建设项目发出采购订单的顾客相比，发出紧急订单的顾客对价格的敏感度较低，因此，产品价格对于紧急订单的影响不是很大，反之亦然。

（6）产品创新速度的期望。

以服装销售为例，经常光顾高端商场的顾客，期望商场所出售的服装能有更多创新和新设计，而对以日用品销售为主的超市，顾客对产品创新不是很敏感。

（7）需求不确定性的潜在影响。

潜在需求不确定性是指供应链拟满足的那部分需求给供应链带来的需求不确定性。理论上，好像每个顾客的需求都应区别对待，但实际上，每位顾客的需求都能转换成潜在需求不确定性这一衡量指标。潜在需求不确定既受到产品需求不确定性的影响，也受到供应链试图满足的不同顾客需求的影响。顾客需求对潜在需求不确定性的影响见表 2-1。

表 2-1　顾客需求对潜在需求不确定性的影响

比 较 项 目	顾 客 需 求	潜在需求不确定性
需求量波动	波动范围增加	增大：更大的需求量波动范围意味着需求变动增大
供货期	缩短	增大：对订单的响应时间缩短
产品品种	品种增多	增大：每种产品的需求变得更难预测
服务水平	服务水平提高	增大：企业不得不应对不寻常的需求骤增
创新速度	创新速度加快	增大：新产品的需求会有更大的不确定性
获取产品渠道	渠道增多	增大：每个渠道中的顾客需求变得更难预测

费舍尔（Fisher，1997）指出，潜在需求不确定性往往与需求的其他特性相关：需求不确定的产品通常不够成熟且很少有直接竞争对手，因此边际收益往往比较高；但需求不确定性较低时，预测更为准确；潜在需求不确定性的增大会导致供求平衡难度加大，对于给定的产品来说，潜在需求不确定性的增大导致产品缺货或积压；由于产品经常出现积压，潜在需求不确定性高的产品不得不经常降价促销。潜在需求不确定性与需求其他特性的相关性见表 2-2。

表 2-2　潜在需求不确定性与需求其他特性的相关性

比 较 项 目	低潜在需求不确定性	高潜在需求不确定性
产品边际收益	低	高
平均预测误差	10%	40%～100%
平均缺货率	1%～2%	10%～40%
平均被迫季末降价率	0	10%～25%

资料来源：Marshall L. Fisher. What Is the Right Supply Chain For Your Product？. Harvard Business.

在考虑需求不确定性的同时，考虑供应链能力所带来的不确定性也非常重要。例如，当消费电子行业引入一种新型元件时，该元件生产过程的合格率很低并经常会发生停产的情况。因此，企业很难按预定计划交货，从而导致电子制造商面临较高的供给不确定性。随着生产技术日趋成熟和产量不断提高，企业能够按预定计划交货，供给不确定性降低。供应源的能力对供给不确定性的影响见表 2-3。

表 2-3　供应源的能力对供给不确定性的影响

供应源的能力	供给不确定性
频繁停产	增加
不可预测、低产出率	增加
质量差	增加
供给能力有限	增加
供给能力不具有柔性	增加
不断发展的生产工艺	增加

资料来源：Hau L. Lee. Aligning Supply Chain Strategies with Product Uncertainties. California.

供给不确定性在很大程度上还受到产品所处生命周期的影响。刚刚推向市场的新产品由于设计和生产工艺仍在不断改进，因此供给不确定性较高。相反，成熟产品的供给不确定性较低。可以通过需求不确定性和供给不确定性结合起来创建不确定性图谱。潜在（供给和需求）不确定性图谱如图 2-4 所示。

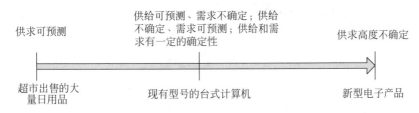

图 2-4　潜在（供给和需求）不确定性图谱

2. 供应链能力

企业在实际运营过程中，面临着不确定性。在这种不确定的环境中企业要满足客户需求、实现战略匹配，需要设计一条供应链，确保其响应性与所面临的潜在不确定性相匹配。在第 1 章中，对供应链进行了分类，其中相对于不同的产品而划分了响应性供应链和效率性供应链。

（1）响应性供应链能力要求。

如应对需求量的大幅度变化、满足更短的交货提前期要求、提供品种多样的产品、生产高度创新性的产品、达到较高的服务水平、应对供给的不确定性，这些能力与许多导致高潜在不确定性的供给和需求特征类似。一条供应链具备越多的能力，供应链的响应性就越强。

（2）效率性供应链能力。

提高响应性必然要付出成本。例如，要响应大幅变化的需求，必须提高生产能力，这将增加成本。效率性供应链与制造、交付产品给顾客的成本成反比。成本的增加将会降低效率，每个旨在提高响应性的供应链战略选择都会产生额外成本，从而降低效率。基于成本的响应性和效率性供应链边界曲线如图 2-5 所示。

图 2-5 显示了实现给定响应性水平所需的最低可能成本，最低成本是基于现有技术给出的，并不是所有企业都能在效率性边界上运作，不在效率性边界上的企业只能通过增加成本，降低效率来提高响应性。此时企业必须在效率性和响应性之间进行权衡。位于效率边界上的企业也在不断地改善工艺、改进技术，从而使效率性边界发生移动。既有强调响应性

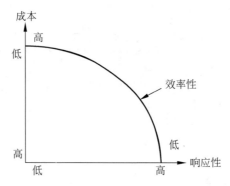

图 2-5　基于成本的响应性和效率性供应链边界曲线

的供应链,也有以尽可能低的成本进行生产和供货为目标的效率性供应链,效率性供应链-响应性供应链图谱如图 2-6 所示。

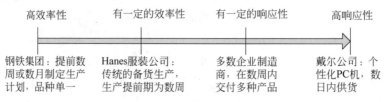

图 2-6　效率性供应链-响应性供应链图谱

供应链中响应有关的能力越多,其响应性越好。效率性供应链通过牺牲一部分响应能力来降低成本。如华联综合超市销售部分种类有限的大包装产品,这种供应链能够降低成本,其关注的显然是效率性。

3. 实现供应链战略匹配

供应链战略匹配的目标就是针对面临高潜在不确定性的供应链设计高响应性,针对面临低潜在不确定性的供应链设计高效率。针对最终顾客的需求,不同的产品,选择匹配的供应链。若潜在需求不确定性较低,则设计一条重视低成本的效率型供应链最为合理;若来自顾客和供应源的潜在不确定性增加,则考虑通过提高供应链的响应能力来满足。不确定性与响应能力匹配关系如图 2-7 所示。

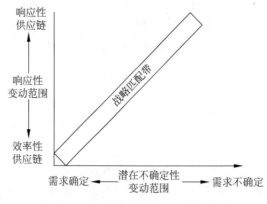

图 2-7　不确定性与响应能力匹配关系

在图 2-7 中,以供应链的响应能力为纵坐标,以潜在需求不确定性作为横坐标,中间形成基于两种因素考虑的战略匹配带。为了取得高水平业绩,企业应该把潜在需求不确定性和响应能力考虑到匹配带中。基于战略匹配创建的供应链,能在效率性和响应性之间进行平衡,企业根据不同顾客及其潜在需求不确定性的特点为顾客提供服务,能更好地实现供应链的总体战略目标。

2.2　供应链合作伙伴关系管理

供应链合作关系,也就是供应商-销售商关系、卖主-买主关系。供应链合作关系可以定位供方与需方之间在一定时期内共享信息、共担风险、共同获利的协议关系。建立供应链合作伙伴关系通常是为了降低供应链总成本,降低库存水平,增强信息共享,改善相互之间的交流,保持合作伙伴之间操作的同步性,以实现各节点企业的业绩改善和利益共享。

2.2.1　供应链合作伙伴关系的演进及理论基础

1. 供应链合作伙伴关系的演进

供应链的合作关系大致经历了三个阶段:传统的企业关系、物流关系及合作伙伴关系。随着市场竞争因素的不断变化,企业之间的集成度也不断增强。传统的企业关系经由物流关系逐渐发展为供应链合作伙伴关系。供应链合作关系演进如图 2-8 所示。

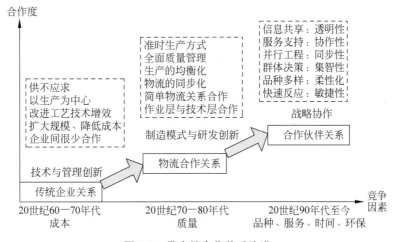

图 2-8　供应链合作关系演进

(1) 传统企业关系。

在 20 世纪 60—70 年代,供应链上各节点企业之间只是一种简单的买卖关系,下游企业力求价廉物美的商品,供需双方讨价还价,采购商把供应商看成自己的竞争对手,相互之间是竞争关系。

(2) 物流合作关系。

20 世纪 70—80 年代,企业之间的竞争由基于成本的竞争转变成了基于质量的竞争,供应链的合作关系也由传统的企业关系转变成了物流合作关系。企业开始进行制造模式与技术研发创新,运用先进的生产模式,如准时生产方式、全面质量管理,企业相互之间运行作业层面和技术层面的合作,以实现生产的均衡化和物流的同步化运作。

(3) 合作伙伴关系。

20 世纪 90 年代以来,企业之间简单的物流关系已经被打破,企业合作在信息共享、服务支持、并行工程、群体决策、柔性与敏捷性等方面进一步发展,为适应越来越激烈的市场竞争,企业与企业之间开始在战略、战术、作业层面开展更深层次的合作,供应链合作关系也由物流关系转变成了战略合作伙伴关系。

2. 供应链合作伙伴关系的理论基础

许多学者对供应链合作伙伴关系建立的深层次原因进行探讨,运用不同的理论解释供应链合作伙伴关系的动因与形成机理,主要归结为以下 5 个方面。

(1) 交易成本理论。

交易成本理论由科斯(Coase,1937)提出。在市场交易中,供需双方为了找到均衡的价格而必须付出的代价就是交易成本。交易成本起因于不完全的契约,包括事前成本和事后成本两大类。事前成本包括信息收集成本、协议谈判成本、契约成本。事后成本包括监督成本、执行契约成本。影响交易成本的 3 个主要因素是资产专属性、交易不确定性、交易频率。交易成本理论以最小化生产成本与交易成本的总成本为决策准则,为供应链合作伙伴关系的建立提供了理论依据。交易成本理论提出的资产专属性、交易不确定性及交易频率 3 个方面,使得企业与合作方在建立合作伙伴关系之后会努力维持这种关系,以此降低交易成本。

(2) 资源依赖理论。

资源依赖理论的前提是将企业视为一个开放的系统,在一个不确定的环境中运作没有一个企业自给自足,环境因素影响着企业的行为。企业为了生存依赖于资源,而为了取得资源,企业必须与外部资源的控制者互动,因此企业必须依赖所处的环境。资源依赖理论的主要观点是企业依赖其他厂商所拥有的资源,企业对企业之间关系的管理就是为了控制和降低对资源的依赖,或者提高其他企业对本企业资源的依赖。当环境不确定性提高时,企业间会加强联系,以保障自身获得稀缺资源。在特定的环境中,企业必须通过外部环境取得所需的必要资源。企业经营绩效良好与否取决于其能否顺利获得所需的资源。但因资源具有稀缺性且不易转移,企业在向外部寻求资源的同时,必须付出相应的代价,因此,交换便成为企业在寻求资源时最可行的方案。但企业与交换对象常常处于不对等的地位,因而想要获得资源,企业就需要以长期承诺的方式与伙伴合作,如此便形成了合作伙伴关系。

(3) 资源基础理论。

资源基础理论和资源依赖理论两者之间最大的不同在于:资源基础理论假设资源是无限的、可创造的;而资源依赖理论则认为资源是有限的。过去的战略分析过度地重视企业与环境的配合,而忽略了资源与战略的连接。企业的资源和能力可成为企业成长方向的来源,也是企业利润的基础。换言之,当企业通过其资源和能力的累积而发展成竞争优势时,企业可以获得良好的利润。

资源基础理论认为,企业所拥有的独特资源是竞争优势的主要来源,但企业也可能会面临欠缺关键资源的情况。在这种情况下,除了可以由内部自行开发,企业也可以通过建立合作伙伴关系的方式拥有伙伴的独特资源,主要动机是学习合作伙伴的关键能力和快速引进新技术,以创造或维持自身的竞争优势。如果一个企业的核心竞争力是建立在某种独特的资源上的,每一个合作伙伴都会贡献彼此相关的重要资源,那么合作伙伴联盟就可以被看作不同企业的核心竞争力的集合方式之一,而资源的优势与互补,即伙伴之间的匹配,就成为合作伙伴关系成功的前提。

（4）策略性行为理论。

策略性行为理论指出企业建立合作伙伴关系的动机在于通过策略性行为创造并维持竞争优势,以取得较好的利润或绩效。在基本策略模型中,公司利润取决于产业结构的吸引力与企业的相对竞争地位。策略管理可以分为竞争策略和合作策略。合作伙伴关系属于策略联盟的一种形式。合作伙伴关系及策略联盟是基于企业策略的,用于确保、维持或增进企业竞争优势的行为。合作伙伴关系及策略联盟为实现企业的策略目标而存在,其主要的目标包括低风险、规模经济、互补技术与专利、建立进入障碍、克服政府法令与贸易障碍、长期国外市场扩张与支持整合。

（5）委托代理理论。

委托代理关系泛指任何一种涉及不对称信息的交易。交易中具有优势的一方成为代理人,另一方成为委托人,代理人和委托人之间存在信息不对称的问题。委托代理理论是建立在非对称信息博弈论的基础上。非对称信息指的是某些参与人拥有但另一些参与人不拥有的信息。新的非对称性可从两个角度进行划分:一是非对称信息发生的时间,二是非对称信息的内容。

从非对称信息发生的时间来看,非对称信息可能发生在当事人签约之前,也可能发生在签约之后,分别称为事前非对称和事后非对称。研究事前非对称信息博弈的模型称为逆向选择模型,研究事后非对称信息的模型称为道德风险模型。从非对称信息的内容看,非对称信息可能是指某些参与人的行为,研究此类问题的模型称为隐藏行为模型;非对称信息也可能是指某些参与人隐藏的知识,研究此类问题的模型称为隐藏知识模型。委托代理关系分类表见表 2-4。

表 2-4　委托代理关系分类表

时间 内容	隐 藏 行 动	隐 藏 信 息
签约之前		逆向选择模型
		隐藏行为模型
		隐藏知识模型
签约之后	道德风险模型	道德风险模型

2.2.2　供应链合作伙伴关系的定义

供应链合作伙伴关系是指为了实现特定目标,在供应链内部的两个或两个以上独立的成员之间形成的一种协调关系。总的来说,供应链内部企业之间的关系有两种:供应商与制造商的关系,制造商与经销商的关系。为了协调彼此之间的利益,他们在一定的时期内(一般为签订协议的时期)共享信息、共担风险,目的是降低供应链总成本与库存水平,加强相互之间的交流,保持战略伙伴之间行为的一贯性,提高整个供应链的运作绩效,产生更大的竞争优势。显然,战略合作关系必然要求强调合作和信任。

实施供应链合作关系就是意味着新产品/新技术的共同开发、数据和信息交换、市场机会共享和风险共担。在供应链合作关系环境下,在选择供应商时制造商不再考虑价格,而是更倾向于选择能在优质服务、技术革新、产品设计等方面进行良好合作的供应商。

供应商为制造企业的生产和经营供应各种生产要素(原材料、能源、机械设备、零部件、工具、技术和劳务服务等)。供应商所提供要素的数量、价格,直接影响到制造企业的生产、成本和产品质量。因此,制造商和供应商的合作关系应着眼于以下 3 个方面。

1. 了解各自能力

作为制造商,其要了解供应商的产品质量、生产能力和创新能力等,确保对方提供保质保量的商品;作为供应商,其要了解制造商生产的产品对零部件或原材料品质、规格型号的要求,同时也对对方提供的产品质量有全面的了解。供应商了解了制造商的生产程序和生产能力,就能够清楚地知道制造商所需产品或原材料的期限、质量和数量。

2. 掌握企业经营计划

制造商和供应商各自向对方提供企业的经营计划和经营策略及相应的必要措施,使供应商和制造商明确各自的需求和期望,只有这样,企业之间才能够达到彼此要求达到的程度。

3. 各自履行责任

制造商与供应商要明确双方的责任,并各自向对方负责,使双方明确共同的利益所在,并为此而团结一致,以达到双赢的目的。

供应链合作关系发展的主要特征就是从产品/物流为核心转向以集成/合作为核心,在集成/合作逻辑思想的指导下,供应商和制造商分别将它们的需求和技术集成在一起,以实现为制造商提供最为适用产品的共同目标。因此,供应商与制造商的交换不仅是物质上的交换,而且包括一系列可见和不可见的服务,如研发(research and daveloprment,R&D)、设计、信息、物流等。

供应商要具备创新能力和良好的产品开发能力,以保证交货的可靠性和时间的准确性。这就要求供应商采用先进的管理技术,如准时制(just in time,JIT)、全面质量管理(total quality management,TQM)等,管理和控制中间供应商网络。而对制造商来说,要提供的活动和服务包括控制供应市场、管理和控制供应网络、提供培训和技术支持、为供应商提供财务服务等。

2.2.3　供应链合作伙伴关系的分类

核心企业与关键成员企业发展战略合作伙伴关系更有利于自身的长远发展。在集成化供应链管理环境下,供应链合作关系的运作需要减少供应源的数量,专业化合作,在全球市场范围内寻找最优秀的合作伙伴。

供应链合作伙伴可以分为两个层次:重要合作伙伴和次要合作伙伴。重要合作伙伴是少而精、与企业关系密切的合作伙伴;次要合作伙伴是相对较多、与企业关系不是很密切的合作伙伴。供应链合作关系的变化主要影响重要合作伙伴,而对次要合作伙伴的影响较小,因此需要对合作伙伴进行定位。

1. 基于合作的增值性和实力分类

企业与其合作伙伴建立的合作关系各异,合作的增值性存在强弱之分。例如,就供应商来说,如果与它合作不能增值,它在供应链中就不可能存在。合作伙伴与其他同类企业相比,在产品和工艺的设计水平、具备的特殊工艺、具备的市场柔性、项目管理水平等方面的竞争力存在差别,竞争实力有高低之别。

基于增值性和实力进行合作伙伴分类,以合作增值率为纵轴,以合作伙伴的市场竞争力为横轴,基本合作增值率和市场竞争力的分类矩阵如图 2-9 所示。

图 2-9　基于合作增值率和市场竞争力的分类矩阵

(1) 有影响力的合作伙伴。

有影响力的合作伙伴处于矩阵的左上角,合作增值率大,但在其专业领域实力较弱,其市场竞争力不足,这类合作是"强-弱"联合,属于比较理想的合作伙伴,"强-弱"联合关系比较稳定,因此被称为有影响力的合作伙伴。

(2) 战略性合作伙伴。

战略性合作伙伴处于分类矩阵的右上角,合作的增值性大且其市场竞争力强,这类合作是"强-强"联合,属于最理想的合作伙伴,需要考虑合作的持久性,建立长期合作的战略性合作伙伴关系。

(3) 交易性合作伙伴。

交易性合作伙伴处于分类矩阵的左下角,合作的增值率较小且其自身的市场竞争力也不强,这类合作是"弱-弱"联合,不属于理想型的合作伙伴关系,称为普通伙伴关系。对于交易性合作伙伴关系,企业只需与其保持供货交易关系,属于物流卓越层面的低层次交易,不必列为企业发展的合作伙伴,而是希望更多的这类伙伴参与投标,从而选择价位上最合适的企业保持交易关系。

(4) 竞争性/技术性合作伙伴。

竞争性/技术性合作伙伴处于分类矩阵右下角,其自身的市场竞争力较强,但合作的增值率不高,这类合作是"弱-强"联合。合作对方实力较强,企业管理和技术水平高,可能是理想型的合作伙伴,也可能成为竞争对手。如果合作对方没有"纵向一体化"扩张的野心,但由于他们的管理和技术都很好,那么在合作过程中可以从对方学习到很多有益的技术和经验,获得技术支持服务,也属于理想型的合作伙伴,成为技术性合作伙伴关系;但正因为合作对方的实力强大,如果他们倾向于"纵向一体化"扩张,更多地体现出竞争性关系,则属于合作性竞争,称为竞争性合作伙伴关系,合作关系的紧密程度应该降低,尤其要注重合作风险。

在实际合作过程中,企业根据不同的战略目标选择不同类型的合作伙伴。从长远看,企业要求合作伙伴能保持较高的竞争力和增值率,因此,最好选择战略性合作伙伴;对于短期或某一短暂市场需求而言,只需选取普通合作伙伴满足需求即可,以保证成本最小化;对于中期而言,可根据竞争率和增值率对供应链的重要性不同,选择不同类型的合作伙伴。

2. 基于合作时间和合作层次的分类

克里斯蒂娜和安德烈娅(Cristina and Andrea)根据合作关系涉及的时间和整合性质将合作伙伴关系分为四种类型。基于合作时间和合作层次的分类矩阵如图 2-10 所示。

	物流合作	战略合作
短期合作	短期物流合作	短期战略合作
长期合作	长期物流合作	长期战略合作

图 2-10　基于合作时间和合作层次的分类矩阵

从图 2-10 可以看出,与合作伙伴合作的时间可分为长期合作和短期合作。短期合作强调合作伙伴当前的制造履行,体现在采购成本、质量、提前期、柔性、服务支持等与制造直接相关的属性;长期合作仅评价合作伙伴当前制造履行是不够的,改变合作伙伴就意味着高的转移成本,因此还应评价合作伙伴的技术实力和改进潜力。

(1)物流合作。

物流合作技术指对合作伙伴物流职能履行的规划,如数量、服务支持、交货期,常运用JIT 物流战略。短期物流合作关系的合作时间短,主要是物流职能层面的业务合作关系,涉及供应链物流仓储、运输、订单等作业定量信息的接收和处理。长期物流合作关系合作时间较长,主要表现为长期稳定的供货关系,其合作层次很高。也就是说,长期物流合作关系不等于战略合作关系。

(2)战略合作。

战略合作是指除具有明显物流特征之外的规划,涉及合作伙伴的技术实力,如新产品和新技术的联合开发。长期战略合作关系的合作时间长、合作层次高;短期战略合作关系的合作时间不长但合作层次很高,合作的起点也很高。

3. 供应链合作关系与传统供应商关系的区别

在新的竞争环境下,供应链合作关系强调直接的、长期的合作,强调共同努力实现供应链计划和解决共同存在的问题,强调相互之间的信任与合作。这与传统的关系模式有很大的区别。供应链合作关系与传统供应商关系的区别见表 2-5。

表 2-5　供应链合作关系与传统供应商关系的区别

序　号	比 较 项 目	传统供应商关系	供应链合作关系
1	相互交换的主体	物料	物料、服务
2	供应商选择的标准	强调价格	多标准、多准则
3	稳定性	变化频繁	长期、稳定、紧密合作
4	合作性质	单一	开放合同(长期)
5	供应批量	小	大
6	供应商数量	大量	少而精
7	供应商规模	小	大
8	供应商定位	当地	国内国外
9	信息交流	信息专有	信息共享

续表

序　号	比 较 项 目	传统供应商关系	供应链合作关系
10	技术支持	不提供	提供
11	质量控制	检查控制	质量保证
12	选择范围	投标评估	广泛评估可增值的供应商

在合作过程中传统的企业仅强调自身局部利润的提高,而忽略了双方的真诚合作可能产生更大的利润并实现双赢这一事实。在整个供应链环节中由于企业之间的非合作关系造成的费用增加,并传递给最终消费者,影响消费者的购买热情,进而影响整条供应链上企业的获利程度。供应链合作关系可以定义为在供应链上有相互关系的企业之间,在一定时期内形成的信息共享、风险共担、共同获利的一种协议关系。这样一种战略合作关系形成于供应链中有相同的特定目标和利益的企业之间。合作的原因通常是为了降低供应链的总成本、降低企业的库存水平、增强信息共享、改善相互之间的交流、产生更大的竞争优势,以实现供应链节点企业的财务状况、质量、产量、交货期、用户满意度和业绩的改善与提高。对企业而言,与其他企业特别是供应商建立合作伙伴关系,将会达到以下的效果。

(1) 加快产品研发和上市的速度。

供应链成员企业之间建立合作伙伴关系之后,制造商可以通过外包,将繁杂、零碎、不擅长的生产任务交给其他企业,本企业则致力于核心竞争业务,从而发挥企业自身的优势,缩短新产品研发过程,缩短新产品上市时间。

(2) 降低各个环节的成本。

供应链的目的就是实现总成本最低化。由于共同合作、信息共享,企业可以实现零库存,减少库存成本;建立了长期的合作伙伴关系,固定的交易对象与较少的供应商数量,可以大大降低企业的交易费用;供应商供应质量的提高,可以降低制造商生产中的不确定性,保证生产过程的连续性和成本的持续降低;在充满风险的市场中,合作关系可以分担经营风险,在一定程度上降低企业的风险成本。

(3) 提高顾客满意度。

顾客满意度主要从三个方面可以保证:第一是产品设计的保证;第二是产品制造过程的保证;第三是售后服务的保证。在供应链管理模式下,企业间建立合作伙伴关系,通过外包节省成本,企业可以花费更多的精力与资金完善以上三种保证,从而不断满足顾客多样化需求,提高顾客满意度。

另外,通过建立合作伙伴关系,企业之间相互学习、相互促进,了解各自的优势和核心竞争力,实施标杆管理,不断自我改进、强化自身的核心竞争力。

4. 影响供应链合作的因素

制约合作的因素既包括企业外部因素,也包括企业内部因素。企业的外部因素包括国家法律、政府政策、新技术和社会文化等,它们都会在不同程度上影响合作伙伴关系的建立。但内部因素对企业之间合作伙伴关系的建立影响更为直接和深远,这些因素主要包括高层主管的支持、相互信任程度、共同愿景和目标、信息共享与交流沟通、企业结构支持、企业文化差异、潜在的合作者、冲突解决机制等。供应链合作伙伴关系影响因素见表2-6。

表 2-6 供应链合作伙伴关系影响因素

供应链合作伙伴关系影响因素	外部因素	国家法律
		政府政策
		信息技术
		社会文化
	内部因素	高层主管的支持
		相互信任程度
		共同愿景和目标
		信息共享与交流沟通
		企业结构支持
		企业文化差异
		潜在的合作者
		冲突解决机制

由表 2-6 可以看出,内部因素涉及企业的各个方面,建立合作伙伴关系,需要企业各个部门的沟通与协调,确保合作的有效性。供应链合作关系是基于核心企业的产品设计、生产计划、市场营销、库存管理和运输配送等职能方面,与其他节点企业建立合作联盟的要求而产生的,这不仅使得企业与企业之间的职能能够跨越企业的界限得以支持,从而发挥更大的资源配置优势,同时也使得企业之间的文化、工作经验得到交流,企业信息和数据得以交换,企业合作范围扩大,合作关系更加稳固。

2.3 供应链业务流程再造

供应链的业务流程实际上是节点企业业务流程的集成,在某种意义上也可以看成是核心企业业务流程的扩展。企业的使命是为客户创造价值,而给客户创造价值的是业务流程,供应链绩效在很大程度上取决于其业务流程的设计和运作,就像企业的经营绩效在很大程度上取决于其业务流程的设计一样,因此企业成功来自于优异的流程运营。可见,供应链节点企业是以各种流程运作的。业务流程从根本上影响供应链节点企业的竞争力。

2.3.1 业务流程再造的基本概念

业务流程再造不同于流程优化。流程优化是在现有流程的基础上对流程的局部进行调整,使流程的效率得以提升,而流程再造是需要完全打破原来价值链体系的束缚,重新定义企业的价值链模式和商业模式,进而使企业获得重生。

1. 流程再造和流程优化

所谓流程再造(business process re-engineering,BPR),就是指根据公司战略调整及商业模式变化从根本上重新考虑产品或服务的提供方式,再造新流程。常见流程再造技巧主要有价值链重构、战略转型、业务流程外包等。流程优化(business process improve,BPI),就是指辨析理解现有流程,并通过现有流程进行优化改良产出新流程。常见的流程优化技巧主要有剔除非增值环节、优化流程顺序、压缩影响流程实现的关键环节、资源重新配置、企业模式优化与调整、信息化与自动化。流程优化和流程再造是企业流程改善的两种境界,马文·m.沃泽尔(Marvin m.Wurtzel)认为两者的差异分析见表 2-7。

表 2-7　流程再造与流程优化差异分析

序号	比较项目	流程再造（BPR）	流程优化（BPI）
1	变革起点	基于现有流程,公司战略发生变化	基于现有流程,公司战略既定
2	变革程度	质变、突变	量变、渐变
3	变革频率	一次性的	持续的
4	需要时间	长	短
5	参与者	自上而下	自下而上
6	影响范围	宽,跨部门甚至跨系统	窄,限于部分部门
7	对企业的影响	打破原有束缚	维持现有框架
8	风险系数	大	小
9	变革类型	文化、结构	文化、结构

2. 流程再造的特点

企业进行流程再造的核心意义就是,在目前的市场条件下,特色就是旗帜,突显才能发展。若想形成企业特色突显的创新战略,这要求企业能打破思维定式,一切向前看,找准本企业的特殊优势,开辟崭新的天地。流程再造的特点主要体现在以下几个方面。

（1）根本性。

所谓根本性,就是指要对流程存在的本质意义进行探讨和反思。在流程再造的过程中,流程再造负责人需要对流程最基本的问题进行反思,这些问题包括：为什么要执行此事？为什么要如此执行？什么是企业的需求？都是哪些部门的需求？为什么企业要满足这些需求？这些需求与企业战略是否一致？如何满足企业的这些需求？

（2）彻底性。

彻底性就是指对现有流程完全抛弃,不再对其进行表面化的改善、改变或者修补。通过根除现有不合时宜的架构与流程,独辟蹊径来完成相关流程的设计。

（3）显著性。

显著性指流程改造并非缓和、推进式的改善,而是一日千里的跃进,可以说是为企业下的一剂猛药。一般而言,渐进式的变革需要"精雕细琢",而剧烈的变革则需要"吐故纳新"。

3. 业务流程再造矛盾分析

在流程再造的过程中,往往会碰见各种矛盾,这些矛盾是企业内部多方利益体的不同体现,会对企业进行流程再造造成各种困扰。因此,正确认识并处理好相关矛盾对于流程的正常运行至关重要,这些矛盾归纳如下。

（1）自上而下与自下而上的矛盾。

自上而下是指企业的整体经营策略分解与执行是从上而下的,通过分解到不同的部门与岗位,企业可以将它的整体意图有效地贯彻到每个员工身上。自下而上是指企业的价值创造是由下而上的,通过企业内部最基础的作业活动,从而实现企业的整体价值创造。如何将企业的策略分解和价值创造有效地衔接和配合,是十分重要的问题,而流程作为一个策略分解和价值创造传递的媒介,在这个过程中,它应该扮演说明角色,如何有效实现这种均衡,是企业开展流程设计时必须考虑的问题。

（2）沟通与坚持的矛盾。

在流程设计的过程中,为了了解流程运作的真实情况,获取流程执行人员的认可和支持,需要与他们进行沟通交流,相互交换意见和看法。但与此同时,为了更有效地进行流程效率的提升,这对流程执行人员的素质提出更高的要求,可能会改变流程长久存在的习惯运作方式,可能会对流程执行人员的职权范围进行重新调整与设计。在这个过程中,将会碰到巨大的阻力和困难,需要流程执行人员坚定信心,按照新流程的运作要求不折不扣地进行操作和实施。

(3)快速实施与适应变革的矛盾。

流程设计完成后,应尽快付诸实施,以便及时发现流程设计中存在的问题并予以改正,同时还可以避免因等待时间过长给流程执行人员造成的焦虑。但与此同时,流程运作将会受到企业发展战略、外部运作环境、客户自身需求等相关因素变化的影响,这些变化导致流程需要持续不断的调整和适应。由于流程客观环境变化导致流程在实施过程中发生调整的现象并不少见,因此,如何把握流程的适应性和稳定性之间的关系也是流程再造人员面临的挑战。

流程再造人员需要正确认识以上三种矛盾,在流程设计的过程中积极稳妥地进行处理,并根据企业的实际情况进行调整和优化,可以有效地帮助企业取得流程再造所期望的效果。

2.3.2 业务流程再造的基本方法

业务流程再造与业务流程优化的目的不同,但业务流程再造有适合借鉴的方法,如价值链重构、战略调整、业务流程外包、企业再造等。

1. 价值链重构

流程再造需要完全打破原来价值链体系的束缚,重新定义企业的价值链模式和商业模式,进而使企业获得重生,企业一旦发现现有的价值链已经失去了竞争优势,或者目前企业盈利能力大幅下降,就必须思考对价值链进行创新与再造。很多企业早已把迈克尔·波特(Michael E. Porter)的价值链模型中的支持活动如采购、技术开发、人力资源等作为基本活动来经营。

(1)价值链整合。

无论是位于价值链上游的制造商,还是居于价值链下游的销售商,能够在竞争激烈的市场中立足,需具备多种能力:创造市场的能力、发现市场的能力和控制成本的能力。在一种竞争互动的市场背景下,控制成本的能力不仅表现为整合企业内部资源的能力,更表现为整合市场资源的能力。多数情况下,生产成本只是总成本的一部分。在重视降低生产成本的同时,还需要跳出本企业的范畴,认真审视整个价值链,通常在上游价值链即原材料供应环节和下游价值链即销售环节寻求成本降低的重要途径。同理,创造市场的能力和发现市场的能力很多时候也要求企业跳出自身的圈子,向前或向后拓展。

(2)价值链分解。

资源优势明显、市场控制能力强的企业通过向上下游延伸价值链,可使其竞争力更强,这是做加法,但有些资源条件受限的企业更适合于做减法,这就是价值链的分解。

专业化分工与价值链分解相辅相成。由于资金和能力的限制,在很多行业中,一种产品开发、采购、生产到营销所形成的价值链过程已很少能由一家企业来完成,于是价值链开始分解,一些新的企业加入了价值链,并在某个环节上建立起新的竞争优势。这种竞争优势表现为在该环节上具有成熟、精湛的技术和较低的成本,它们的进入使大而全、小而全的企业在竞争中处于劣势,迫使它们不得不放弃某些增值环节,而选择若干具有比较优势的环节集中培育,重新建立起自身的优势竞争地位,这种情况在产品结构复杂的行业中较为普遍。

近 20 多年来,制造业的产品价值创造体系,即价值链体系,正在经历着很大规模的重组。中国制造业通过产业专业化和积极吸纳而保持了经济的持续快速增长。企业作为一个整体,其竞争优势来源于在设计、生产、营销等过程及辅助过程中所进行的许多相互分离的活动。价值链物流整合和分解,企业都需要根据自身业务发展的实际情况决定,确保对企业内部业务流程进行全面的升级与再造。

2. 战略调整

企业的经营环境时刻发生着变化,企业发展战略也需要在变化中进行不断优化和调整,相应地企业业务流程也需要根据战略调整而进行再造。企业可以选择的战略调整方向有前向一体化、后向一体化、横向一体化、多元化、并购和剥离等。这些都是可能的选择之一,也可以进行战略组合选择,但究竟是选择单一战略还是组合战略,关键是要评估企业自身的资源状况,因为没有一家企业能够拥有足够的资源来选择和实施对其有益的所有战略。对于企业战略的分类和选择,按照迈克尔·波特(Michael E. Porter)在 20 世纪 80 年代提出的战略三部曲,各种战略使企业获得竞争优势的 3 个基本点是成本领先、差异化、专一经营。

(1) 成本领先战略。

成本领先战略又称低成本战略,是指企业通过有效途径降低成本,使企业的全部成本低于竞争对手的成本,甚至是在同行业中最低的成本,从而获取竞争优势的一种战略。根据企业获取成本优势的方法不同,成本领先战略包括:①简化产品型成本领先战略;②改进设计型成本领先战略;③材料节约型成本领先战略;④人工费用降低型成本领先战略;⑤生产创新及自动化型成本领先战略。与成本领先战略相关的流程有产品成本管控流程、新产品研发流程、产品工艺管理流程、采购管理流程、人力资源规划流程、定岗定编管理流程、信息化规划流程等。

(2) 差异化战略。

差异化战略就是将公司提供的产品或服务差异化,形成一些在全产业范围中具有独特性的东西。如追求产品品质的优异化、追求产品专利权的优异化、追求产品创新力的优异化、追求产品周边服务的优异化、追求售前和售后服务的优异化、追求品牌的优异化等。与差异化战略相关的流程有品质控制流程、知识产权管理流程、新产品开发流程、客户服务流程、品牌宣传及推广流程等。

(3) 专一经营战略。

专一经营专利又称集中化战略、目标集中战略等,是指主攻某一特殊的客户群、某一产品线的细分区段或某一地区市场。企业专一经营战略的确定,需要满足的条件有:拥有特殊的受欢迎的产品;开发专有技术;不渗透的市场结构;不易被模仿的生产、服务及消费活动链。与专一经营战略相关的流程有新产品开发流程、知识产权管理流程、市场推广流程、供应链开发流程等。

3. 业务流程外包

业务流程外包(business process outsourcing,BPO),是指企业将业务流程及相应的职能外包给供应商,并由供应商对这些流程进行重组。

目前常见的企业业务流程外包有研发流程外包、供应链流程外包、制造流程外包、营销流程外包、人力资源流程外包、财务流程外包等。随着企业竞争的加剧和社会分工的明细化,越来越多的企业开始思考将辅助流程、管理流程,甚至非核心业务流程进行外包,由专业的公司来协助企业实现流程价值。企业通过业务流程外包主要达到的目的有以下几个方面。

(1) 改善辅助业务对核心业务的支持作用,增加整体盈利。

企业业务可划分为核心业务和辅助业务,BPO 运作的主要对象是对整体业务起支撑作用的辅助业务,如财务(财务账务处理、税务筹划等)、信息系统(网站设计与维护、OA 系统外包、ERP 系统外包、服务器外包、搜索引擎等)、人力资源(员工招聘、培训、社会保险、员工福利等)、销售渠道管理(渠道拓展、销售管理等)、生产(工厂管理、供应体系等)、法务(法务咨询、合同审核、法务纠纷处理等)、物业、后勤。这些辅助业务承包给专业化公司后,其业务质量能得到显著而迅速的改善,从而对核心业务起到推动作用,增加整体盈利。

(2) 突出对核心业务的重点管理,辅助业务实现有效控制。

部分辅助业务外包,有助于企业管理层以更多的时间和精力,将更多资源投入核心业务。而在辅助业务管理上,作为业务承揽方的第三方专业化公司,对其承揽项目的服务等级、成本构成、质量检测等有着明确的标准和承诺,企业就可以根据合同的履行情况实行对辅助业务的成本-质量控制,实现预期目标。

(3) 提高业务外包质量,第三方专业化公司应具有创造性。

在企业内部,辅助业务常被视为"日常性工作",是一笔"经常性费用"。当被外部第三方专业化公司接手后,这些业务的性质不再是"日常性工作",而是"新的就业机会"。第三方专业化公司具有创造性地完成这些工作的能力。此外,第三方专业化公司常常是所从事业务领域中的技术领先者,它们对所承包的业务开展优化设计、科学运作与管理,并跟踪最新技术发展,不断更新公司的系统。

(4) 形成长期战略合作伙伴关系。

企业将辅助业务外包给第三方专业化公司运营,这有利于企业在新的市场环境中打破传统的行业(业务)界限,与外部公司形成跨业务领域的联合,互相之间构成长期的战略伙伴关系,增强彼此的核心竞争力。

4. 企业再造

企业再造也是目前企业在竞争中常用的一种竞争手段,也是业务流程再造的一种趋势。以职能管理为核心的传统企业管理模式已经面临前所未有的调整。

企业管理经历了三个阶段:强调职能管理为核心的阶段;流程管理得到承认,但职能管理仍处于主导地位的阶段;关键流程驱动企业运营阶段。这 3 个阶段的发展,是符合企业对管理的逐渐认知和竞争环境的变化的。

(1) 企业再造实现企业经营管理活动的简单化和高效化。

流程管理强调通过跨部门的协作,实现企业经营管理活动的简单化和高效化。它以结果为导向,倒推相关运作过程,关注的是结果的产生和产生结果的过程,并将企业的经营管理重点突出表现为关注客户服务、关注企业产出效果、关注不同企业之间的协同服务,而不是自上而下的职能划分。

(2) 扁平化企业结构适用于流程管理。

流程管理要求企业建立相应的扁平化企业结构,将所有业务、管理活动都视为一个流程,注重其连续性,以全流程运作的观点取代个别部门或人员的看法;注重系统效率的提高和整体绩效表现,而不是单个环节所产生的亮点。在企业运作上要求打破部门的本位主义,鼓励不同职能部门之间的相互合作,共同追求企业的整体流程绩效;将企业的不同部门之间相互关联的行为视为一个总流程的流程集合,对这个集合进行管理和控制,强调全过程的协调和目标化,这与传统的企业管理模式有很大不同。

2.3.3　供应链业务流程再造

面向供应链管理的业务流程再造同其他项目一样,都具有时间、成本和绩效三个目标。三个目标综合成为了供应链业务流程再造的目标,同时也构成了业务流程再造的方向。所有的方向都围绕着满足客户的需求、实现客户的期望这两个中心。

1. 基于时间的业务流程重组

规模经济向速度经济的转移,给企业带来越来越大的竞争压力。最终消费者对于产品的需求越来越苛刻,不仅要求产品有优良的质量、低廉的价格、良好的顾客服务,还要求供应链能将产品迅速地送到顾客手中。如果企业不能将满足顾客需求的产品及时地送达顾客,非忠诚顾客就会转向其他竞争者并购买替代产品。

时间是衡量企业运营效率的重要指标,也是速度经济发展过程中着重追求的一种现代观念。因此,企业在实施业务流程重组过程中,最开始需要审查供应链上各种流程分配时间的方式,分析各个环节价值增值的时间因素,从而设定企业重组的目标,不要将宝贵的时间花费在没有价值增值能力的环节上。因此,需要调整当前时间分配的方式,确定应达到的状况。

基于时间的业务流程分析就是将企业增值能力低、耗时多的活动,从整个业务流程中识别出来,在增值能力和时间消耗方面寻找平衡,并进一步消除或简化这些流程。基于时间的业务流程分析可以描述成活动的增值率分析,根据增值率确定各项活动时间分配的优先级,集中时间消耗在具有较高增值率的活动上。

供应链时间压缩策略,能够降低"牛鞭效应"的影响,获得更短的提前期、更好的订货控制和更低的库存水平,更加适应现代社会消费者对产品多样性的需求。在供应链订货提前期的构成要素中,信息流的时间压缩和物流的时间压缩配合使用,可以更好地实现供应链的时间压缩策略。

2. 基于成本的业务流程再造

降低成本也是供应链管理的重要目标,是提高供应链竞争优势的重要途径。根据乔恩·休斯、马克·拉尔夫和比尔·米切尔斯等 1999 年的研究成果,对基于成本的供应链管理业务流程再造进行了研究。有效降低成本是企业生产经营的目标,也是企业构筑供应链和优化供应链业务流程的目标。但是,在再造供应链业务流程的过程中,不能一味地追求成本的降低,应避免在降低成本的同时,损失企业的经济效益增长点和盈利基础。因此,要有计划地协调成本和核心竞争力之间的关系,平衡成本管理和市场联盟之间的关系。

3. 基于绩效的业务流程再造

以绩效为目标的业务流程再造,就是依据分析、比较再造前后获得的绩效变化来决定进一步的行为方式。在绩效分析比较过程中,应重点考虑标杆的作用和影响,可以从横向和纵向两个不同的角度来分析。以绩效为轴心的业务流程重组策略,需要对重组流程的绩效进行评估,并比较绩效评估的准确性。通过绩效分析,可以进一步判断对流程再造的结果是否满意,从而做出确定流程的决策。

以时间、成本和绩效为基础的供应链管理业务流程再造,更多地表现为三项标准的综合,共同创造供应链管理业务流程再造的综合效益。在时间约束和成本约束的条件下,供应链管理业务流程再造将会带来社会资源的最大化应用,从而提高整个供应链体系的绩效。

2.4　供应链风险管理

全球经济的快速发展,增加了供应链结构的复杂性。正因为供应链的结构越来越复杂,供应链的脆弱性也在逐渐地增加。供应链风险事件层出不穷。2019年末开始的新冠疫情,打乱了经济社会的秩序;持续的疫情蔓延,让供应链节点企业防不胜防。这仅仅是一种类型的风险,事实上,供应链风险各种各样,有的是自然灾害造成的,而有的是人为造成的,因为不可控性,风险管理已经成为21世纪以来供应链管理的重要内容之一。因此,供应链风险识别与管理受到了特别的重视。

2.4.1　供应链风险的含义与特性

1. 风险的含义

风险管理从1930年开始萌芽,1938年之后,美国企业对风险管理开始采用科学的方法,逐步积累了丰富的经验。1950年开始,风险管理发展成为一门学科,至1970年,风险管理在全球受到关注。1983年在美国召开的风险和保险管理协会年会上,世界各国专家学者云集纽约,共同讨论《101条风险管理准则》,它标志着风险管理的发展已进入了一个新阶段。

对于风险的观念及定义,一般人到现在仍然相当模糊,因为它表达的是一个抽象而笼统的概念。风险的特性是在强调未来的可能性,以及未来发生事件的不确定性。如果一个事件或活动没有不确定性,风险也就不会存在。

根据《韦氏英文字典》对风险的解释,即"损失的可能性或危害的结果",风险有两层含义:一是易变化的特性和状态,确定肯定性,也就是具备不确定性;二是具有无常的、含糊的或未知性质的事物。

许多学者对风险进行过描述,目前较公认的风险的定义主要是Mitchell的观点,他认为风险是企业或个人发生损失的概率及损失严重性两者的组合;任一事件的风险为事件的可能发生概率及事件发生的后果之组合乘积。由此可知,风险包含两个基本组成部分:一个是损失,另一个是不确定性。

中华人民共和国国家标准《供应链风险管理指南》(GB/T 24420—2009)对风险的定义为:风险是指不确定性对目标实现的影响。因此,关于风险研究主要有两种视角:一方面是不确定性视角,另一方面是损失性视角。从切合实际的角度分析,应该将不确定性视角和损失性视角结合起来,达到反映风险本来面目的目的。

2. 供应链风险的含义

只要存在不确定性,就存在一定的风险,供应链所面临的市场竞争环境存在着大量的不确定性。所谓不确定性是指当引入时间因素后,事物的特征和状态不可充分地、准确地加以观察、测定和预见。在供应链节点企业之间的合作过程中,存在着各种产生内在不确定性和外在不确定性的因素,因此,需要进行风险管理。

供应链系统是一个复杂的系统,其风险是很难界定的,不同学者从不同的角度来定义。国外学者对供应链风险的研究是从研究供应风险开始的。Mitchell(1995)认为,它是由各成员企业中员工的教育层次、国别等因素的不同及供应市场的特征(如市场结构的稳定性、市场利率的变化等)导致供应不足而带来的风险。George A. Zsidisin(2003)将供应链风险定义为:供应不及时而导致货物和服务质量的降低。也有学者按照风险的一般方法,将供应链对象分为可控和不可控的风险:如恐怖主义行为、严重的工人停工、自然灾害等归于不可控制的风险;如供应链资格、供应源的产品和服务等归于可控制的风险。但是,它没有给供应链风险一个明确的定义,也没有具体分析其区别的依据。

在中华人民共和国国家标准《供应链风险管理指南》(GB/T 24420—2009)中,供应链风险是指有关供应链的不确定性对目标实现的影响。依据国家标准,马士华教授在其著作《供应链管理》(第 5 版)中对供应链风险作了解释:供应链风险包括所有影响和破坏供应链安全运行,使其不能达到供应链管理预期目标,造成供应链效率下降、成本增加,导致供应链合作失败或解体的各项不确定性因素和意外事件,既包括自然灾害带来的风险事件,也包括人为因素产生的风险事件。

为了提高供应链的竞争力,获取竞争优势,企业需要高度重视供应链的风险管理。它不仅是供应链管理理论体系的核心内容之一,而且是供应链管理的内在要求。企业必须采取措施使供应链避免可能对其产生破坏的风险,尽量降低风险给供应链带来的损失,使供应链能够在受到风险事件冲击后迅速恢复正常运行状态。只有通过合理的风险管理与控制措施,这些目标才能达成。

3. 供应链风险的客观性和特性

(1) 供应链风险的客观性。

自然界中的各种自然灾害、社会领域中的各种冲突、意外事故或者战争,都不以人的主观意识为转移而客观存在。它们的存在和发生就整体而言是一种必然现象。因此,像许多风险一样,供应链风险的发生也是客观和必然的,其本身不可避免。供应链风险的客观性主要表现在:①供应链本身结构的复杂性导致了风险客观存在;②供应链所处内外部环境的不确定性导致了风险的客观存在;③供应链全球化趋势增加了风险。

供应链风险的发生,其范围、程度、频率、形式、时间等都可能表现各异,但它总会以独特的方式表现自己的存在,是一种必然会出现的事件。人们收集有关供应链风险的资料越多,对供应链风险的认识就越高,供应链风险的规律性就越容易被发现。

(2) 供应链风险的特性。

除了具有一般风险的共性,供应链风险还具备自身的特性。

① 动态性。

供应链管理目标的实现是供应链整合优化的过程。实现供应链目标的过程受到内外部各种因素的影响,不同的成员企业和业务面临的风险因素不同。其中有些因素,随着环境和资源的变化及供应链管理目标的调整,可能会转化为供应链风险因素。供应链因外部客观环境或内部结构而产生风险,这些风险绝不会静止、僵化不变,而是随着处理风险的合理性与及时性,使供应链风险降低或增大。因此,供应链风险因素将与供应链的运作相伴存在,具有动态性特征。正因为供应链风险的动态性,即使很小的风险,也有可能转化为巨大的风险。供应链风险变化的每一个阶段,几乎都具有因果效应,因此必须认识到供应链风险的动态性。

② 复杂多样且多层次性。

供应链网络的复杂性导致供应链风险的来源呈现复杂性的特征。供应链从构建形成就面对许多风险,它不仅要面对单个节点企业所面对的系统风险与非系统风险,还要面对由于供应链的特有企业结构所决定的节点企业之间的合作风险,风险类型多、范围广,也更为复杂。另外,供应链的结构呈现层次化及网络化,不同层次的供应链成员,如核心企业、供应商、分销商、协作层企业受供应链运作影响程度不同,同样的风险对不同层次的供应链成员的影响程度也不同。

③ 传导性。

传导性是供应链风险最为显著的特征,也是由供应链自身企业结构所决定的。由于供应链从产品开发、原材料采购、生产加工到仓储配送的整个过程,都是由多个供应链节点企业共同参与完成的,根据流程的顺序,各节点企业的工作形成了一个交错的混合网络结构。其中某一项工作可能由多个企业共同完成;某一个企业既可能参与一个环节也可能参与多个环节。因此各环节环环相扣,彼此依赖和相互影响,任何一个节点出现问题,都可能涉及其他节点,进而影响整个供应链的正常运作。链式生产结构的供应链,供应源节点企业将风险向下游传导,同样,下游节点企业通过资金流、信息流等传导方式将风险传导给上游节点企业,"牛鞭效应"就是典型的事例。供应链系统的联动性让整个链条上的节点企业"牵一发而动全身",风险传导对整个供应链系统造成破坏。

④ 悖反性。

各种风险之间相互联系,采取措施消除一种风险可能会导致另一种风险的加剧,同样,供应链上某个企业采取的措施可能会增加供应链上其他企业的风险。供应链中的很多风险是相互悖反的,一种风险的减少会引起另一种风险的增加。一方面,企业内部一种风险的减少导致另一种风险的增加,比如,为了加强与供应商的长期战略合作,减少交易成本,可能会选择比较少的供应商,而这无疑增加了供应中断风险。另一方面,供应链系统内各节点企业之间的悖反性,即某一企业风险的减少可能会导致相关企业风险的增加。比如,制造商为了减少自身的库存风险,要求所有供应商采用 JIT 方式送货,而这必然导致上游供应商增加送货成本和库存积压。因此,在研究供应链风险、加强对供应链风险的控制过程中,需要充分考虑风险对不同节点企业的影响,对风险的悖反性进行权衡,确保供应商整体风险最小。

2.4.2 供应链风险管理过程

1. 供应链风险管理的含义

中华人民共和国国家标准《供应链风险管理指南》(GB/T 24420—2009)中对供应链风险管理的定义为:指导和控制企业与供应链风险相关问题的协调活动。

供应链风险管理就是为提高供应链运营的稳健性而对风险环境分析、风险识别、风险应对及供应链危机恢复过程中,所采取的风险应对计划、组织、协调和控制活动的总称。供应链风险管理过程如图 2-11 所示。

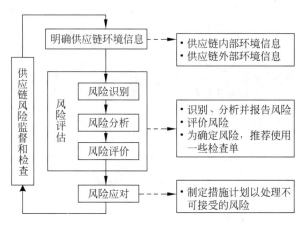

图 2-11　供应链风险管理过程

如前所述,在日常运营中,供应链风险是客观存在的,而且随着供应链的全球化发展,这种风险会越来越大。为了降低由于这种不确定性因素引发供应链中断或者其他危机而导致的损失,需要加强对供应链风险的管理,提高供应链弹性或者供应链柔韧性,以确保供应链始终能够稳健地运行。

2. 供应链风险类型

供应链风险多种多样,不同学者对于供应链风险按照不同的分类标准划分为多种类型。按照风险来源分类,供应链风险划分为环境风险源、网络风险源和企业风险源。按照风险类别,供应链风险划分为内部供应链风险、相关网络风险和外部供应链风险。按风险的性质,供应链风险划分为重大突发非常规风险事件和常规风险事件。

在各种文献中,对供应链风险及其来源描述比较全面的是 Chopra 和 Sodhi 对各种供应链风险进行的总结,把风险的类型归结为中断风险、延误风险、系统风险、预测风险、知识产权风险、采购风险、应收状况风险、库存风险和生产能力风险共计九大类,而各种不同的风险又有其独立的风险来源。供应链风险及其引发因素见表 2-8。

表 2-8　供应链风险及其引发因素

序号	风险类型	风险因素
1	中断风险	自然灾害
		劳动纠纷
		供应商破产
		战争与恐怖事件
		依赖唯一供应商,同时后备供应商的生产能力和敏捷性差
2	延误风险	供应商的生产利用率高
		供应商敏捷性差
		产品质量差或供应失败
		过境或中转时处理环节过多
3	系统风险	信息基础设施崩溃
		系统整合或系统网络过于庞杂
		电子商务

序号	风险类型	风险因素
4	预测风险	前置时间长、季节性因素、产品多样性、生命周期短、客户基础薄弱等造成预测不准确
		促销、激励、供应链缺乏可见性以及产品短缺使需求夸大、信息失真,导致"牛鞭效应"和信息失真
5	知识产权风险	供应链垂直整合
		全球外包和全球市场
6	采购风险	汇率波动
		依赖单一供应源的主要部件以及原材料百分比
		行业的生产利用率
		长期合同和短期合同
7	应收状况风险	客户的数量
		客户的财务实力
8	库存风险	产品报废率
		产品库存持有成本
		产品价值
		需求与供应的不确定性
9	生产能力风险	生产力成本
		生产力弹性

3. 供应链风险识别

风险识别是分析供应链的各个过程环节、每一个参与主体及其所处的环境,找出可能影响供应链的风险因素,识别风险源,掌握每个风险事件的特征、原因、相互关系及潜在的后果。

风险识别的目的是根据可能促进、妨碍、降低或延迟目标实现的事件,生成一个供应链风险的列表,《供应链风险管理指南》(GB/T 24420—2009)供应链风险因素示例和产品风险因素示例分别见表 2-9 和表 2-10。

表 2-9　供应链风险因素示例

序号	风险因素	风险因素的解释
1	质量	按照顾客质量要求交付产品和服务的能力
2	环境与安全	对可能影响项目或方案的环境、健康和安全等因素的管理能力
3	工作环境	对可能影响产品符合性的温度、湿度、照明、清洁、防静电等工作环境因素的管理能力
4	地理、政治和道德	对可能影响项目或方案的社会、地理、政治、经济和道德因素的管理能力
5	财务	对影响项目或方案的财务因素的管理能力
6	顾客满意	影响顾客期望的因素
7	人力资源	影响质量和顾客信心的人力资源因素
8	改进活动	持续改进的能力
9	准时交付	根据顾客的进度要求提供产品和服务的能力
10	制造能力和潜力	按合同要求提供制造服务的能力
11	次级供应链控制	对供应链中所有次级供应商的管理和控制能力
12	设计能力和潜力	制造满足设计意图的部件的能力

表 2-10　产品风险因素示例

序号	风险因素	风险因素的解释
1	安全等级	与政府主管部门的要求一致
2	涉及的特殊过程	参数受成分、几何尺寸影响的过程,或结果不能依靠检验进行确认的过程
3	设计复杂性	设计满足顾客要求的创新方案的能力
4	制造复杂性	制造满足设计意图的部件的能力

(1) 供应链风险识别的程序。

按照 Walter(2007)指出,供应链风险识别有 5 个主要步骤:

① 定义整体供应链流程;

② 将整体流程细化为一系列彼此独立又相关的运作活动;

③ 系统地审视每一项运作活动的细节;

④ 识别存在于每一项运动中的风险及其特点;

⑤ 描述最具影响的风险。

识别风险绝非易事,许多正式的工具被开发利用来识别现实中发生的风险。

(2) 供应链风险识别的方法。

供应链风险识别的方法比较多,如历史数据分析法、头脑风暴法、因果分析法、中位数分析法、流程图、可能性冲击矩阵、情景模拟仿真等。尤其是计算机软件的发展,大量的仿真软件已经能够模拟真实场景,为风险识别和风险分析提供了可利用的仿真工具。另外一些工具方法则专门用来识别供应链风险,如供应链视图法、审计、关键路径法等。以因果图为例,分析产生某种风险的原因,再对每个原因进行分解,找出每种风险由哪些主要的原因导致,明确找出风险产生的所有原因,为风险应对提供依据。供应链风险分析因果图示例可参见钢材供应尚未达到预期效果因果图,如图 2-12 所示。

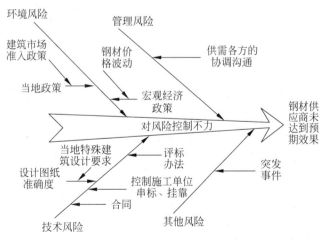

图 2-12　钢材供应尚未达到预期效果因果图

识别供应链风险需要及时和准确的信息,所需要的信息包括企业供应链管理的历史数据(尤其是风险事故记录)、通过调查研究和信息情报搜集获得的企业外部信息等。企业采用的风险识别工具和技术应当适合于其目标、能力及企业所面对的风险。

4. 供应链风险分析

风险分析要考虑供应链风险的原因和风险源、风险的后果及这些后果发生的可能性、影响后果和可能性的因素，以及供应链风险的其他特性。可通过历史事件的结果建模确定后果，也可通过对实验研究或可获得的数据外推确定后果。在《供应链风险管理指南》(GB/T 24420—2009)中，供应链风险后果和影响评价示例及供应链风险后果发生的可能性评价示例分别见表 2-11 和表 2-12。

表 2-11　供应链风险后果和影响评价示例

等级		确定风险的影响或后果		
		表现	计划进度	损失(C)
1	极低	极小或没有影响	极小或没有影响	极小或没有影响
2	低	可接受但会降低正面绩效表现（如盈利等）	需要更多资源，但能按时完成计划	$C < 5\%$
3	中	可接受但会大大降低正面绩效表现（如盈利等）	关键计划目标的轻微延误，不能按时完成计划	$5\% \leqslant C < 7\%$
4	高	可接受但导致无正面绩效表现	关键计划目标的较大延误，或关键实施路径受到影响	$7\% \leqslant C < 10\%$
5	极高	不可接受	不能实现主要团队或主要项目的关键计划指标	$C \geqslant 10\%$

表 2-12　供应链风险后果发生的可能性评价示例

序　号	等　级	风险事件发生的可能性
1	1	不可能
2	2	不大可能
3	3	可能
4	4	非常可能
5	5	确定

5. 供应链风险评价

风险评价是将风险分析过程按照确定的供应链风险等级与明确供应链环境信息时设定的风险准则进行比较，产生评价结果的过程。在某些条件下，风险评价能够导致进行进一步风险控制的决定。风险评价还可能导致维持现有的风险控制，不采取任何其他措施的决定。这种决策受企业的风险偏好或风险态度和已经制定的风险准则的影响。

6. 供应链风险应对

风险应对是根据风险评价的结果，做出关于哪个风险需要应对的决策，并选择和执行改变供应链风险的可能的措施。制定风险应对措施可能是一个循环的过程，不同的个案应该采纳不同的管理策略和方法，而不能用统一的方法来响应和应对所有的风险事件。因此，供应链风险管理的主要任务是建立起管理体系，用最合适的策略和方法去处理各种供应链风险，通过对供应链风险的估算，应能够保证供应链持续的正常运作，或者使得供应链中断的风险降到最低。

（1）建立供应链风险管理机制的策略。

人们通过大量的研究，通常将供应链企业面对的风险因素分为两种：未知的不确定性因素和可知的（可观测到的）不确定性因素。针对两种不同特性的风险事件，两种不同的风险管理机制如图 2-13 所示。

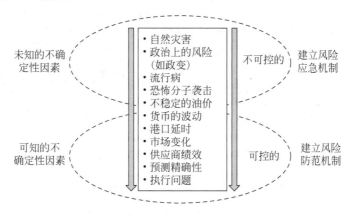

图 2-13 两种不同的风险管理机制

对于未知的不确定性因素，人们可能观测到，但无法预计什么时候将发生风险。针对这类风险事件，企业应建立起有效的供应链风险应急机制，即在风险爆发之后，企业能够做出快速响应，不至于因为没有应急机制而束手无策，错失风险处理的良机。

对于可观测到的某些不确定性因素，可以建立风险防范机制，将可能发生的危机消除在萌芽状态。实际上最好的风险管理是不让风险完全爆发，因为一旦形成风险，再有效的处理也无法避免损失，只是尽量减少损失而已。如果能够防范风险发生，则可以大大减少不必要的损失。

（2）构建供应链风险管理体系。

根据企业对风险的不同态度，可以总结出企业进行供应链风险管理的一些基本措施，不同的企业可能会采取不同的措施。但是，不管采取何种措施，都应该无一例外地建立起一套有效的风险管理体系和运行机制，从企业上下重视对供应链风险管理的必要性。通过建立正式的风险管理体系机构，确定供应链风险管理部门的职能，由职能部门负责制定风险应急计划、做好应对风险爆发后的"被害预测"、处理风险事件的模拟训练。

（3）制定风险防范措施。

针对供应链企业合作过程中存在的各种风险及其特征，应该采取不同的防范对策，制定出不同的风险防范措施。对风险的防范，可以从战略层和战术层分别考虑，主要措施包括：①建立战略合作伙伴关系；②加强信息交流与共享，优化决策过程；③加强对供应链企业的激励；④柔性设计；⑤风险的日常管理；⑥建立应急处理机制；⑦资源配置到位；⑧确保对话渠道畅通。除了要做好上述几项工作外，在日常的供应链运作过程中，供应链风险防范还必须将对合作伙伴的风险防范和激励机制纳入体系化管理，一旦出现风险苗头，及时采取合理措施，将可能的风险消除在萌芽状态。风险防范与激励机制理论模型如图 2-14 所示。

随着经济全球化发展进一步加剧，供应链越来越庞大和复杂，在多变的市场环境中，供

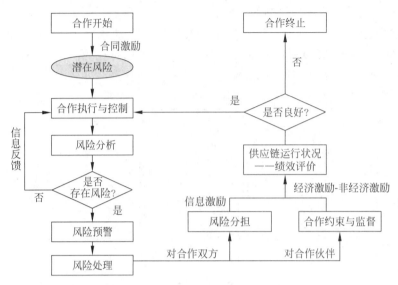

图 2-14　风险防范与激励机制理论模型

应链的脆弱性成为企业需要应对的重大问题,供应链风险威胁到供应链节点企业的生存和供应链的正常运作,因此,除了以上的风险防范措施,企业通过再造弹性供应链,增强供应链节点企业之间的协作,使供应链更具敏捷性,并形成供应链风险管理文化,节点企业共同应对和规避供应链风险。

【复习思考题】

1. 简答题

(1) 分析说明企业竞争战略与供应链战略之间的关系。

(2) 描述不确定性与响应能力之间的匹配关系。

(3) 供应链合作伙伴关系的含义是什么？如何对供应链合作伙伴关系进行分类？

(4) 什么是业务流程再造？流程再造与流程优化之间有什么关系？

(5) 供应链业务流程再造应该从哪些方面着手？

(6) 如何理解供应链风险的客观性？

(7) 说明供应链风险管理的含义和供应链风险类型。

(8) 供应链风险应对的策略有哪些？

2. 案例分析题

(1) 西海制药公司是位于浙江的一家大型制药厂,2010 年初,公司信息主管竭力争取到一个 6500 万元的信息系统项目,对公司实施业务流程再造,以匹配公司不断扩展的市场业务需求。公司花费 1000 万元用于购置硬件和软件,并把项目管理工作外包给某一世界知名咨询公司完成,该咨询公司收费昂贵。项目花费 1800 万元建设了一座自动化立体仓库,但许多库存功能缺乏实用性,自动立体化仓库未能按时完工,投资不断增加,最致命的是新信息系统屡屡出错,造成公司 1500 万元的巨额损失。西海制药公司仅 2014 年第四季度各项活动运营花费就高达 3400 万元,2015 年 8 月,公司不得不申请破产。

①　实施业务外包的前提条件有哪些？

②　应用鱼骨图简要分析该公司投资失败的原因。

（2）2021 年 3 月 23 日,中国台湾长荣海运公司租用日本正荣汽船株式会社的巨型货轮"长赐号"(Ever Given),因操作失误卡在了埃及苏伊士运河里,身长 400m 的货轮卡在河堤两端,造成苏伊士运河堵塞。此次卡死在运河上的集装箱船"长赐号",长 440m,宽 59m,吃水 15.7m,船首卡在运河东岸,船尾则卡在运河西岸。国际航运公会 (International Chamber of Shipping,ICS)发布声明,指出大型集装箱船 Ever Given 轮("长赐号"轮)堵塞苏伊士运河事件反映了全球供应链的脆弱性。公开资料显示,苏伊士运河占全球集装箱流量的 22%,全球 12%的贸易运经苏伊士运河,其中每年有超 10 亿吨的货物运经苏伊士运河。运河堵塞引发的货物延误将对经济贸易产生影响。

①　查阅资料,分析该案例从风险类型划分属于哪种风险。

②　事件发生后,采购商和供应商应如何应对风险带来的损失？

思政案例

第 3 章　供应链网络构建

【主要内容】

本章划分为 4 节内容,对供应链网络构建分别从供应链网络构建的作用和影响因素、供应链网络构建过程、供应链网络选址模型构建和供应链分销网络设计进行了描述。在模型构建中,主要讲述了单一设施选址模型和多设施选址模型的原理和应用;通过讲述 6 种分销网络模式,为企业进行供应链分销网络设计提供了模式参考。

【学习目标】

了解供应链网络构建的作用和影响因素,熟悉供应链网络构建的步骤、策略和决策框架中考虑的各种因素;掌握供应链网络中设施模型的计算方法,对重心法、中值法和线性规划法能够在算例中熟练应用;学习供应链分销网络设计的模式,了解每一种模式考虑产品特性因素的适用性。

【引导案例】

2007 年 11 月 26 日下午,在京举行的"赛诺菲-安万特在深圳建立流感疫苗生产工厂"的新闻发布会上,深圳市政府与赛诺菲-安万特共同宣布:在中法两国领导人的见证下,赛诺菲-安万特与深圳市政府签署了在深圳建立流感疫苗生产工厂的协议。这是迄今为止中国最大的外商投资生物制药项目,一期投资达 7 亿元人民币。

对于选择在深圳建立工厂,赛诺菲-安万特首席执行官雷福杰表示,"这是公司的战略选择"。深圳是中国最具活力的城市之一,公司与深圳已有十年的良好合作历史,获得了深圳的大力支持,特别是深圳市有熟练的技术工人、良好的生产环境,深圳市政府对项目也十分感兴趣,并鼓励这样的高新技术项目在深圳落户,这些因素最终促成了公司在深圳投资。

赛诺菲巴斯德(赛诺菲巴斯德是赛诺菲-安万特集团的疫苗事业部)——深圳流感疫苗项目的谈判历时 3 年,投资方曾对选址进行过 3 轮评估。2007 年 7 月 19 日,双方最终签订了项目投资协议准备书,确定这家新的疫苗生产厂落户深圳国家生物产业基地。

3.1　供应链网络构建的作用和影响因素

供应链网络是由与核心企业相连的成员组织构成的,这些组织直接或间接与他们的供应商或客户从起始端到消费端相连。供应链结构的复杂性决定了供应链网络结构的复杂性,为了确保供应链上的节点企业有效运营,有必要对供应链的网络进行设计,为供应链上的节点企业高效运营提供保障。

3.1.1　供应链网络构建的作用

供应链网络设计决策包括各类设施作用的分配,制造、仓储或运输等相关设施的布局,以及每个设施的产能分配和市场分配。供应链网络设计的必要性主要有以下几个方面。

1. 发挥供应链设施的作用

之所以供应链网络设计决策对供应链绩效有着相当重要的影响，是因为它决定了供应链的配置并设置了约束条件，其他的供应链驱动因素只能在约束条件内被用来降低供应链的成本或提高响应性。所有的网络设计决策会互相影响，必须基于这种事实来做决策。关于每个设施作用的决策是非常重要的。因为这些决策决定了供应链在改变其满足需求的方式上具有的柔性。例如，丰田公司在全球范围内对其所服务的每个市场都设立了工厂。1997 年以前，每个工厂只能服务当地市场，这使得丰田公司在 20 世纪 90 年代后期亚洲经济衰退时受到了损害。例如，在亚洲的当地工厂出现的空闲产能不能用于服务当地之外的市场。丰田公司通过让每个公司提高柔性，使其能够服务当地之外的市场。这种柔性帮助丰田公司更有效地应对日益动荡的全球市场环境。

2. 供应链设施有效选址

设施选址决策对供应链的绩效有着长期的影响，因为关掉一个设施或将它转移到其他地方的成本很高。在大多数供应链中，生产设施改变的难度要大于存储设施。供应链网络设计人员必须考虑到，任何一个设施往往都会在一个地方经营十年或更长时间。但仓库和存储设施，尤其是非企业自营的仓库或存储设施，可以在做出决定的一年内变更。一个好的选址决策能帮助供应在保持较低成本的同时具有响应性。例如，丰田公司于 1988 年在肯塔基州莱克星顿市建立了其在美国的第一家装配工厂，后来又陆续在美国建了很多工厂。当日元走强，日本生产的汽车因价格太高而在成本上无法与美国生产的汽车竞争时，丰田在美国的工厂获得了丰厚的利润。在美国建厂使丰田能够在保持较低成本的同时更快地响应美国市场的需求。

管理者在设施选址时不仅要考虑未来的需求和成本，而且必须考虑技术可能发生变化的情况。否则，设施可能在几年内变得无用。例如，一家保险公司将其文书工作从大都市转移到郊区，以降低成本，然而，随着自动化程度的提高，对文书工作的需求大大减少，几年内这一设施不再被需要。同时，该公司发现这个设施很难出售，因为它距离居民区和机场都比较远。

3. 合理分配供应链产能

尽管产能分配比选址更容易变动，但产能决策却常常会很多年都保持不变。给一个地点分配太多的产能会导致利用率偏低而提高成本；分配过少的产能，如果需求没有被满足，会导致响应性差，如果通过较远的设施来满足需求则同样会导致提高成本。设施的供应链源和市场分配对绩效有重大影响，因为它会影响供应链满足客户需求所发生的总的生产、库存和运输成本。应该定期对这一决策进行重新评价，以便在生产和运输成本、市场条件或工厂产能变化时进行调整。当然，只有当设施具有足够的柔性，可以服务于不同的市场并接受来自不同供应源的供货时，才能对市场和供应源的分配进行调整。

4. 匹配市场需求和供应

设施生产的产品和柔性分配对成本和响应性都有重大影响。当一个设施需要生产多种产品时，由于需要设施更具有柔性，所以成本往往会增加。但与专门生产某一种产品的设施相比，柔性设施能更有效地应对产品需求的波动。对于专用设施而言，如果其生产的产品需求减少，造成设备闲置。而柔性设施能够利用现有的产能，更多地生产另一种需求可能已经增加的产品。当市场条件发生变化或两家企业合并时，必须对网络设计决策重新进行讨论。

企业合并之后,由于原来两家独立的企业所服务的市场既有重叠也有差异,因此整合一些设施、调整另外一些设施的位置和作用往往有助于降低成本和提高响应性。

3.1.2 供应链网络构建的影响因素

供应链网络设计的影响因素较多,有的因素可以量化,如物流总成本、区域宏观经济数据等;有的因素不可量化,但具有决定性的影响,如战略因素、竞争因素、政治因素等。参考苏尼尔·乔普拉(Sunil Chopra)的描述,供应链网络设计的影响因素有以下几种。

1. 战略因素

企业的竞争战略对供应链网络设计决策有着重要的影响。关注成本领先的企业倾向于将制造设施选址在成本最低的地方,即使这意味着将远离其所服务的市场。富士康和伟创力等电子制造服务提供商,通过将其工厂设在低成本地区,成功地提供低成本的电子产品装配服务。相反,专注于响应性的企业倾向于将设施选址于更靠近市场的地方,如果这种选址允许企业对不断变化的市场需求做出快速反应,则企业可能会选择一个高成本的地方。

便利连锁店把为客户购物提供便利作为竞争战略的一部分。因此,便利店网络在一个区域内往往会开设很多家店铺,但每家店铺规模都不大。相反,一些大型综合超市就要考虑把低价格作为自己的竞争战略。因此,大型综合超市网络中的店铺规模一般较大,客户通常需要走比较远的距离才能到达其中一家,一家大型综合超市覆盖的地理区域内可能有很多家小型便利店。

在进行设施的产品分配决策时,同时考虑战略匹配性和成本是非常重要的。

2. 竞争因素

在设计供应链网络时,企业必须考虑竞争对手的策略、规模和地点。企业要做的一个基本决策是在靠近还是远离竞争对手的地方选址。

(1)企业间的正外部性。

正外部性是指多家企业邻近选址,相互之间受益的情形。正外部性促使竞争对手选址时彼此靠近。例如,零售店往往彼此邻近选址,因为这样能增加总的需求量,对各方都有利。彼此竞争的零售店集中在一个购物中心,可以为客户提供便利,客户只需到一个地方就能买到想要的所有商品。这增加了光顾购物中心的客户总量,从而增加了该购物中心内所有零售店的需求。同样,竞争对手的存在会促使发展中国家的相关基础设施条件得到适当的发展。铃木是第一个在印度建立制造设施的外国汽车制造商。铃木在当地建立了自己的供应链网络,引导铃木的竞争对手也在附近建起了装配厂,因为他们发现小汽车在印度市场生产远比出口小汽车到这个国家更有效。

(2)划分市场的选址。

当不存在外部性时,企业选址以获得最大市场份额为目标。由霍特林(Hoteling)首先提出的简单模型解释了这一决策背后的机理(Tirole,1997)。当企业不能控制价格而只能基于距离客户的远近来进行竞争时,它们可以通过彼此邻近选址和划分市场来使市场份额最大化。假设客户均匀分布在区间$[0,1]$的线段上,且两个企业基于它们与客户之间的距离来进行竞争,客户总是会光顾离自己最近的那个企业,而刚好位于两个企业中间的客户则在两个企业之间平均分配需求。如果总需求是1,企业1选址在点a,企业2选址在点$1-b$,

那么两个企业的需求 d_1 和 d_2 分别用公式表示为

$$d_1 = a + \frac{1-b-a}{2}$$

$$d_2 = \frac{1+b-a}{2}$$

如果两个企业彼此靠近,选址在点 $a=b=1/2$ 上,则它们双方的市场份额都将最大化。位于一条直线上的两个企业选址示意图如图 3-1 所示。

企业1　　　　企业2

图 3-1　位于一条直线上的两个企业选址示意图

从图 3-1 可以看到,如果两家企业都选址于线段之间($a=b=\frac{1}{2}$),则客户的平均行走距离为 1/4,;如果一个企业选址于线段 1/4 处,另一个企业选址于线段 3/4 处,则客户的平均行走距离下降为 1/8(在 0 和 1/2 之间的客户会光顾位于线段 1/4 处的企业 1,而在 1/2 和 1 之间的客户会去位于线段 3/4 处的企业 2)。然而这一选址并非均衡状态,因为这样选址会驱使两个企业都试图向线段中心移动(接近 1/2)来增加市场份额。竞争的结果就是两个企业彼此邻近选址,尽管这样做会增加客户的平均行走距离。

如果企业在价格上展开竞争,若运输成本由客户承担,那么对于两个企业来说,最佳的做法是选址时尽可能远离对方,即企业 1 选址于 0 处,企业 2 选址于 1 处。远离对方选址可以使价格竞争最小化,并有利于分割市场并使利润最大化。

3. 政治因素

备选地区或国家的政治稳定性在选址决策中起到关键的作用。企业更喜欢将设施选址在政治稳定的国家,在那里商业活动和所有权的规则比较完善。尽管政治风险很难量化,但有一些指数,如全球政治风险指数(global political risk index,GPRI),仍可供企业投资新兴市场时参考。GPRI 由一家咨询公司(欧亚集团)提供,旨在通过政府、社会、安全和经济四个指标来衡量一个国家承受冲击或危机的能力。

4. 基础设施因素

具备良好的基础设施是将设施选址于特定区域的重要先决条件。差的基础设施会增加在一个特定区域从事商业活动的成本。20 世纪 90 年代,很多全球化企业在中国上海、天津和广州设厂,因为这些地方有着良好的基础设施,尽管它们的劳动力或土地成本并不是最低的。在供应链网络设计中需要考虑的关键基础设施因素包括:场地和劳动力的可获得性、是否邻近交通站场和枢纽、是否有铁路服务、是否邻近机场和港口、是否邻近高速公路、交通拥堵情况和当地的公共设施是否完备等。所选设施地点的生活质量也会对供应链绩效产生重大影响,因为它影响劳动力的可获得性和员工士气。在许多情况下,如果一个企业希望提供更好的生活质量,那么选择一个更高成本的地点可能会更好,反之,有可能产生恶劣的后果。

5. 客户响应时间和服务水平

对于注重快速响应的客户作为目标客户的企业,必须邻近客户选址。如果客户不得不走很远的距离才能到一个便利店,那么客户光顾的可能性就比较小。因此,对便利店连锁企业来说,最佳的做法就是在一个区域内布局很多店铺,这样大多数人都可以就近光顾。相反,客户在大型综合超市会大量购买,并愿意为此多走一段距离。因此,连锁超市的店面规模通常大于便利店,而且并非如便利店一样密集分布。在大多数城镇中超市的数量比小商店的流数量要少很多。针对时间不敏感的客户,通过提高服务水平满足客户需求。

6. 总物流成本

总物流成本是供应链网络内库存成本、运输成本和设施成本的总和。库存成本包括产品储存成本、资本成本和陈旧性损耗成本。运输成本包括将供给运入设施的内向运输成本和将产出运出设施的外向运输成本。设施成本包括建筑物成本、设备成本和劳动力成本。库存和设施成本会随着供应链中设施数量的增加而增加。运输成本则会随着设施数量的增加而减少。如果设施数量增加到某一点导致内向运输的规模经济丧失,则运输成本也将会上升。设施数量与库存成本之间的关系、设施数量与运输成本之间的关系和设施数量与设施成本之间的关系分别如图 3-2、图 3-3、图 3-4 所示。

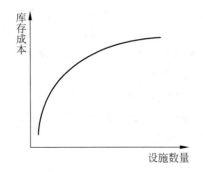

图 3-2　设施数量与库存成本之间的关系　　图 3-3　设施数量与运输成本之间的关系

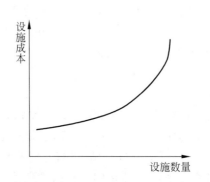

图 3-4　设施数量与设施成本之间的关系

供应链网络设计的目标是降低总物流成本,同时确保适当的客户响应水平。供应链网络中的设施数量至少应等于使物流成本最小所需的设施数量。在此基础上,企业可以增加设施数量,以提高客户响应性。如果提高响应性带来的收入增加大于增加设施所产生的成本,那么增加设施的决定就是合理的。响应时间与设施数量的关系,物流成本、响应时间随设施数量的变化分别如图 3-5、图 3-6 所示。

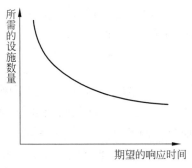
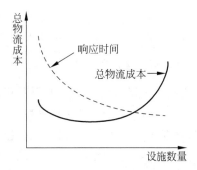

图 3-5　响应时间与设施数量的关系　　　图 3-6　物流成本、响应时间随设施数量的变化

7. 宏观经济因素

税收、关税、汇率等宏观经济因素对供应链网络的总成本和利润有着非常大的影响。因此，企业在制定网络设计决策时必须考虑这些因素。

（1）关税和税收激励。

关税是指产品或设备跨越一国海关时必须支付的税收。关税对供应链设施选址决策具有重要影响。如果一个国家的关税很高，那么企业要么放弃该国的市场，要么在该国设厂以规避关税。高额关税将导致供应链网络中的生产地点多，每个生产地点所分配的产能则较低。由于世界贸易组织（World Trade Organization，WTO）的努力及区域协定（如北美自由贸易协定（North American Free Trade Agreement，NAFTA）、欧盟（European Union，EU）及南方共同市场（MERCOSUR）等协定）的签订，关税水平已逐渐下降，全球化企业已对其全球的生产和配送设施进行整合。

税收激励是指国家、州或城市为了鼓励企业将设施选址在特定的地区而提供的税收方面的减免。很多国家的激励因城市而异，以鼓励企业到经济发展水平较低的地区投资。这种激励措施增加了企业的税后利润，往往是影响很多工厂最终选址决策的一个关键因素。在企业全球选址时，税收激励是推动选址决策的最重要因素，其对选址决策的影响超过其他所有成本因素的总和。

许多发展中国家通过设立自由贸易区（free trade zone），在自由贸易区里生产的产品主要用于出口，就可以享受税收和关税的减免。这会大大激励全球化企业到这些国家设厂以充分利用当地廉价劳动力资源。

（2）汇率和需求风险。

汇率随时发生着变动，并对服务于全球市场的供应链的利润造成严重影响。一些金融工具可用来应对汇率风险，有些金融工具可以限制或对冲汇率波动造成的损失。当然，如果供应链网络设计得当，反而可以利用汇率波动的机会来增加利润。一个有效的方式就是在供应链网络中设计预留产能，并让这些产能具备为不同市场供货的柔性，这种柔性使得企业可以通过改变供应链中生产的流动来应对汇率的波动，实现利润最大化。

3.2　供应链网络构建过程

供应链网络就是由客户的需求开始，经过原材料供应、产品设计、生产、批发、零售等环节，到最后把产品送到最终客户的各项生产和商业活动所形成的网络结构。对于供应链上的每一个节点企业来说,设计一个有效的供应链运作网络系统不仅可以减少不必要的损失和浪费,也可以显著地改善客户服务水平,降低运营成本,赢得竞争优势。

3.2.1　供应链网络构建步骤

供应链网络构建可以采用自上而下和自下而上结合的构建思路。自上而下侧重于分解和协调原则,先把握整条供应链的战略目标,从全局逐步到局部,从战略层规划具体到战术层的计划,逐渐深入到运作层的作业优化;自下而上侧重于集成优化的原则,从局部到整体,先进行节点企业内部物流职能运作的改进和优化,再考虑企业之间合作关系的建立和供应链网络优化等战略层的问题。

1. 分析市场竞争的需求

分析企业的竞争环境,就是要对外、对内都有一个正确的评价。第一,进行客户评价,就是对上游企业、下游企业、消费终端等进行调查研究,提出"用户要什么""他们在市场上的比重有多大""企业内部能否满足客户的需求""企业是否决定要满足客户的这些需求"的问题。只有做到知己知彼,企业才能真实地分析消费者需求的变化、消费结构的变化、市场竞争格局的变化等,提出对企业未来发展的目标市场如何构建的建议。第二,针对客户评价所得到的可能的目标市场,分析企业自身状况,明确企业的能力;再将预期的目标市场与企业战略目标进行匹配性分析、与企业营销战略目标进行适应性研究,完成目标市场评估。第三,结合企业产品的类型、价格、促销和渠道的营销策略,锁定目标市场,并最终确定供应链战略和目标。

2. 确定供应链网络结构

明确企业的供应链战略目标之后,应该重点研究供应链发展的方向,明确供应链结构方案评价的指标和标准;分析、寻找、总结企业存在的问题及影响供应链设计的阻力因素,提出供应链组成的基本框架,并选择合理的供应链结构方案。

(1)参与主体网络结构。

参与主体网络结构主要包括对供应链成员组成分析,对供应商、制造商、分销商、零售商及用户的选择及定位,以及确定选择与评价的标准。通过对上下游的合作伙伴进行筛选及建立适合的契约类型和合同管理,实现成员企业的战略联盟,以便更好地收缩战线,抓住企业关键的核心能力。

(2)物流客体网络结构。

物流客体网络结构主要涉及具体的物流操作业务,包括生产设施选址,确定设施的数量和规模,权衡选择适当的运输方式,选取合理的仓储位置与库存水平,以及各节点间信息集成等。

3. 绩效评估及流程再造

企业在完成供应链设计之后,需要进行运行检验,并通过一定的绩效衡量标准,对供应链进行评价。如果运行检验出现问题,应通过一定的方式与途径进行改进,以提高绩效水平;如果依然无法解决,需要考虑对供应链网络进行重新设计,实施供应链网络业务流程再造。供应链网络构建的步骤如图3-7所示。

由图3-7可以知道,供应链网络构建不仅要根据企业产品的特点考虑,同时还要分析供应链战略与企业战略之间匹配关系,需要结合企业的实际情况构造供应链主体网络和物流

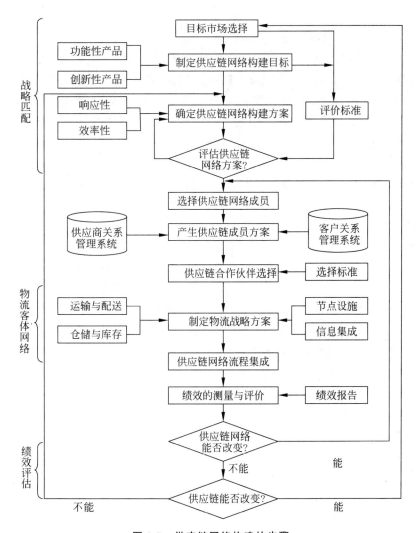

图 3-7　供应链网络构建的步骤

客体网络,供应链节点企业与整个供应链应在运营过程中合理实施流程再造,创建高效率低成本的供应链网络。

3.2.2　供应链网络构建策略

在供应链网络的具体构建过程中,按照以上的步骤实施供应链网络构建,同时也应兼顾以下的策略构建供应链网络。

1. 对已有的供应链改进业务外包和收缩战线

业务外包是顺应供应链环境下的竞争而产生的,强调企业将主要精力集中于关键的业务上,充分发挥其优势和专长,而将企业中非核心业务外包给第三方企业完成,从而达到"专业的人做专业的事"的目的。这与传统企业的"纵向一体化"控制和一个企业"大而全、小而全"的完成所有业务的做法完全不同。通过业务外包,可以分散企业风险,加速业务重构,提高生产效率,优化配置资源。因此,在构建供应链网络系统过程中,应充分考虑到业务外包的优势,重点关注供应链某一价值环节,采取收缩战线、聚焦和加强企业之间的专业化分工与协作。

2．寻找关键成员企业组成合作战略联盟

在构建供应链网络的过程中，寻找关键成员企业，建立战略合作伙伴关系，可为合作双方提供其他机制中所不具有的显著优势：第一，产生协同性，整合联盟中分散的企业资源凝聚成一股合力，进行虚拟资源最优化配置；第二，分担风险，联盟内的企业共享盈利、共担风险，提升企业把握伴有较大风险的机遇的能力；第三，加强合作者之间的技术交流，使他们在各自的业务市场上保持竞争优势；第四，给双方带来工程技术信息和市场营销信息，使他们对新技术变革能够做出更快速的调整和适应；第五，营销领域向纵向或横向扩大，使合作双方能够把握市场时机，进入靠单一力量难以渗透的市场。管理有方的战略联盟，能够产生更大的能量，最终达到双赢。

3．在原有的供应商和销售商中进行筛选

在寻找供应链合作伙伴时，可以在原有的上游供应商和下游销售商中进行筛选，选择有以下优点的合作对象：对合作企业的能力、商业理念和企业文化有比较清楚的了解；人际关系纽带已经建立；以前相互往来的经历为两家企业友好相处提供了有力证据；合作双方对将要组建的联盟企业的业务都很熟悉。从原有的供应商和销售商中，高效、迅速、低成本地筛选出进一步发展的合作伙伴，淘汰增值潜力不大、企业信誉度差的原有合作伙伴。

4．借助电子商务和 IT 技术寻找合作伙伴

在寻找和评估潜在供应商、确定合格供应商的过程中，借助电子商务、IT 技术可以大大地缩短选择时间。在全球范围内，迅速考察合作伙伴的技术实力、组织能力、履约信誉等情况，挑选合适的合作伙伴，优化业务流程，完善合作关系，增强整条供应链的协同性和竞争力。

5．以不同的产品结构为媒介组建供应链网络

马歇尔·L.费舍尔(Marshall L. Fisher)认为，供应链的设计要以产品为中心。在设计供应链时要了解用户对企业产品的需要。产品生命周期、需求预测、产品多样性、提前期和服务的市场标准等，都是影响供应链网络结构的重要问题。不同的产品类型对设计供应链有不同的要求，高边际利润、不稳定需求的创新性产品的供应链网络不同于低边际利润、有稳定需求的功能性产品。供应链网络构建需要与产品构成特性相一致，以产品结构组成为媒介，根据产品的物料清单(BOM)展开，平衡生产能力决定外购零部件和原材料，选择其供应商，构建供应链网络。

6．实施先进的物流管理技术来改进供应链

在构建供应链网络时，考虑采用先进的物流管理技术，在库存管理中，应用先进的操作设备和系统软件，实施操作过程的可视化管理，有助于在操作环节提高效率，借助于先进的操作工具，提高作业效率，为供应链网络的稳定健康发展提供保障。

7．价值链分析应用于供应链管理

价值链分析是评估企业当前的运营状况，预测未来经营业绩，并对企业所具有的竞争力水平进行定位的过程。它不同于传统方法，不仅能为企业内部影响其产品或服务价值的所有活动分配成本，同时也能从合作伙伴的角度来评估成本。企业根据拟定的变革方案对各个合作伙伴所产生的综合影响来确定削减成本的重点，以避免供应链某个环节的变化导致整个价值链成本增加、效率下降。价值链分析还可以对供应链运作绩效进行评估，从而判断在实施计划时结果与目标的一致性。

3.2.3 供应链网络设施决策框架

在设施选址和产能分配时,管理者的目标应该是在使供应链网络的整体盈利能力最大化的同时,为客户提供适当的响应水平。企业的收入来自产品的销售,而设备、劳动力、运输、材料和库存都会产生成本。企业的利润还会受到税收和关税的影响。理想情况下,在设计供应链网络时,应使税后利润最大化。在供应链网络设计过程中,管理者必须进行许多权衡。例如,建立许多设施服务当地市场可以降低运输成本并缩短响应时间,但这样做的结果是增加了企业的设施成本和库存成本。

决策者使用网络设计模型,第一,考虑的因素是保证模型用于设施选址和产能分配。管理者必须考虑选址和产能决策影响的时间范围(通常以年为单位),在这段时间内选址和产能不会发生改变。第二,考虑这些模型还可用于将当前需求分配给可利用的设施,并确定产品运输的路径。随着需求、价格、汇率和关税的变化,管理者至少每年必须重新进行一次决策。在这两种情况下,决策的目标都是在满足客户需求的同时实现利润最大化。供应链网络设施构建内容组成如图 3-8 所示。

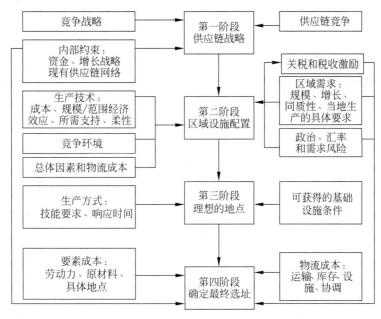

图 3-8 供应链网络设施构建内容组成

1. 第一阶段:供应链战略规划

网络设计第一阶段的目标是明确企业的总体供应链战略,其中包括确定供应链中的各个环节,以及供应链的每一项职能是内部完成还是外包出去。第一阶段始于对企业竞争战略的明确界定,即供应链旨在满足哪些需求。供应链战略将明确说明供应链网络必须具备哪些能力来支持竞争战略。管理者必须预测竞争可能演变及每个市场上的竞争对手是当地企业还是外资企业。管理者还必须识别现有的网络、可用资本的约束,以及增长是通过获取已有设施、兴建新设施还是采用合作的方式来实现。

企业必须给予其竞争战略及由此产生的供应链战略、对竞争状况的分析及所有约束条件,来确定企业的总体供应链设计。

2．第二阶段：明确区域设施配置

（1）需求预测。

供应链网络设计第二阶段的目标是确定设施将位于哪些区域、其潜在的作用及大致的产能。第二阶段始于对国家或地区的需求预测。这一预测必须包括对需求规模的估计，并明确不同地区的客户需求是同质的还是存在差异。同质的需求适合采用大型综合设施，而当需求在不同国家间存在差异时则适合于采用柔性的设施或小型的、本地化的专用设施。

（2）成本估算。

管理者完成需求预测之后，下一步要做的工作就是识别与生产、储存、运输活动相关的固定成本和可变成本。在这一层次的分析中，这些成本是指区域的平均成本，而不是某一具体地点的成本。这些成本取决于生产技术显示出的规模经济或范围经济的程度。如果规模经济或范围经济显著（固定成本较高），那么建立少数几个设施来服务很多的市场可能是更好的选择。

（3）税种分析。

对于出口商品，管理者必须了解地区性关税、税收激励及每个市场的出口或进口限制。这些信息有助于管理者规划一个税收利润最大化的供应链网络。管理者必须识别每个区域的竞争对手，并决定将设施选址靠近还是远离竞争对手设施的地方。另外，还必须明确每个市场的期望响应时间和每个区域的总物流成本。

有了需求、成本和税种相关信息之后，为管理者确定供应链网络区域设施配置提供了依据。区域配置将明确说明设施将建在哪个区域、网络中设施的大致数量及其产能、每个区域生产的产品及每个区域所服务的市场。为了保证设施具有长久存在和发挥作用的价值，必须考虑相关的风险。

3．第三阶段：选择一组理想的地点

第三阶段的目标是在准备建设设施的区域内，每一个区域选择一组具有可行性的地点。首先，总成本最小化的模型将用于确定可行性选址地点所在的广泛的地理区域。其次，根据对基础设施可行性的分析来选择预选点，为企业生产提供支持。硬件基础设施要求包括供应商的可获得性、运输服务的便捷性、完善的通信设施、可靠的公共设施和仓储设施。软件基础设施要求包括熟练劳动力的可获得性、劳动力的流动性强，以及当地政府对商业和工业接纳程度高。

4．选址和市场分配

第四阶段的目标是从潜在的地点中选择一个具体位置作为设施的最终选址并为每个设施分配产能。第三阶段已经选出了一组潜在地点，此时可以更精确地估计每个潜在地点的需求、固定和可变的物流和设施成本，以及关税和税收优惠。利用这些信息并同时考虑各种不可量化的因素，就可以构建出一个总利润最大化的供应链网络。随着需求和成本的变化，对设施的市场分配进行调整，同时考虑网络设计过程中所确定的产能和柔性。

3.3 供应链网络选址模型构建

固定设施选址在整个供应链网络中的选址是一个十分重要的决策问题，它决定了整个供应链系统的模式、结构和性质。反之，供应链系统的设计又限定了供应链系统运作中可选用的方法及其相关成本。选址决策包括确定所使用设施的数量、位置和规模。这些设施包括网络中的各个节点(如工厂、港口、供应商、仓库、零售店和服务中心)——供应链网络中货物运往最终消费者过程中临时经停的节点。设施选址方法的研究已经成为一个引起广泛关注的研究领域。

3.3.1　选址问题的分类

将选址问题按类划分,这有助于对选址问题进行分析和建立适用的模型。选址问题分类按以下五种分类方法讨论。

1. 按驱动力划分

在决定设施选址的因素中,通常某一个因素会比其他因素更重要。在工厂和仓库选址中,最重要的因素一般是经济因素,企业从成本与利润的角度出发,对选址因素综合分析,确定是否在某一个地理区域确定相关设施。零售店选址时,位置带来的收入往往起到决定性作用,位置带来的收入减去生产成本就得到该地点的盈利能力。而在服务设施(医院、自助银行、慈善捐赠中心或维护设施)的选址中,可达性则可能是首要的选址因素,在收入和成本难以确定时尤其如此。

2. 按设施的数量划分

单一设施的选址与同时对多个设施进行选址是截然不同的两个问题。单一设施选址无须考虑竞争力、设施之间需求的分配、集中库存的效果、设施的成本等因素,运输成本是企业首要考虑的因素。单一设施选址是两类问题中较简单的一类选址方法。

3. 按选址的离散程度划分

连续选址法考查一个连续空间内所有可能的点,并选择其中最优的一个。离散选址法是在一系列可能方案中做出选择,这些方案事先已经完成可行性分析。后者在实践中更为常用,主要针对多设施选址,进行方案比选,从中优选。

4. 按数据的集成度划分

选址问题往往涉及对众多网络设计布局的评估,因此,在解决实际选址问题时有必要使用大数据控制问题的规模,以便求解。因为该方法精度有限,所以只能将设施定位在某个较大的地理范围内(如某个城市全域)。场地选址法使用较少的数据,就能够对只隔着一条城市街道的不同位置加以区别。在零售业选址、城市内选址和对工厂、仓库的最终位置做选择时,这种选址法属于实用的方法。

5. 按时间维度划分

选址方法的时间维度可以是静态的,也可以是动态的。一般来说,静态方法即以某一期(如一年)的数据为基础进行选址。实际上,选址规划一般都跨越多年,若设施是固定投资,且从一个区域搬迁到另一个区域的成本很高,因此,用于多阶段选址规划的方法被称为动态方法,也是实际中最常用的方法。

选址问题的求解方法很多,主要有重心法、中心法、混合-整数规划法、启发式算法等,随着计算机软件的开发和应用,应用 LOGWARE、AnyLogic 等软件求解及模拟仿真,为选址问题的解决提供了众多解决手段。

3.3.2　重心法用于单一设施选址模型与求解

随着应用数学和计算机的普及,更多的数学方法和数据处理软件应用于设施选址。选址因素只包括运输费率和该点的货物运输量,这种方法就是重心法。数学上将该方法称为静态连续选址模型。

设有一系列点分别代表生产地和需求地,各自有一定量的货物需要以一定的运输费率运向一个位置待定的仓库,或从仓库运出,仓库位置待定,以该点的货物运输量乘以到该点的运输费率,再乘以到该点的距离,得到总运输成本最小的点。

$$\text{Min}\,TC = \sum_i V_i R_i d_i \tag{3-1}$$

式中:TC——总运输成本;

$\quad V_i$——i 点的运输量;

$\quad R_i$——到 i 的运输费率;

$\quad d_i$——从位置待定的仓库到 i 点的距离。

求解方程组,得到选址的位置坐标值。其重心的精确坐标值为

$$\overline{X} = \frac{\sum\limits_i V_i R_i X_i / d_i}{\sum\limits_i V_i R_i / d_i} \tag{3-2}$$

$$\overline{Y} = \frac{\sum\limits_i V_i R_i Y_i / d_i}{\sum\limits_i V_i R_i / d_i} \tag{3-3}$$

式中:$\overline{X},\overline{Y}$——位置待定的仓库的坐标;

$\quad X_i,Y_i$——产地和销地的坐标。

距离 d_i 可以由下式计算得到:

$$d_i = K \sqrt{(X_i - \overline{X})^2 + (Y_i - \overline{Y})^2} \tag{3-4}$$

式中,K 代表一个度量因子,将坐标轴上的一个单位指标转换为更通用的距离度量单位,如千米(即考虑实际路线的非直线性,必须迂回行驶等因素)。求解过程包括以下 7 个步骤。

(1) 确定各产地和需求地点的坐标值 X、Y,同时确定各点货物运输量和直线运输费率;

(2) 不考虑距离因素 d_i,用重心公式估算初始选址点:

$$\overline{X} = \frac{\sum\limits_i V_i R_i X_i}{\sum\limits_i V_i R_i} \tag{3-5}$$

和

$$\overline{Y} = \frac{\sum\limits_i V_i R_i Y_i}{\sum\limits_i V_i R_i} \tag{3-6}$$

(3) 根据式(3-4),用步骤(2)得到的 $\overline{X}$、$\overline{Y}$ 计算 d_i(此时,无须使用度量因子 K);

(4) 将 d_i 代入式(3-2)和式(3-3),解出修正的 $\overline{X}$、$\overline{Y}$ 值;

(5) 根据修正的 $\overline{X}$、$\overline{Y}$ 值,重新计算 d_i;

(6) 重复步骤(4)和步骤(5)直至 $\overline{X}$、$\overline{Y}$ 值在连续迭代过程中都不再变化,或变化很小,继续计算没有意义;

(7) 如果需要,利用式(3-1)计算最优选址的成本。

【算例 3-1】 大华公司有 2 个工厂向仓库供货,由仓库供应 3 个市场的需求中心。现在需要选择一个位置作为仓库的选址地点,工厂及市场需求中心的坐标值、货物运输量和运输费率一览表见表 3-1,工厂和市场在平面坐标上位置示意图如图 3-9 所示。

表 3-1 工厂及市场需求中心的坐标值、货物运输量和运输费率一览表

地点 i	坐标值 X_i	坐标值 Y_i	货物运输量 V_i/吨	运输费率 R_i（元·吨$^{-1}$·千米$^{-1}$）
工厂 P_1	3	8	2000	0.50
工厂 P_2	8	2	3000	0.50
市场需求中心 M_1	2	5	2500	0.75
市场需求中心 M_2	6	4	1000	0.75
市场需求中心 M_3	8	8	1500	0.75

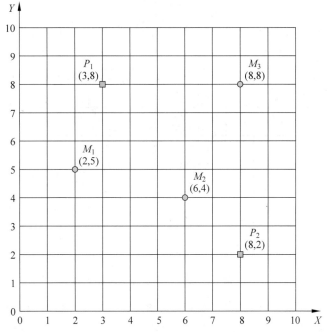

图 3-9 工厂 P_1、P_2 和市场 M_1、M_2、M_3 在平面坐标上位置示意图

利用式(3-5)和式(3-6),确定仓库的初始位置,在 Excel 中对数值求解,应用重心法求初始位置数据见表 3-2。

表 3-2 应用重心法求初始位置数据表

地 点	X_i	Y_i	V_i	R_i	V_iR_i	$V_iR_iX_i$	$V_iR_iY_i$
P_1	3	8	2000	0.50	1000	3000	8000
P_2	8	2	3000	0.50	1500	12 000	3000
M_1	2	5	2500	0.75	1875	3750	9375
M_2	6	4	1000	0.75	750	4500	3000
M_3	8	8	1500	0.75	1125	9000	9000
总和					6250	32 250	32 375

得到的坐标值：

$$\bar{X} = \frac{32\ 250}{6250} = 5.16$$

和

$$\bar{Y} = \frac{32\ 375}{6250} = 5.18$$

根据计算结果，在平面坐标上对仓库的初始位置进行标注。重心法求解得到仓库选址初始位置，如图 3-10 所示。

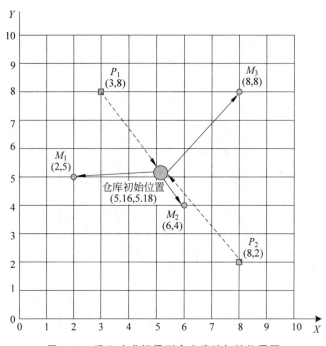

图 3-10　重心法求解得到仓库选址初始位置图

计算得到初始坐标值，根据公式对总运输成本应用式（3-1）进行计算。首先，利用式（3-4）计算仓库初始位置到各个地点的直线距离（假定 $K=10$）；其次，利用公式计算仓库初始位置到各个地点的运输成本；最后，加总仓库初始位置到各个地点的运输成本得到总运输成本。大华公司仓库选址初始位置运算成本的计算，见表 3-3。

表 3-3　大华公司仓库选址初始位置运输成本的计算

地　点	X_i	Y_i	V_i	R_i	d_i	运输成本/元
P_1	3	8	2000	0.50	35.52	35 521.82
P_2	8	2	3000	0.50	42.64	63 953.49
M_1	2	5	2500	0.75	31.65	59 346.04
M_2	6	4	1000	0.75	14.48	10 863.35
M_3	8	8	1500	0.75	40.02	45 025.30
运输成本总和						214 710.03

【算例 3-2】　在求解过程中,按照重心法求到第二步就结束了,得出的坐标值是一组近似解。在许多实际应用中,该方法可以计算出一个合理接近最优解的选址,非常近似最小成本解,而且当各点的位置、货物运输量及运输费率完全对称时,可以得出最优解。研究表明,当这些条件不能完全满足时,若某一点或几个点并不比其他点的货物运输量特别大;问题所研究的需求点或供应点数量较多;运输费率与距离呈线性或近似线性关系,则可能的误差将很小。有研究表明,一个中等规模的选址问题若包含 50 个需求点,各点的位置、货物运输量随机分布,且具有线性运输费率,使用该方法得出的解与最优解的平均误差为 1.6%。当然,随着需求点数量减少,误差水平会大幅度增加。要找出一个更精确的重心解还需要完成求解过程的其他步骤。这就需要求助于反复迭代的过程,计算过程见算例 2,一种相当简单而直接的方法就是连续逼近,虽然也有其他方法,但这个方法在实际当中非常有效。该方法可以手工进行计算,但要花费大量时间。应用 Excel、Python 及 LOGWARE 等软件,多次迭代后得到最优解。

【算例 3-3】　继续对大华公司仓库设施选址问题进行计算,利用已经用重心法求解得到的初始解,进行第一次迭代计算,得出第一次迭代后的坐标值。仓库设施选址第一次迭代过程见表 3-4。

表 3-4　仓库设施选址第一次迭代过程

地　点	V_iR_i	$V_iR_iX_i$	$V_iR_iY_i$	d_i	V_iR_i/d_i	$V_iR_iX_i/d_i$	$V_iR_iY_i/d_i$
P_1	1000	3000	8000	35.52	28.15	84.46	225.21
P_2	1500	12000	3000	42.64	35.18	281.45	70.36
M_1	1875	3750	9375	31.65	59.24	118.48	296.20
M_2	750	4500	3000	14.48	51.78	310.68	207.12
M_3	1125	9000	9000	40.02	28.11	224.87	224.87
合计					202.46	1019.94	1023.77

第一次迭代后的坐标值计算结果是:

$$\overline{X} = \frac{1019.94}{202.46} = 5.038$$

和

$$\overline{Y} = \frac{1023.77}{202.46} = 5.057$$

第一次迭代后的总运输成本为 214312.16 元,计算结果见表 3-5。

表 3-5　第一次迭代后的总运输成本

地　点	X_i	Y_i	V_i	R_i	d_i	运输成本/元
P_1	3	8	2000	0.50	35.80	35 799.21
P_2	8	2	3000	0.50	42.57	63 847.92
M_1	2	5	2500	0.75	30.38	56 966.59
M_2	6	4	1000	0.75	14.29	10 718.51
M_3	8	8	1500	0.75	41.76	46 979.93
运输成本总和						214 312.16

在 Excel 中进行第二次迭代,得到坐标点为(4.99,5.03),总运输成本 214 271.10 元。计算结果见表 3-6。

表 3-6 第二次迭代后的总运输成本

地　点	X_i	Y_i	V_i		R_i	d_i	运输成本/元
P_1	3	8	2000		0.50	35.74	35 740.12
P_2	8	2	3000		0.50	42.72	64 076.67
M_1	2	5	2500		0.75	29.90	56 070.45
M_2	6	4	1000		0.75	14.43	10 825.54
M_3	8	8	1500		0.75	42.27	47 558.34
运输成本总和							214 271.10

经过多次迭代,直到总运输成本不再下降,即当坐标值为(4.910,5.058),总运输成本为 214 251.4 元时,选址过程完成,从而得到精确解。

重心法选址能够充分真实地反映实际问题,具有实用价值,但模型的应用基于一定的假设条件,也存在着不足:①模型中假设需求量集中于某一点,而实际上需求来自分散于广阔区域内的多个消费点;②一般根据可变成本进行选址,没有考虑不同地点建设仓库所需的资金及与不同地点经营有关的成本之间的差别;③总运输成本通常假定随运距线性变化,然而大多数运价是由不随运距变化的固定部分和随运距变化的可变部分组成;④模型中仓库与其他网络节点之间的路线通常假定为直线,实际上这样的情况很少,运输总是在复杂的交通网络中完成;⑤选址模型缺乏对未来收入和成本变化的反映,不具备动态性。

3.3.3 中值法用于单一设施选址模型并求解

在已知的点中间选择最佳位置。即在一个区域中,有多个需求点,假定某个需求点准备作为仓库设施位置,单一考虑从每个需求点到达仓库的平均出行时间或者出行距离最短,即为中值法。采用中值法寻找单一设施位置的步骤如下。

(1)画出区域网络图,在图中标注出每个需求点之间的距离。

(2)找出各需求点之间的最短距离矩阵。

(3)对每个需求点到其他需求点的距离加总,求出每个需求点到其他点的平均距离。

(4)比较计算出的平均值,选择最小的平均值即为仓库的选址位置。

【算例 3-4】 大华公司在某一地区有 8 个需求点,各需求点之间的距离与需求量如图 3-11 所示。

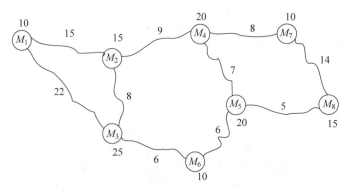

图 3-11 大华公司产品需求点位置示意图

根据图 3-11 提供的距离数据，首先得出各需求点之间的最短距离矩阵；其次加总计算得出每个点到其他点的平均距离，对平均距离数据排序；最后得出平均值最小的需求点。算例 3-4 中平均距离最小的需求点是 M_4，因此，M_4 作为大华公司在这一区域的仓库选址位置。计算结果见表 3-6。

表 3-6　各需求点之间的最短距离矩阵及选址结果

需求点	M_1	M_2	M_3	M_4	M_5	M_6	M_7	M_8
M_1	0	15	22	24	31	28	32	36
M_2	15	0	8	9	16	14	17	21
M_3	22	8	0	17	12	6	25	17
M_4	24	9	17	0	7	13	8	12
M_5	31	16	12	7	0	6	15	5
M_6	28	14	6	13	6	0	21	11
M_7	32	17	25	8	15	21	0	14
M_8	36	21	17	12	5	11	14	0
合计	188	100	107	90	92	99	132	116
平均值	23.5	12.5	13.375	11.25	11.5	12.375	16.5	14.5

算例 3-4 中，在仅考虑点与点之间距离或时间的情况下得出最佳选址结果，而且是在已知的点上进行仓库设施选址，如果公司考虑租赁仓库，则采取这种选址方法有其实用性。若考虑到每个需求点的需求量时，将每个需求点的最短距离与需求量相乘，得到周转量，求解每个需求点周转量的平均值，并进行比较选址，得到新的选址位置，这种方法属于加权中值法。

继续应用算例 3-4 的数据，应用图 3-11 中每个需求点货运量的数据，应用加权中值法进行计算，各需求点货运量与最短距离矩阵及选址结果见表 3-7。

表 3-7　各需求点货运量与最短距离矩阵及选址结果

需求点	货运量	M_1	M_2	M_3	M_4	M_5	M_6	M_7	M_8
M_1	10	0	15	22	24	31	28	32	36
M_2	15	15	0	8	9	16	14	17	21
M_3	25	22	8	0	17	12	6	25	17
M_4	20	24	9	17	0	7	13	8	12
M_5	20	31	16	12	7	0	6	15	5
M_6	10	28	14	6	13	6	0	21	11
M_7	10	32	17	25	8	15	21	0	14
M_8	15	36	21	17	12	5	11	14	0
合计	125	3015	1475	1485	1330	1275	1395	2080	1690
平均值	15.6	376.9	184.4	185.6	166.3	159.4	174.4	260.0	211.3

在增加每个需求点货运量这一权重指标之后，继续采用中值法求解选择最优的选址位置，此时随着每个需求点需求量的变化，选址位置也发生了变化，M_5 成为最优的选址位置。

3.3.4 线性规划法用于多种设施选址模型与求解

对大多大型企业而言,其面临的问题是必须同时决定两个或多个设施的选址,虽然问题更加复杂,却更加接近实际情况。多种设施选址需要对多个网络节点进行选址决策,以生产企业仓库选址为例,这时就需要决策者考虑每个仓库应该建立的位置和规模,每个供应商、工厂或者港口应该把货物发送到哪个仓库进行储存? 哪些产品应该从哪个仓库直接运送至客户手中等一系列问题。针对不同的环境条件,会有不同的选址方法进行合理的规划,寻找最佳选址点。

【算例 3-5】 大华公司有两个工厂分别为 P_1 和 P_2,已知 P_2 的生产能力是 60 000 个产品,P_2 的生产能力可以满足产品的需求,两个工厂的单位生产成本相同;公司有两家分销中心,分别是 W_1 和 W_2,分销中心 W_1 和 W_2 具有相同的单位产品库存成本;公司有三个目标市场,分别是 C_1、C_2 和 C_3,三个市场对于公司产品的需求量分别是 50 000 个、100 000 个和 50 000 个。拟定工厂、分销中心和目标市场之间的关系结构及单位产品的运输成本如图 3-12 所示。

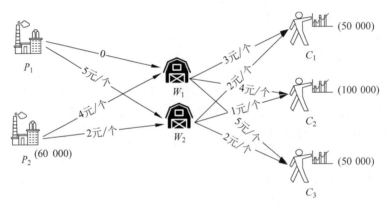

图 3-12　拟定工厂、分销中心和目标市场之间的关系结构图

(1) 分销中心到达目标市场运输总成本最低。

在供应链所有权分裂的情况下,假定分销中心的批发价是统一的,目标市场的最优决策是选择从分销中心到目标市场的物流成本最低的方案。图 3-12 中给出了每个节点之间单位产品的运输成本,从图中看出,分销中心 W_2 到目标市场单位产品的运输成本比由分销中心 W_1 运输的费用低,所以选择分销中心 W_2 给每个目标市场送货。再计算由工厂向分销中心 W_1 和分销中心 W_2 开展配送的运输成本,由于工厂 P_2 到分销中心 W_2 的单位运输成本比工厂 P_1 到分销中心 W_2 的低,因此,由工厂 P_2 对分销中心 W_2 进行配货,但由于工厂 P_2 的生产能力有限,不足的供应量由工厂 P_1 完成配货。在此条件下,计算运输总成本。

TC(运输成本)=2×50 000+1×100 000+2×50 000+2×60 000+5×140 000=1 120 000(元)

计算得出,从分销中心到目标市场运输成本最低的方案为 1 120 000 元。

(2) 工厂到目标市场运输总成本最低。

在供应链所有权整合归零售商主导的情况下,假定工厂的出厂价是统一的,供应链运输方案由零售商规划,则每个目标市场选择不同的分销中心,使从分销中心产生的运输总成本最低。根据图 3-12 进行分销,对于目标市场 C_1,运输成本最低的路径是 $P_1—W_1—C_1$,对

于目标市场 C_2 来说,运输成本最低的路径是 P_2—W_2—C_2,对于目标市场 C_3,运输成本最低的路径是 P_2—W_2—C_3,已知工厂 P_2 产能的限制,工厂 P_1 需要向分销中心 W_2 调运货物 90 000 个。根据确定的路径,计算运输总成本:

$$TC(运输总成本) = 0 \times 50\,000 + 3 \times 50\,000 + 5 \times 90\,000 + 2 \times 60\,000 + 1 \times 100\,000 + 2 \times 50\,000 = 920\,000(元)$$

由目标市场选择不同的分销中心,再由工厂为不同的分销中心进行供货时,获得的最低运输总成本为 920 000 元。

(3) 供应链网络的运输总成本最低。

在供应链所有权整合归公司主导的情况下,假定产品的零售价是统一的,供应链物流完全由公司规划,则公司在确定由工厂给每个目标市场供货时,需要统筹规划整个供应链网络渠道中运行的物流总成本最低。构建整数规划模型。

$$MinZ = 0 \times P_{11} + 5 \times P_{12} + 4 \times P_{21} + 2 \times P_{22} + 3 \times W_{11} + 4 \times W_{12} + 5 \times W_{13} + 2 \times W_{21} + 1 \times W_{22} + 2 \times W_{23}$$

$$st.\begin{cases} W_{11} + W_{21} = 50\,000 \\ W_{12} + W_{22} = 100\,000 \\ W_{13} + W_{23} = 50\,000 \\ P_{11} + P_{12} = 140\,000 \\ P_{21} + P_{22} = 60\,000 \\ P_{11} + P_{21} - W_{11} - W_{12} - W_{13} = 0 \\ P_{12} + P_{22} - W_{21} - W_{22} - W_{23} = 0 \\ P_{11}, P_{12}, P_{21}, P_{22} \geqslant 0 \text{ 且为整数} \\ W_{11}, W_{12}, W_{13}, W_{21}, W_{22}, W_{23} \geqslant 0 \text{ 且为整数} \end{cases}$$

应用 Lingo 软件求解,得到最优解,工厂、分销中心和目标市场的运输量:供应链网络运输总成本最低的配货方案见表 3-8。

表 3-8 供应链网络运输总成本最低的配货方案

分销中心 \ 工厂和目标市场	P_1	P_2	C_1	C_2	C_3
W_1	140 000	0	50 000	40 000	50 000
W_2	0	60 000	0	60 000	0

$$TC(运输总成本) = 0 \times 140\,000 + 4 \times 0 + 3 \times 50\,000 + 4 \times 40\,000 + 5 \times 50\,000 + 5 \times 0 + 2 \times 60\,000 + 2 \times 0 + 1 \times 60\,000 + 2 \times 0 = 740\,000(元)$$

选址方案:公司规划建立工厂 P_1,生产能力 140 000 个;设施分销中心 W_1 和分销中心 W_2,仓储能力分别为 140 000 个和 60 000 个;工厂 P_1 生产的产品全部发运到分销中心 P_1,工厂 P_2 生产的产品全部发运到分销中心 W_2;分销中心 W_1 为目标市场 C_1 配货 50 000 个、为目标市场 C_2 配货 40 000 个、为目标市场 C_3 配货 50 000 个,分销中心 W_2 为目标市场 C_2 配货 60 000 个。供应链网络实现了运输总成本最小。

3.3.5　设施选址模型适用性分析

设施选址模型对于企业管理人员制定决策带来很大的帮助。尤其对于多个设施的选址,一个包含上百个仓库、几十种商品、十几个工厂、几百个销售店的大型供应-分拨网络到由上百家供应商供应一个仓库,供应客户的供应链网络,选址方法都具有适用性。在国防、零售、消费品和工业品等各个行业,许多企业都在选择应用合适的模型。其主要原因是它们提供了解决企业管理中重大问题的决策依据;模型考虑因素涉及面广,可以多次重复用于各种形式的供应链网络设计,且能提供规划所需的细节;用模型进行求解的成本不高,模型要求的数据信息在大多数企业都很容易获得,因而使用模型得出的结果获得的收益远远超出其应用成本。当然,每种模型考虑因素的侧重点不同,模型带有一定的理想成分。

(1)存在非线性关系在处理上的难度。

库存政策、运输费率结构和生产/采购规模经济中会出现非线性的、不连续的成本关系,需要准确、高效地处理这些关系仍然是数学上的难题。

(2)有待于构建一体化多因素模型。

设施选址模型应该得到进一步的发展,应该更好地解决库存和运输同步决策的问题,即这些模型应该是真正一体化的供应链网络规划模型,而不应该分别及近似地解决某一类或某一方面的问题。

(3)收入应该成为模型中考虑的因素。

供应链网络模型构建过程中,缺乏考虑收入效应。一般来说,模型建议设置仓库数量多于将客户服务作为约束条件、成本最小化所决定的仓库数量。

(4)增强模型与企业运营实际紧密结合。

建立的模型应便于管理人员和规划者使用,这样模型才能经常被用于策略性规划、预算,而不是仅仅用于偶尔为之的企业战略规划。这就要求模型构建者与企业之间建立紧密的联系,如果能达到产、学、研相结合,应用企业管理信息系统数据,以便迅速得到适用于企业四季运营状态的选址模型。

尽管选址模型多种多样,每种模型都有其适用的范围和求解过程,但是,任何一种模型都可以由具备一定技能的分析人员或管理人员应用并得出有价值的选址结果,供企业决策者参考和应用。充分利用现有信息技术,更便于决策者正确决策,必然成为未来发展的方向。

3.4　供应链分销网络设计

在供应链上,任何两个相邻的企业之间进行分销活动时,如货物从供应商到制造商,或者从零售商到消费者,有许多方案可以选择和采用。管理者在设计分销网络时,有两个关键的决策因素需要考虑:①产品交付给客户所在目的地还是由客户到预定地点取货?②产品是否需要经过中间环节或中间设施?

鉴于需要考虑的两个关键因素存在,企业在分销网络方案设计时,有 6 种可供选择的设计方案,分别是:制造商负责库存并直接送达至客户;制造商负责库存并直送或在途拼货送达客户；分销商负责库存并交付第三方承运人送达客户；分销商负责库存并完成"最后一公里"送达客户；制造商/分销商负责库存支持客户到仓库自提货物；零售商负责库存并由客户上门自提货物。

3.4.1 制造商负责库存并直接送货至客户模式

这种模式下,零售商接受订单并启动交货请求,但产品不经过零售商,由制造商直接发送给最终客户。这种模式又称代发货,订单信息从客户经零售商传送给制造商,产品则直接由制造商发送给客户。制造商负责库存并直接送货至客户如图 3-13 所示。

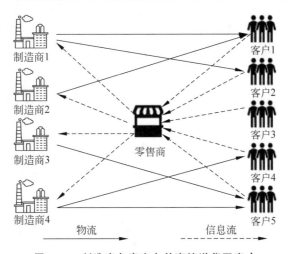

图 3-13 制造商负责库存并直接送货至客户

这种模式的最大好处是能够将库存集中放置在制造商处,从而可以将其下游所有零售商产生的需求集中起来,这样供应链就能够以较低的库存水平提供高效的产品可获得性。代发货的一个关键问题是制造商库存的所有权结构。直接送货模式为制造商提供了延迟制造的机会,制造商可以在客户下达订单后再开始生产。若实施延迟策略,则可以通过零部件层面的集中来进一步降低库存。制造商负责库存并直接送货至客户绩效特征见表 3-9。

表 3-9 制造商负责库存并直接送货至客户绩效特征

类 别	具体因素	绩 效 表 现
成本	库存	订单整合,库存成本低;客户化定制,制造商通过延迟,产生高效益
	运输	运输成本较高
	设施与搬运	订单整合,设施成本较低;直接从生产线发货,减少搬运环节的成本
	信息	整合制造商和零售商的信息,需要较大的信息基础设施投资
服务	响应时间	距离增加,订单响应时间在 1~2 周,收货复杂
	产品种类	产品具备多样性
	产品可获得性	具备较高水平的产品可获得性
	客户体验	订单为单一商品时客户体验较好,订单涉及多个制造商产品时体验较差
	面市时间	很快投放市场
	订单可视化	较困难
	退货流程	实施困难且费用高

　　基于其绩效特征,制造商负责库存并直接送货到客户的模式最适合于多品种、低需求、高价值的产品,同时客户也愿意等待一段时间并接受多频次少批量交货的情况。如果允许制造商延迟产品的定制,从而降低库存,该模式同样适用。因此,对于能够按订单生产的直销商来说,这是最理想的模式。为了使这种模式更有效,每个客户的订单涉及的制造商越少越好。

3.4.2　制造商负责库存在途并货后送达至客户模式

　　与制造商负责库存并直接送货至客户模式不同,在途并货模式是将订单中来自不同制造商的产品集中起来,一次性发送至客户。实施在途并货的一方需要具备一定的并货能力,因此,设施成本较高,因为只需要一次性收货,客户的收货成本较低。为了实现在途并货,需要建立复杂信息基础设施。制造商负责库存在途并货后送达客户如图 3-14 所示。

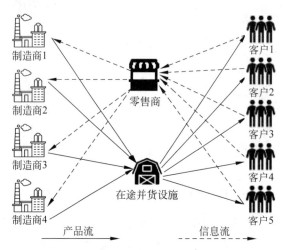

图 3-14　制造商负责库存在途并货后送达客户

　　在途并货模式相对于直送模式,在其绩效特征上有所不同,依然以成本和服务两大类的相关因素进行比较,制造商负责库存在途并货后送货至客户绩效特征见表 3-10。

表 3-10　制造商负责库存在途并货后送货至客户绩效特征

类　别	具体因素	绩　效　表　现
成本	库存	与直送模式类似
	运输	与直送模式相比,运输成本较低
	设施与搬运	在途并货设施中的搬运成本较直送模式高,客户收货成本低
	信息	与直送模式相比,投资较高
服务	响应时间	与直送模式相比,时间比较长
	产品种类	与直送模式类似
	产品可获得性	与直送模式类似
	客户体验	客户一次性收货,体验比直送模式好
	面市时间	与直送模式类似
	订单可视化	与直送模式类似
	退货流程	与直送模式类似

3.4.3　分销商负责库存并由承运人送货至客户模式

在这种模式下,库存不是由制造商存放在工厂,而是由分销商/零售商存放在中间仓库,并使用物流供应商将产品从中间仓库送达至客户。当企业采用分销商负责库存,由物流供应商送达客户的模式时,其信息流和物流如图 3-15 所示。

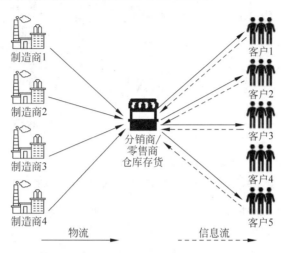

图 3-15　分销商负责库存并由承运人送货至客户

与制造商负责库存相比,分销商负责库存需要更高水平的库存,缺乏集中效应。从库存的角度分析,分销商负责存货更适合于市场需求量大的产品。在某些情况下,通过分销商负责库存模式可以实现产品差异化延迟,但是需要仓库具备一定的装配能力。分销商负责库存并由承运人送货至客户绩效特征见表 3-11。

表 3-11　分销商负责库存并由承运人送货至客户绩效特征

类　别	具 体 因 素	绩 效 表 现
成本	库存	高于制造商存货模式,对于畅销品差别不大,对于滞销品差别很大
	运输	比制造商负责库存模式低,对于畅销品降低幅度最大
	设施与搬运	比制造商负责库存模式稍高,对于滞销品差别会很大
	信息	相对于制造商负责库存模式,信息基础设施成本低
服务	响应时间	比制造商负责库存模式快
	产品种类	比制造商负责库存模式低
	产品可获得性	要提供与制造商负责库存模式相同水平的可获得性需要更多成本
	客户体验	比制造商负责库存模式好
	面市时间	比制造商负责库存模式长
	订单可视化	比制造商负责库存模式容易
	退货流程	比制造商负责库存模式容易

3.4.4　分销商负责库存并直接送货至客户模式

该模式是指分销商/零售商直接将产品送达至客户,而不通过第三方物流送货。在汽车备件行业,这是分销采用最多的一种模式,使分销商的仓库更靠近客户。由于所能服务的范围有限,与使用第三方物流相比,该模式下需要分销商建设更多的仓库。分销商负责库存并直接送货至客户如图 3-16 所示。

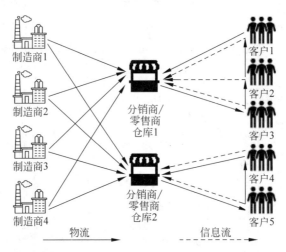

图 3-16　分销商负责库存并直接送货至客户

该种模式下,分销商负责库存,因此,整个供应链网络库存集中水平较低。从库存的角度来看,分销商负责库存直接送货至客户的模式适用于需求较为紧迫的、相对畅销的产品,并且对于这些产品来说,在某种程度的集中是有益的,汽车经销商所需的汽车零件就属于这种产品。该模式下运输成本比较高,分销商负责库存并直接送货至客户绩效特征见表 3-12。

表 3-12　分销商负责库存并直接送货至客户绩效特征

类　别	具体因素	绩效表现
成本	库存	高于分销商负责库存由承运人送货至客户模式
	运输	成本非常高,因为规模经济小。高于其他任何一种分销模式
	设施与搬运	设施成本高于制造商负责库存或分销商负责库存由承运人送货至客户的模式,但低于零售连锁店
	信息	与分销商负责库存由承运人送货至客户相似
服务	响应时间	非常快,当日或次日送达
	产品种类	比分销商负责库存由承运人送货至客户少,但比零售店多
	产品可获得性	提供产品可获得性的成本比零售店之外的其他任何模式都高
	客户体验	非常好,尤其对于体积大、笨重的货物
	面市时间	比分销商负责库存由承运人送货至客户模式略长
	订单可视化	比前面三种模式更容易实现
	退货流程	比前三种模式更容易实现,但与零售网络相比,则更为困难且费用更高

3.4.5　制造商/分销商负责库存由客户到提货点取货模式

在这种模式下,制造商或分销商负责库存,客户通过各种方式下单,然后自行到指定的提货点取货。订单汇总的货物会根据需要从仓储地发送到提货点。制造商/分销商负责库存由客户到提货点取货模式如图 3-17 所示。

采用该模式需要良好的信息基础设施(平台),对客户订单进行可视化管理,确保货物流通过程的信息可视性,直到客户完成取货。随着电子商务的进一步发展,客户在自提点取货

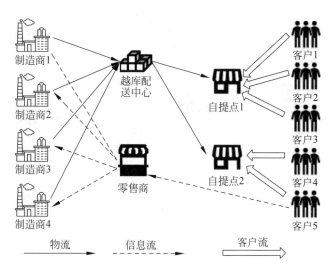

图 3-17　制造商/分销商负责库存由客户到提货点取货模式

已经成为一种成熟的发展模式。对于小件货物来说,非常适合于采用这种模式。制造商/分销商负责库存由客户到提货点取货绩效特征见表 3-13。

表 3-13　制造商/分销商负责库存由客户到提货点取货绩效特征

类　别	具体因素	绩效表现
成本	库存	与其他模式相当,取决于库存的位置
	运输	比承运人送货模式低,尤其是使用现有网络时
	设施与搬运	新建设施会导致高成本;使用现有设施,成本较低;提货点的搬运成本增加
	信息	信息基础设施投资相当大
服务	响应时间	与其他制造商或分销商负责库存模式相似,储存在当地提货点的产品响应时间更短
	产品种类	与其他制造商或分销商负责库存模式相似
	产品可获得性	与其他制造商或分销商负责库存模式相似
	客户体验	客户体验感差,提货点设施水平影响客户体验感受
	面市时间	与其他制造商或分销商负责库存模式相似
	订单可视化	实施有难度,但必须具备
	退货流程	提货点能够处理退货,相对容易

3.4.6　零售商负责库存客户到店购买模式

这是最传统的供应链供销模式。在这种模式下,零售店负责库存,客户直接到零售店购物,也可以通过网络、电话等方式订货,再去零售店提货。这种模式将在很长时间内存在。其缺点是缺乏集中效应,增加了零售店的库存成本。对于畅销品而言,适合于零售店负责库存;对于滞销品而言,则适合于存放在区域仓库。零售商负责库存客户到店购买模式如图 3-18 所示。

零售商负责库存客户到店购买模式的主要优势是能够降低送货成本,相对于其他模式而言,时间响应性强。其主要不足在于导致库存和设施成本增加,这种模式适合于畅销品或

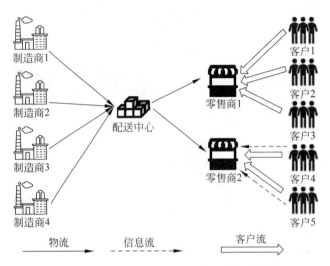

图 3-18　零售商负责库存客户到店购买模式

客户在乎时间响应性的产品。零售商负责库存客户到店购买模式绩效特征见表 3-14。

表 3-14　零售商负责库存客户到店购买模式绩效特征

类　别	具体因素	绩 效 表 现
成本	库存	高于其他模式
	运输	低于其他模式
	设施与搬运	高于其他模式，对于网络或电话购物，提货点的搬运成本可能大幅增加
	信息	对于网络或电话购物，需要进行一定的基础设施投资
服务	响应时间	对于存放在当地提货点的产品来说，实现当日（即时）提货
	产品种类	低于其他模式
	产品可获得性	与其他模式相比，成本更高
	客户体验	与客户把逛商场看成是正面还是负面的体验有关
	面市时间	相对其他模式，面市时间长
	订单可视化	对于到店线下购物无影响，但对于网络或电话购物必须具备
	退货流程	与其他模式相比，退货最容易

从以上 6 种模式可以看出，每种模式有适合于销售的产品。网络设计者决定适当的分销网络时，应考虑产品的特性及网络需求，分析每种模式的绩效特征，按照不同的维度综合对比，例如，通过因素打分法 6 种模式共同比较，从中选优，确定设计出适合于产品特征的最佳分销网络模式。

【复习思考题】

1. 简答题

（1）简要说明供应链网络构建的作用。

（2）供应链网络构建的影响因素有哪些？

（3）以图例的形式说明库存成本、运输成本、设施成本与设施数量之间的关系。

（4）供应链网络设施构建应考虑哪些方面的内容？

（5）选址问题划分为哪几类？

（6）供应链分销网络设计有哪些备选模式？

2．计算题

（1）某公司有两个工厂生产的产品供应 3 个超市，工厂的生产量及向每个超市的供应量、在平面上的坐标及每个点的运输费率公司基础数据，见表 3-15。

表 3-15　公司基础数据表

地　　点	坐标(x,y)	货运量/件	运输费率（元·件$^{-1}$·千米$^{-1}$）
工厂 1	(3,8)	5000	4.0
工厂 2	(8,2)	7000	4.0
超市 1	(2,5)	3500	9.5
超市 2	(6,4)	3000	9.5
超市 3	(8,8)	5500	9.5

① 使用重心法，找出单一仓库的初始位置。

② 使用迭代重心法，找出单一仓库的最佳位置。

③ 分析最优模型中考虑到的因素和需要考虑的因素，管理人员如何合理利用获得的计算结果，确保决策的正确性。

（2）某分销公司在 M 市向 9 个超市供应某种商品，公司准备在这 9 个超市的所在位置选址新建配送中心，各个超市每天的需求量及超市之间的距离可参见公司供应超市所在位置网络图。其如图 3-19 所示。

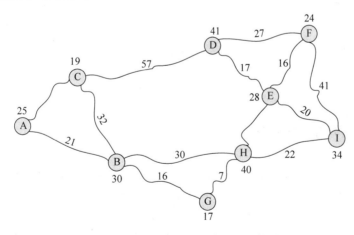

图 3-19　公司供应超市所在位置网络图

① 不考虑超市需求量的条件下，应用中值法选择新建配送中心所在的位置。

② 考虑超市需求量的条件下，应用加权中值法选择新建配送中心所在的位置。

思政案例

第4章 供应链协调管理

【主要内容】

本章共有5节内容,分别从供应链协调问题、供应链协调的障碍因素、提高供应链协调性的管理措施、改善协调的实践方法和合同定价实现供应链协调。分析了"牛鞭效应"现象和双重边际效应发生的原因,达到供应链协调必须识别的障碍因素。针对各种障碍因素提出提高协调性的管理措施、实践方法和采用合同定价,以实现供应链协调。

【学习目标】

通过学习,了解影响供应链协调的问题和障碍,掌握"牛鞭效应"产生的原因,并能够进行定量分析;熟悉提高供应链协调性的管理措施;掌握供应链协调方法中的协同规划、预测和补货(collaborative planning forecasting and replenishment,CPFR)方法;熟练掌握合同定价中的批发价合同模型和回购合同模型的计算过程,理解合同定价对供应链协调运营的重要性。

【引导案例】

影片出租公司的收益共享合同

据统计,对新发行的电影录像带的需求通常开始很高,随后迅速下降,需求峰值大约持续10周,而零售商不能确定购买的数量是否能够满足峰值需求。1998年,20%受调查的消费者声称他们租不到想看的电影。实际上,电影公司和影像出租行业之间传统的安排是出租店购买录像带,出租店保留所有的出租收入。这就意味着一盘录像带的盈利周期很长,所以对任何一部影片,录像出租店都不情愿购买太多的拷贝,也意味着顾客不能租到想看的影片。因此,电影公司和影片出租公司签订对彼此互利的供应合同,不但能够满足顾客的需求,同时为双方增加收益,究竟签订什么样的合同能够满足双方的需求?

4.1 供应链协调问题

如果供应链的各个环节采取一致的、增加供应链总利润的行动,则会促使供应链协调性得到改善。供应链协调要求供应链的各个节点企业都能够考虑企业的行为对其他合作企业造成的影响,从而积极开展信息共享,增强供应链协调性。

由于供应链不同环节的目标互相冲突或者各个环节之间的信息传递发生延误和扭曲,导致供应链不协调状态出现。

4.1.1 牛鞭效应

"牛鞭效应"就是在供应链中发生的需求变异放大现象。这种现象是对需求信息在供应链传递中被扭曲的现象的一种形象描述。其基本含义是:当供应链的各个节点企业只根据来自其相邻的下游企业的需求信息作出生产或供给决策时,需求信息的不真实性会沿着供应链逆流而上,当订单信息传递到源头供应商时,其获得的需求信息与实际消费市场中的客户需求信息发生了很大的偏差,即需求变异效应将实际需求量放大。由于存在订单需求放大效应,因此上游供应商往往比下游供应商维持更高的库存水平。这种现象反映出供应链上需求信息的不同步性。供应链"牛鞭效应"示意图如图 4-1 所示。

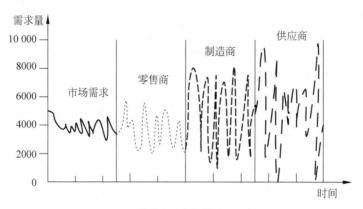

图 4-1　供应链"牛鞭效应"示意图

宝洁公司在其帮宝适(Pampers)纸尿裤的供应链中观察到了"牛鞭效应"。宝洁公司发现其对供应商的原材料订单随着时间的推移波动非常剧烈。但当对其零售商店的销售情况进行研究时发现,尽管存在需求的波动,但是波动幅度很小。可以合理地假设,在供应链的最下游环节,消费者(婴儿)以稳定的速度消耗着纸尿裤。虽然最终产品的消费很稳定,但是原材料订单的波动巨大,从而导致成本增加,供需难以匹配。

惠普公司管理者也发现当订单从经销商沿供应链向上传递到打印机部门再到集成电路板部门时,其波动也急剧增加。同样,虽然产品需求显示出一定的波动,但是集成电路板部门接到的订单的波动要大得多。这使得惠普公司很难按时完成订单,或者需要增加成本才能完成需求。

供应链需求变异放大会增加需求的波动,损害供应链整体利益。"牛鞭效应"现象对供应链的成本和响应性存在着普遍的影响,具体包括以下几个方面的内容。

(1)生产成本。

丧失供应链协调性,会增加供应链中的生产成本。由于存在"牛鞭效应",生产企业及其供应商必须满足比客户实际需求变化更大的订单量。为了应对这种增大的波动性,企业或者建立预留的产能,或者持有超额的库存,这两种做法都增加了单位产品的成本。

(2)库存成本。

供应链需求变异放大将增加供应链中节点企业的库存成本。为了应对增加的需求波动,生产企业不得不保持比供应链协调状态时更高的库存水平,因此,供应链中库存成本增加。库存增加还会导致所需的仓储空间增加,从而造成仓储成本上升。

(3)订货提前期。

供应链需求变异放大将使供应链中的订货提前期延长。"牛鞭效应"导致的需求波动加大,使得生产企业及其供应商的生产计划比需求稳定时更加难以制订。有时会出现产能和库存无法满足订单的情况,从而导致订货提前期延长。

(4)运输成本。

供应链需求变异放大将增加供应链中的运输成本。生产企业及其供应商的运输需求与所满足的订单密切相关。由于"牛鞭效应"的存在,运输需求随时间会有很大波动。为了满足高峰期的需求,需要保持过剩的运输能力,从而增加了运输成本。

（5）劳动力成本。

供应链需求变异放大将增加供应链中储运和配送的劳动力成本。生产企业及其供应商发货所需的劳动力随着订单的波动而波动。分销商和零售商收货所需的劳动力会发生类似的波动。供应链中的各个环节或者保持储备的劳动力产能,或者根据订单的波动改变劳动力产能,这两种办法都会增加劳动力成本。

（6）产品可获得性。

供应链需求变异放大发生后,将导致产品的可获得性水平降低,最终造成供应链缺货现象增多。过大的订单波动使得生产企业很难按时满足所有客户的订单。造成的结果不但增加了客户缺货的概率,而且导致整个供应链出现断货的情况。

（7）供应链绩效。

供应链需求变异放大对供应链各个环节的绩效都有负面的影响,损害供应链不同节点企业之间的关系,每个节点企业都认为自身在供应链上积极合作,而倾向于把责任归咎于供应链其他节点企业。因此,供应链失调将导致供应链中各个环节失去信任,改变不协调的措施实施困难增大。

因此,根据以上分析的因素,可以看出,供应链需求变异放大现象的发生,导致供应链成本增加和响应性降低,从而对供应链绩效产生巨大的负面影响。供应链需求变异放大对供应链绩效的影响见表 4-1。

表 4-1　供应链需求变异放大对供应链绩效的影响

序　　号	绩 效 指 标	需求变异放大的影响
1	生产成本	增加
2	库存成本	增加
3	补货提前期	增加
4	运输成本	增加
5	劳动力成本	增加
6	产品可获得性	降低
7	供应链绩效	降低

4.1.2　双重边际效应

1. 双重边际效应的含义

在影响供应链运作协调性的问题中,"双重边际效应"是一种隐蔽的影响因素。双重边际效应是供应链上下游企业为了谋求各自收益最大化,在分散的、各自独立决策的过程中确定的产品价格高于其生产边际成本的现象。与"牛鞭效应"不同,双重边际效应是一种更加隐蔽的供应链不协调现象。若供应链上的各个节点企业寻求自身利益最大化,每个企业都从自身利益出发开展供应链业务,供应链整体利益将受到很大的影响。例如,如果下游企业（如零售商）的定价过高,必然会造成需求下降,供应链总体收益下降,供应链整体的协调性下降。1950 年,斯彭格勒（Spengler）发表了一份研究报告,指出零售商在制定库存订货决策时并不考虑供应商的边际利润,因此批量很小,达不到优化的水平。

　　企业个体利益最大化的目标与整体利益最大化的目标不一致,是造成双重边际效应的根本原因。从另外一种意义上讲,就是分散决策、风险单边转移导致的双重边际效应。供应链"订货—交货—销售"流程如图 4-2 所示。

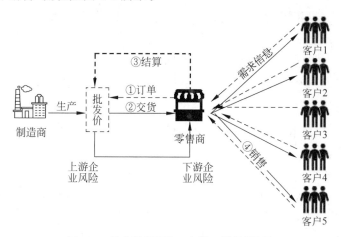

图 4-2　供应链"订货—交货—销售"流程

　　图 4-2 描述的是传统供应链决策过程:①供应链上的零售商根据客户需求做出订货决策并且向制造商发出订单;②制造商生产出产品并按批发价交货;③制造商与零售商进行结算,此时商品所有权就转移到了零售商;④零售商之所以努力将商品销售出去,是因为若到了销售季末商品没有销售出去,则只能折价处理,这样给零售商带来超储损失。这样的供应链运作流程表明,当制造商根据零售商的订单按期交货并结算之后,自己的收益就得到了保证,至于零售商的订货量合理与否、缺货还是积压过多,都是零售商要承担的风险。零售商为了保证自己的收益,在下订单时,按照自身风险最小化的原则确定订购数量,尽量避免因销售不出去造成的损失风险,因而,供应链整体利益最大化实现的可能性很低。

　　若要减弱双重边际效应,就需要提高供应链的协调性,尽可能消除不协调因素的影响,使整个供应链的收益达到最大化,使每个参与者都能获得更大的收益。供应链的协调运作是供应链利益最大化的关键。供应链的协调并不是以牺牲某一个体的利益来提高其他个体或系统的利益,而是以实现双赢乃至多赢为目标,至少要使改变合作模式后的个体或系统的利益不低于之前合作模式下的利益,即实现帕累托改进。

2. 改变双重边际效应的手段

　　双重边际效应是引发渠道冲突、导致供应链效率低下的根源所在,是供应链上企业各自追求其利润最大化而导致的一种结果。改变双重边际效应的手段之一就是根据行业产品特性,制定符合实际的供应合同,把协调运营后所增加的利润在各节点企业之间进行再分配,这种收益分配的比例只有通过强制的合同规定才能得到落实。但由于很难区分各个节点企业在协调管理中所付出成本的大小,因而收益分配比例的确定是一件困难的事情,唯一的办法就是各个节点企业之间通过妥协、互谅、求同,制定符合供应链利益最大化的供应契约,实现节点企业之间的双赢定价。

4.2　供应链协调的障碍因素

任何导致供应链不同环节局部优化或供应链中信息延迟、扭曲和波动增加的因素都是实现供应链协调的障碍因素。如果供应链的管理者能够识别关键的障碍因素，那么他们就可以采取适当的行动来改善供应链协调性。供应链障碍因素一般分为 5 类，即激励障碍、信息处理障碍、企业运营障碍、定价障碍和行为障碍。

4.2.1　激励障碍

当供应链中不同环节或参与者受到的激励导致需求波动加剧和供应链总利润降低的行为时，出现激励障碍。

1. 供应链内各职能部门或各节点企业的局部优化

只注重某一行动局部的激励，将导致供应链无法实现利润最大化。例如，如果某一个企业的运输经理的酬金与单位平均运输成本挂钩，那么即使会增加库存成本或降低顾客服务水平，他可能会采取一些降低运输成本的行动。供应链参与者会很自然地采取一些优化其绩效评价指标的行动。例如，华联超市门店的经理制定的所有采购和库存决策都是为了使经理管理的门店利润最大化，而不是考虑上游供应商从而实现供应链利润最大化。基于供应链单个环节利润最大化的购买决策所制定的订货策略也无法实现供应链利润最大化。

2. 销售人员激励

不适当的销售人员激励制度是阻碍实现供应链协调的一个重大因素。在许多企业中，销售人员激励基于销售人员在一个评估期内（一个月或一个季度）内完成的销售量。制造商通常以销售给分销商或零售商的数量为评估指标，而不是以销售给最终客户的数量作为销售业绩的评估指标。基于购入数量来衡量销售业绩，通常是因为制造商的销售人员无法控制实际售出。例如，良品铺子基于销售人员在 4～6 周的促销期内销售给客户的产品数量来提供奖励。为了尽可能多拿奖金，良品铺子的销售人员会鼓励客户在评估期末购买更多的商品，即使客户不需要那么多商品，销售人员利用自己权限内的折扣来刺激促销期期末的销售量。这就增加了销售量的波动，在评估期期末销售量数量突然上升，而在下一个评估期期初，销售量却减少。因此，基于购入的销售人员激励导致销售量波动远大于客户实际需求的波动，因为销售人员倾向于在评估期期末强推商品。

4.2.2　信息处理障碍

如果需求信息在供应链各环节之间传递时发生扭曲，那么就会发生信息处理障碍，从而导致供应链中订单波动幅度增大。

1. 基于订单而不是客户需求的预测

当供应链中各环节根据自身所接收到的订单进行预测时，随着订单沿着供应链向上游传递到制造商和供应商，客户需求的任何波动都会被放大。当供应链中不同环节之间的基本沟通方式就是所下达的订单时，信息在沿着供应链向上传递的过程中发生扭曲。每一个节点企业都认为自身在供应链中的主要任务是完成下游合作伙伴的订单，因此，每个节点企业都把接收到的订单视为需求，并基于此信息进行预测。

在这种情况下，当客户需求以订单的形式向供应链上游传递时，它的任何细微波动都会被放大。以零售商处理客户需求的随机增长的影响为例,零售商可能会将这部分随机增长解释为需求增长趋势,这一理解将导致零售商发出超出实际需求增长的订单,零售商因为预期这一增长趋势在将来会继续,所以为了满足提前期内预期增长的需求会订购更多的产品。因此,其向批发商发出的订单的增加量大于零售商所观察到的需求增长。零售商所观察到的需求增长中部分为一次性增长,但分销商无从正确理解订单的增加。分销商只是观察到订单大幅增加,从而推断需求出现了增长趋势。分销商所推断的增长趋势大于零售商所推断的增长趋势。因此,分销商会向制造商发出更大的订单,订货批量在供应链上逐级上传的信息中不断被放大。

假设需求随机增长期之后,紧接着就是需求随机减少期。若使用与之前相同的预测逻辑,零售商会预测出现需求下降趋势,并减少订货批量。订单信息沿着供应链逐级向上移动时,减少量在各个节点企业之间也被逐级地放大。

2. 缺乏信息共享

供应链各环节之间缺乏信息共享会加大信息扭曲。例如,华联超市等零售商可能会因为有计划地促销而增加某次订货的订货批量。如果制造商对于促销活动一无所知,它就可能将较大的订单解释为出现了需求的永久性增长,从而向供应商发出更大的订单。因此,在华联超市结束促销活动之后,制造商和供应链上将会积压大量库存。由于持有过量的库存,当华联超市订单恢复正常时,制造商的订货量将比以前大量减少。因此,零售商与制造商之间缺乏信息共享,将导致制造商订单的大幅波动。

当供应链各节点企业只根据来自相邻下级的需求信息进行供应决策时,如果市场需求信息稍有变动,在信息不对称情况下,需求信息被扭曲放大向上游传递。以表 4-2 中的数据为例,假定当地市场需求在过去的几个月里一直保持稳定,接下来的 5 个月的市场需求统计得出如下数据,遵循的规则是:①每个节点企业本期期末库存=下一期期初的库存;②剩余库存=本期期初库存-本期销售量;③本期期末库存=本期销售量的两倍;④本期订货数量=本期期末库存-本期剩余库存;⑤订货数量波动百分比=[(本期订货数量-上期订货数量)/上期订货数量]×100%。例题中的统计数据显示,市场需求在第二月发生波动,与上月相比减少一个单位,根据规则计算后得到的数据可参看供应链三级节点企业订货与生产数量波动统计表。其见表 4-2。

表 4-2　供应链三级节点企业订货与生产数量波动统计

单　位	项　目	产 品 数 量				
		一月	二月	三月	四月	五月
当地市场	当地市场需求量	20	19	19	19	19
	波动比例	0%	5%	0%	0%	0%
零售商	期初库存	40	40	38	38	38
	月销售量	20	19	19	19	19
	剩余库存	20	21	19	19	19
	期末库存	40	38	38	38	38
	订货数量	20	17	19	19	19
	波动比例	0%	−15%	11.8%	0%	0%

续表

单 位	项 目	产 品 数 量				
		一月	二月	三月	四月	五月
分销商	期初库存	40	40	34	38	38
	月销售量	20	17	19	19	19
	剩余库存	20	23	15	19	19
	期末库存	40	34	38	38	38
	订货数量	20	11	23	19	19
	波动比例	0%	−45%	109.1%	−17.4%	0%
制造商	期初库存	40	40	29	46	38
	月销售量	20	11	23	19	19
	剩余库存	20	29	6	27	19
	期末库存	40	22	46	38	38
	生产数量	20	0	40	11	19
	波动比例	0%	−100%	+∞	−72.5%	72.7%

根据计算规则得出的数据,可见信息扭曲,导致上游的制造商在二月停止生产,三月需要又出现了加班生产的现象。供应链节点企业订货数量和生产数量变化如图 4-3 所示。

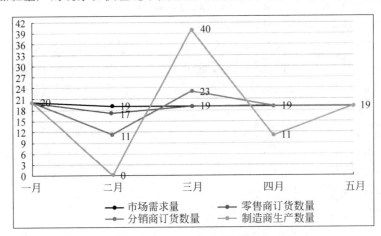

图 4-3 供应链节点企业订货数量和生产数量变化

4.2.3 企业运营障碍

当发出订单和履行订单过程中所采取的行为导致订货量波动加剧时,就会出现企业运营方面的障碍。

1. 大批量订货

当企业发出订货的批量远远超出需求的数量时,订单的波动就会沿着供应链向上游企业不断放大。由于与订单发出、收货或运输相关的固定成本非常高,因此企业可能会大批量订货。当供应商提供基于批量的数量折扣时,也会出现大批量订货。

2. 订货提前期长

如果各节点企业之间的订货提前期较长,则信息扭曲会加大。有可能零售商将某次需求的随机增长认为是一种增长趋势,如果零售商的订货提前期为两周,那么它下订单时会将两周的预期需求增长考虑在内;相反,若零售商的订货提前期为两个月,那么它下订单时就会将两个月的预期需求增长考虑在内(形成一个比较大的量)。当需求的随机减少被解释为出现了需求下降的趋势时,订单又会大量减少。

3. 定量配给和短缺博弈

定量配给是指将有限的产量按照零售商所下订单的大小按比例进行分配。定量配给会导致信息扭曲加大。当畅销产品供不应求时,就会出现这种情况。在这种情况下,制造商想出各种机制将稀缺的产品在不同的分销商之间进行分配。一种常用的配给方案是根据所下的订单来分配产品的可用供给量。如果可用供给量是接收到的总订单量的 75%,那么每个零售商只能得到所下订单量的 75%。

这种配给方案将导致一种博弈的出现,零售商为了提高自身可获得的供给量会尽量提高订货量。原本需要 75 单位产品的零售商会下 100 单位的订单,以期最终获得 75 单位。这种配给方案的负面影响是人为放大了产品的订货量。而且,基于预期销售量进行订购的零售商得到较少的供给,从而出现销售短缺,而那些虚报订货量的零售商却成为受益者。

如果根据订单来预测未来的需求,那么制造商就会将订单的增加看作为需求的增长,而实际上客户需求并没有变化。制造商可能会扩大产能满足接收的订单。由于此前的订单有可能是为应对配给方案而夸大的订单,制造商拥有了足够的产能,订单却又恢复到正常水平,因此导致制造商出现过剩的产品和产能。这种"繁荣—萧条"周期往往会循环出现。这种现象在电子行业很常见,零部件短缺和零部件过剩交替出现。

4.2.4　定价障碍

当节点企业由于调整产品的定价策略,导致订单大幅度波动,定价障碍推动供应链不协调性增加。

1. 基于批量的数量折扣

产品基于批量的数量折扣增加了供应链内的订货批量,因为订货批量越大,所获得的采购价格越低。这种折扣导致的大批量订货,加剧了供应链中的牛鞭效应,以专卖店为促销而实施的数量折扣为例,如耐克专卖店中对部分产品实施的消费者购买一件九折、购买两件八五折和购买五件五折的数量折扣,促使消费者大量购买,作为零售商,一定时期内向上游的分销商大量采购,订单变化幅度很大,供应链不协调性凸显。

2. 价格波动

制造商发起商业促销和其他短期折扣导致了客户的提前购买行为。在折扣期内,批发商或零售商会大批量采购来满足未来的需求,提前购买导致在促销期内出现大量订单,而在促销期后只有少量订单。以新开业的餐饮店为例,为了吸引客户,在开业当天及连续几日内餐饮店实施各种价格折扣优惠,原材料需求增加,而开业优惠活动结束之后,菜品恢复正常价格,客户骤减,各种原材料需求降低,同样影响供应链协调性。

4.2.5　行为障碍

行为障碍是指组织内部导致信息扭曲的认识问题。这些问题通常与供应链结构和各环节之间的沟通方式有关,其中的一些行为障碍可表述为:①供应链的每个环节只是局部地看待自己的行为,无法看到其行为对其他环节的影响;②供应链的不同环节只是对当前的局部情况作出反应,而不是努力找出问题的根源;③基于局部风险,对于造成波动的原因,供应链的不同环节相互指责,以至于供应链中的相邻环节成为竞争对手而不是合作伙伴;④因为它采取的行为所造成的最严重后果通常发生在其他地方,所以供应链的任何一个环节都不能从它的行为中吸取教训,结果形成的恶性循环是各个环节将自身行为所造成的负面影响归咎于其他环节;⑤供应链伙伴之间缺乏信任导致它们经常作出以牺牲整条供应链绩效为代价的机会主义行为,缺乏信任还会导致工作的大量重复。更重要的是,由于彼此缺乏信任,各个环节之间的信息不能共享或者被忽略。

4.3 提高供应链协调性的管理措施

在识别了供应链协调的障碍因素之后,如何采取合理的管理措施帮助企业缓解信息扭曲、克服障碍从而促进供应链协调性,企业可以通过以下管理措施改变现状。

4.3.1 保持目标和激励机制相一致

管理者可以通过使目标和激励保持一致来改善供应链的协调,使供应链活动的每一个参与者共同努力实现供应链整体利润最大化。

1. 供应链整体目标的协调

协调要求供应链的每一个节点企业关注整个供应链收益和发展供应链,而不是每个节点企业仅仅关注自身利润最大化。协调的关键是提出能够创造双赢的机制,即供应链收益随着所有供应链节点企业利润的增长而增长。例如,沃尔玛为售出的每台打印机向惠普付款,并赋予惠普制定补货决策的权力,但同时明确说明店内要求达到的服务水平。这一安排改善了供应链的协调性,因为如果店内的打印机供应与需求相匹配,双方都会获益。

2. 各个职能部门之间的协调

在企业内部实现决策协调的关键是确保各个职能部门用于评估决策的目标与企业的总目标保持一致。所有设施、运输和库存决策都应根据其对供应链盈利能力或总成本的影响进行评估,而不会基于其对职能成本的影响来评估。这有助于避免类似运输管理人员的决策降低了运输成本,却增加了供应链总成本的情况。

3. 供应链节点企业之间协调定价

在许多情况下,适当的定价方案有助于供应链协调。如果生产一批产品的固定成本较高,那么制造商可以使用基于批量的数量折扣来实现零售商的协调。如果制造商对某产品拥有市场支配能力,就可以采用不同的定价策略和数量折扣实现协调定价。由于需求存在不确定性,制造商可以使用回购合同、收入共享合同及数量柔性合同等契约形式,为零售商提供较高的产品可获得性水平,以促进供应链利润最大化。例如,图书出版业利用回购合同来提高供应链总利润,数量柔性合同帮助部分服装制造商提高供应链整体利润。

4. 对销售人员实施正确的激励

任何能够降低销售人员向零售商强推产品的动机的措施都会减轻"牛鞭效应"。制造商应该将销售人员的激励与零售商出售的产品数量而不是购入的产品数量结合起来,这有助于消除销售人员鼓励零售商提前购买的动机,消除提前购买有助于减少订单的波动。如果销售人员的激励是基于滚动周期的销售量,那么强推产品的动机还会进一步降低。这有助于减少提前购买及其引发的订单波动。

4.3.2　提高信息的可视性和准确性

企业决策者可以通过提高供应链不同节点企业可获得信息的可视性和准确性,达到信息对称的目的,以此实现供应链协调。

1. 共享客户需求数据

供应链各个节点企业共享客户数据,有助减轻"牛鞭效应"。信息扭曲的主要原因是供应链内的各个节点企业都使用订单来预测未来需求。由于不同的节点企业接收的订单各不相同,不同节点企业的预测也各不相同。实际上,供应链需要满足的唯一需求是来自最终客户的需求。如果零售商与其他供应链节点企业共享需求数据,那么供应链中所有节点企业都可以基于客户需求来预测未来需求。共享需求数据有助于减轻"牛鞭效应"的原因在于:各个节点企业现在只对相同的客户需求变化做出反应。通过观察了解到,共享综合的需求数据就足以减轻"牛鞭效应",不一定要共享详细的每个销售门店的数据。

沃尔玛经常与供应商分享其销售门店数据。戴尔通过互联网与许多供应商分享需求数据及当前的看不见的库存状态信息,从而有助于避免供应和订单的不必要波动。宝洁说服了许多零售商共享需求数据,继而宝洁又与供应商分享这些数据,从而改善了供应链的协调性。

2. 实施协调预测和补货计划

在共享客户需求数据之后,为了实现供应链整体协调,供应链各个节点企业还必须协同预测和补货计划。没有协同计划,客户需求数据的共享就不能保证协调。假定零售商在春节开展促销活动,因此零售商会观察到本月的需求剧增。如果在下一年的春节没有促销计划,即使它们共享了过去的销售数据,零售商的预测与制造商的预测不同,要实现供需协调,制造商必须了解零售商的促销计划。关键是确保整体供应链基于共同的预测进行运作。为了促进供应链环境下的协调,美国产业共同商务标准协会(Voluntary Interindustry Commerce Solutions Association)成立了协同计划、预测和补货委员会来识别协调预测和补货计划的最佳实践并设计指南。

3. 单个节点企业控制补货的策略

由于信息扭曲主要是供应链的每个节点企业都将来自下游的订单作为历史需求,每个节点企业都认为自己的作用就是为下游补货,因此设计一条由单个节点企业控制整条供应链补货决策的供应链,有助于消除信息扭曲。实际上,关键的补货发生在零售商,它们是最终客户购买产品的地方。当由于单一节点企业控制整条供应链的补货策略时,就可以消除分散预测的问题,供应链的协调性得到改善。

4.3.3　促进供需同步化运作

为了更好地实现供需同步,企业决策者可以通过提高运作绩效和针对产品短缺的情况,设计适当的产品分配方案,以减少供应链信息扭曲。

1. 缩短订货提前期

通过缩短订货提前期,企业决策者可以减少提前期内需求的不确定性。因为允许在销售季节内多次下达订单,提高了预测的准确度,所以缩短提前期对季节性商品尤其有益,如果提前期足够短,则可以根据实际消耗量安排订货,从而不需要预测。

企业决策者可以在供应链的不同环节采取多种措施来缩短订货提前期。通过电子订购实施补货，无论是在线订货还是通过电子数据交换（electronic data interchange，EDI）系统进行订货，都可以显著缩短与下单和信息传递相关的提前期。如果每个环节与供应商分享其长期计划，那么潜在的订单可以提前安排生产计划，再在更接近实际生产时确定精确的生产量。因为生产计划时间通常是提前期最大组成部分，所以缩短提前期有利于减少生产计划时间，对于制造商而言，提高柔性和实行单元制造可以大幅缩短提前期，减少信息扭曲，稳定需求进而改进生产计划。对于生产多种产品的制造企业来说尤其如此。节点企业可以利用提前发货通知（advance shipping notice，ASN）来缩短提前期并简化收货工作，还可以利用越库作业来缩短在供应链不同环节之间运输产品的提前期。

2. 减少生产或订购批量

企业决策者可以通过实施一些能够减少生产或订购批量的措施，减少信息扭曲。批量的减少可以降低供应链任意两个相邻节点企业之间供需的波动，从而减少信息扭曲。为了减少批量，决策者必须采取措施降低与每批产品的订货、运输及收货相关的固定成本。电子订购可以帮助决策者通过取消采购订单来简化订货，在汽车行业，一些供应商是根据生产的汽车数量而不是一张张采购订单来获得货款的，这样单独的采购订单取消，从而消除了与每次补货相关的订单处理成本。信息系统有助于财务交易的结算，消除了与每份采购订单相关的处理成本。

整车运输和零担运输的巨大价格差使得企业更多地采用整车运输。运输成本现在成为大多数供应链减少批量的主要障碍。通过将小批量的多种产品集中在一辆卡车上，决策者可以减少批量而不增加运输成本。企业管理者可以通过集货配送的方式将多个零售商的货物集中配载在一辆卡车上以减少批量。虽然收货的压力加大，随着各种识别技术的广泛应用，收货工作得以高效开展。

3. 信息共享下利用基期销售量配给限制博弈

为了减少信息扭曲，企业决策者可以设计定量配给方案来防止零售商在供应短缺时人为提高订货量。其中一种方法称为周转获利（turn-and-earn），就是根据零售商以往的销售量而不是当期的订货量来分配供给。将配给与前期销售量相结合，消除了零售商扩大订单规模的动机。实际上，周转获利方法可以促使零售商在需求淡季尽可能多地出售产品，以增加自身在供给短缺时可获得的产品配给。还有一些企业致力于在整个供应链中分享信息，尽可能地避免短缺情况的发生，防止人为扩大订单。柔性产能也有助于防止短缺，因为柔性产能可以很容易地进行上传转换，从需求低于预期的产品的生产转移到需求高于预期的产品的生产。

4.3.4 采用适当的定价策略稳定订单

企业决策者通过与节点企业签订订购合同，采用合理的定价策略，鼓励零售商小批量订货，减少提前购买量，减少供应链供需信息扭曲。

1. 以总量的数量折扣为依据

在企业提供批量的数量折扣时，零售商为了获得折扣会增大订货批量，因为基于总量的折扣考虑的是某一段时间（如一年）内的总购买量，而不是一次订货的批量的大小，所以提供基于总量的数量折扣则会消除零售商增加每一次订货批量的动机。

　　基于总量的折扣可以减少订货批量,从而减少供应链中的订单波动。当基于总量的数量折扣有一个固定的折扣评估截止日期时,在接近截止日期时可能会出现大批量订货。基于滚动周期的销售量来提供折扣有助于减弱这种影响。

2. 确定时期内保持价格稳定性

　　企业决策者可以通过取消促销活动和实施每日低价策略来削弱"牛鞭效应"。取消促销可以消除零售商的提前购买,从而使订单更能反映客户的实际需求。企业决策者可以通过限制促销期间的采购数量来减少提前购买,这一限制应针对具体的零售商,并与该零售商的基期销售数据挂钩。另一种方法是将支付给零售商的促销激励与零售商的销售量挂钩。由于这种方式下零售商从提前购买中无法获得任何利益而只有卖出更多商品时,他们才会得到增加采购量的权利,因此形成基于销售量的促销,极大地减少了信息扭曲。

4.3.5　构建信任机制和战略合作伙伴关系

　　当供应链节点企业形成彼此信任和战略伙伴关系时,可以更容易地利用减少信息扭曲的措施实现供应链协调。供应链各个节点企业之间建立信任机制,共享准确的信息,可以使供应链整体的供给和需求相匹配。融洽的合作关系有助于降低供应链各节点企业之间的交易成本。例如,如果供应商信任来自零售商的订单和预测信息,那么供应商就可以不再进行预测,同样,如果零售商信任供应商的质量和发货,零售商就可以免除清点数量和验收作业。一般来说,供应链各个环节可以在增进信任和改善关系的基础上消除重复工作。较低的交易成本及准确的共享信息,有利于增进供应链协调。

　　研究表明,零售商越信任供应商,就越会对供应商形成依赖而不再考虑开发新的供应源,这样有助于提高现有供应商产品的销售量。一般来说,高信任度可以让供应链以更低的成本实现更高的响应性。信息共享、激励机制、运营改进和价格稳定等行动,有助于提高企业之间的信任度。提高供应链中的信任度和合作水平,需要明确界定企业各方的作用和决策权,需要有效的合同和良好的冲突解决机制。

　　在实践中,为了建立信任,各方都必须认识到,任何改善企业之间的协调行为带来的好处都会达到双赢的效果。供应链节点企业之间强势一方的决策者必须对这一事实保持敏感,并确保彼此认可这样的利益分享方式。

4.3.6　巩固供应链协调运营与实践

　　所有改善供应链协调性的管理措施都具有跨职能部门、跨企业的特点。在实际运营过程中,需要不断总结经验,而且需要在实践中不断完善。

1. 企业高层管理者认可与支持

　　与供应链管理的其他方面相比,供应链协调更需要高层管理者的认可和支持。没有高层管理者的认可和支持,供应链协调很难实现。协调要求供应链的各个节点企业的管理者对自身的局部利益服从企业甚至是供应链整体的利益。协调通常需要权衡取舍,这就要求供应链中的各个职能部门和企业改变其传统的做法,而从供应链整体利益出发进行决策。每个节点企业的高层管理者协调企业内部各个职能部门之间的关系,从而促进供应链节点企业之间的合作。例如,沃尔玛和宝洁公司之间协同预测和补货团队的建立,就是公司高层管理者达成共识的结果。

2. 投入资金支持实现协调

如果供应链没有各个节点企业努力推进和投入各类管理资源,那么供应链协调不可能实现。因为一般认为失调是必须面对的事情,或者供应链协调能够自行实现,所以各个节点企业往往不会把有限的资源用于供应链协调上,这种问题的根源在于,所有管理者只负责他们所控制的各自领域,而没有一个人指出一个管理者的行为对供应链其他部分的影响。解决协调问题的最佳方法就是由来自供应链各个节点企业的员工组成协调团队。团队实施所需变革的权力,以促使各个节点企业之间建立起足够的信任,发挥协调团队的作用。

3. 加强节点企业之间的沟通

供应链各个节点企业之间良好的沟通,往往会使它们注重协调的意义。节点企业通常不会与供应链的其他环节进行沟通,而难以做到共享信息。由于缺乏协调,供应链中的所有节点企业经常会遭受挫折。如果协调能有助于供应链更有效地运行,那么各个节点企业愿意共享信息。而相关各方之间的定期沟通有助于改变这种情况。定期沟通有助于供应链上的节点企业分享各自的目标,并确定共同的目标和互利的行动,以改善供应链协调。

4.4 改善协调的实践方法

4.4.1 实施有效的补货策略

将整条供应链的补货责任指派给一个实体的做法可以减少信息扭曲。由单个企业做出补货决策确保了可视性和驱动整个供应链订单的共同预测。指定单一责任实体的两种常见的行业实践是持续补货计划和供应商管理库存。

1. 持续补货计划

持续补货计划(continue replenishment programs,CRP)就是批发商或制造商基于销售店数据定期为零售商补货。持续补货计划可以由供应商、分销商或第三方来管理。大多数情况下,持续补货计划系统是由零售商仓库中库存的实际提取驱动的,而不是由零售商门店层面的销售数据来驱动的,因此将持续补货计划系统与仓库提货联系起来更容易实施,而零售商通常也更愿意共享这一层面的信息。贯穿整条供应链的 IT 系统,为持续补货计划提供了一个良好的信息平台。在持续补货计划中,零售商处的库存归零售商所有。

2. 供应商管理库存

供应商管理库存(vendor managed inventory,VMI)是指制造商或供应商负责零售商产品库存的所有决策。因此,补货决策的控制权由零售商转移给了制造商所有。供应商管理库存的应用实例中,库存在被零售商售出之前一直归供应商所有。供应商管理库存要求零售商与制造商共享需求信息,以便制造商制定库存补货决策,这有助于提高制造商的预测精度,并更好地匹配制造商的生产与客户的需求。如果在制定库存决策时,可以同时考虑零售商和制造商的边际利润,就会有助于制造商在增加自身利润的同时,增加供应链整体的利润。

实际上,零售商经常会销售来自相互竞争的制造商的产品,同类产品在消费者心目中可相互替代。例如,客户可能会用联合利华生产的牙膏替代宝洁公司的牙膏,如果零售商与这两家制造商都签订了供应商管理库存的协议,而在制定库存决策时,这两家制造商忽视替代效应,那么这样造成的后果就是零售商处的库存会超出最优水平,故在这种情况下,零售商决策的补货策略更为合适。另一种可能的做法是参照沃尔玛的管理。零售商从所有供应商中选出品类领导者,并由该品类管理者管理该品类中所有供应商的补货决策,这样确保了品类管理者不会偏袒任何一个供应商的产品,从而保障了供应链协调性。

3. 联合库存管理

联合库存管理(jointly managed inventory,JMI)是解决供应链系统中由于各节点企业的相互独立库存运作模式导致的信息扭曲,提高供应链的同步化程度的一种有效方法。和供应商管理库存不同,联合库存管理强调双方同时参与,共同制订库存计划,使供应链中的每个库存管理者(供应商、制造商、分销商)都从相互之间的协调性考虑,保持供应链相邻的两个节点企业之间的库存管理者对需求的预期保持一致,从而消除了需求变异放大现象,达到供应链供需信息对称的目标。任何相邻节点需求的确定都是供需双方协调的结果,库存管理不再是各自为政的独立运作过程,而是供需连接的纽带和协调中心。从供应链整体来看,联合库存管理减少了库存点和相应的库存设施费及仓储作业费,从而降低了供应链系统总的库存费用。供应商的库存直接存放在核心企业的仓库,不但保障核心企业原材料、零部件供应、取用方便,而且核心企业可以统一调度、统一管理、统一进行库存控制,为核心企业的快速高效地生产运作提供了强有力的保障条件。

持续补货计划、供应商管理库存和联合库存管理三种策略,各自具有优缺点,有助于降低和消除供应链供需信息扭曲放大现象,对促进供应链协调起到了积极的作用。但每种策略的实施都基于一定的条件,促进供应链协调的补货策略比较见表 4-3。

表 4-3　促进供应链协调的补货策略比较表

类　型	内 容 要 点	补货决策	存货所有权	供方新技能
连续补货	需方提供销售信息,参与制订服务水平和库存水平;供方依据实际销售数据制订生产计划,按客户所需库存,自动配送	供方(无需方订单和订单)	每一方	需求预测技能 客户库存计划 自动并单送货
供应商管理库存	供应商在需方的允许下设立库存,确定库存水平和补给计划,拥有库存控制权	供方(无需方订单和订单)	供方	需求预测技能 客户品类管理
联合库存管理	供应商和需求商同时参与、共同制订库存计划	每一方(无需方订单和订单)	每一方	需求预测技能 共同协调计划

4.4.2　协同计划、预测和补货

美国产业共同商务标准协会将协同计划、预测和补货(CPFR)定义为在制订计划和满足客户需求的过程中集合各方智慧的商业实践。供应链协同计划、预测和补货得以成功实施的前提条件是供需双方实现数据同步化并建立信息交换标准。

1. 供应链节点企业之间交易双方开展合作的内容

供应链节点企业交易双方开展合作一般涉及 4 个方面:①战略和计划,即合作伙伴确定合作范围,并分配角色、责任和明确的检查点;②需求与供给管理,即协同销售预测给出了合作伙伴对于销售店的客户需求的最佳估计;③预测和补货,即需求预测确定后,就将转化为实际的订单;④分析,即确认例外情况及评估用来衡量绩效或识别趋势的指标。

2. CPFR 常见形式

供应链制造商与零售商应用 CPFR 的典型形式见表 4-4。

表 4-4　供应链制造商与零售商应用 CPFR 的典型形式

应 用 形 式	供应链中的应用领域	应 用 的 行 业
零售活动协同	经常促销的渠道或品类	除实施每日低价策略外的所有行业
配送中心补货协同	零售配送中心或分销商配送中心	药店、硬件、杂货行业
零售店补货协同	向零售店直接送货或零售配送中心向零售店送货	大宗批发店、会员店
协同分类计划	服装和季节性商品	商贸中心、专业零售店

(1) 零售活动协同。

以超市为例,开展促销及其零售活动对需求有显著影响。活动过程中的缺货、过量库存和计划外的物流成本会显著影响零售商和制造商的财务绩效,因此,零售商和供应商合作进行促销活动的协同计划、预测和补货将非常有效。零售活动协同要求双方确定合作所涉及的品牌和具体的最小库存单位。双方还必须共享活动细节,如时间安排、持续时间、价格、广告及展示策略等。当发生变化时,零售商必须及时更新信息;针对具体活动进行预测,并共享信息;根据这些预测数据计划订货和交货。随着活动的进行,不断对销售情况进行监控,以识别任何变化和例外情况,这些变化和例外情况由双方多次协商解决。

(2) 配送中心补货协同。

配送中心补货协同可能是实际中最常见也是最容易实施的协同形式。在这种情形下,交易双方合作预测配送中心的出货或配送中心对制造商的预期需求,这些预测将被转化为从配送中心向制造商发出的、在指定时间范围内被承诺或锁定的订单流。这一信息使制造商能够将这些预期的订单纳入未来的生产计划,并根据需求来履行承诺的订单。其结果是降低了制造商的生产成本,也降低了零售商的库存和缺货量。此种协同实施相对容易,只需要基于综合数据进行协同预测、计划和补货,而不需要共享详细的销售时点系统(point of sale,POS)数据,随着时间的推移,这种协同形式可以扩展到从零售商货架到原材料仓库的供应链上的所有储存点。

(3) 零售店补货协同。

在零售店补货协同方式下,商业伙伴合作开展门店层面的销售时点预测。这些预测结果转化为在指定时间范围内被承诺的一系列门店层面的订单。与配送中心补货协同相比,这种形式的协调较难实施,特别是当门店规模较大时。门店层面协同的优点在于:制造商更了解销售情况,补货准确性更高;产品可获得性水平更高,库存减少,供应链协调性增强。

(4) 协同分类计划。

时装和其他季节性产品的需求呈现出一种季节性模式。因此,这些品类产品的协同计划的计划期只有一个季节,并且是按季节间隔执行的。由于需求的季节性,因此预测对历史数据依赖较少,而更多依赖于对行业趋势、宏观因素和客户偏好的合作分析。在这种协同形式中,商业伙伴共同制定的分类计划,最终生成包含样式、颜色、尺寸的计划采购订单。计划的单元在展示会之前以电子方式共享,然后在展示会上查看样品并做出最终的销售决定。计划订单有助于制造商采购订货提前期较长的原材料和安排产能。如果产能具有足够的柔性,能够生产多种产品,而且原材料在不同最终产品之间具有一定的通用性,那么此时的协同达到最高效。

3. CPFR 实施流程

CPFR 的实施一般分为 3 个阶段、9 个步骤。CPFR 的实施流程如图 4-4 所示。

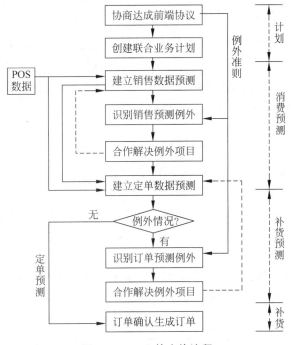

图 4-4　CPFR 的实施流程

CPFR 已经被美国多家企业以不同的形式实施,并实践中取得了成功。但也有不少企业在实施 CPFR 的过程中成为失败的案例。实施 CPFR 的风险是信息滥用;实施的障碍之一是合作伙伴企图在门店层面进行合作,需要更多组织和技术上的支持;实施的障碍之二是合作伙伴共享的需求信息通常并未以整合的方式应用于组织内部。因此,为了成功实施 CPFR,合作伙伴之间整合需求、供给、物流和企业计划成为重要的合作内容。

4.5　合同定价实现供应链协调

供应链节点企业追求自身利益最大化造成了双重边际效应,因此需要采用合同协调机制,以促进供应链在分散决策下,决策者以追求全局最优为目标,通过整体化决策实现供应链协调。实现供应链协调机制的经典合同模式有批发价合同、回购合同、收益共享合同和数量柔性合同。其中批发价合同与回购合同是最常见的合同模型,而收益共享合同与数量柔性合同则涉及供应链合作过程中节点企业的收益和产品数量的内容。

4.5.1　批发价合同

批发价合同是供应链中最为广泛和最为简单的合同关系,又称为全价合同、固定承诺合同。这种合同中,假定是由一个制造商和一个零售商组成的供应链,相关的条件有:制造商

的单位成本为 c,以一定的批发价 ω 将产量 q 分销给零售商,零售商再以某一零售价格 p 卖给最终消费者,单一制造商与单一零售商的批发价合同模型如图 4-5 所示。

图 4-5 单一制造商与单一零售商的批发价合同模型

此时,制造商获得确定性的利润 $\pi=(\omega-c)q$,而把市场需求不确定性的风险全部转嫁给零售商。批发价合同执行简单,实施成本较低,制造商因可获得无风险利润而对其倍加青睐。在备货式(make to stock,MTS)生产模式中,产品一般都是通过这种形式到达消费者手中。在需求不确定条件下,单周期批发价合同即为报童问题,算例可借助报童模型得出最优解。

1. 报童模型分析

假定这是一个单周期库存下的供应链系统,该系统由一个制造商和一个零售商组成,如图 4-5 所示。在销售季节来临时,制造商将市场的服装按 120 元/件的价格批发给零售商,该服装的市场零售价格为 200 元/件。如果零售商订货过多,在销售期末每一件没有卖出去的服装只能按 100 元/件的残值价格折价处理,且每件未售出的服装产生的库存成本为 5 元。制造商的生产成本 50 元/件。

根据过去几年的需求情况,采购员分析得出这种服装的市场需求分布,制造商要求零售商以 100 件的倍数为批量进行采购。市场对该服装的需求概率分布见表 4-5。

表 4-5 服装的市场需求概率分布

需求 x_i/件	概率 $f(x_i)$	需求 x_i/件	概率 $f(x_i)$
300	0.01	1000	0.20
400	0.02	1100	0.11
500	0.04	1200	0.10
600	0.08	1300	0.04
700	0.09	1400	0.02
800	0.11	1500	0.01
900	0.16	1600	0.01

(1) 计算预期的市场需求。

使用历史市场需求数据的平均值作为未来市场需求的预测值。已知不同需求数量概率值,则有预期市场需求值的公式为:预期市场需求 $\overline{X}=\sum_{i=1}^{n}x_if(x_i)$。

$$\overline{X}=\sum_{i=1}^{n}x_if(x_i)=300\times0.01+400\times0.02+500\times0.04+600\times0.08+700\times0.09+$$
$$800\times0.11+900\times0.16+1000\times0.20+1100\times0.11+1200\times0.10+$$
$$1300\times0.04+1400\times0.02+1500\times0.01+1600\times0.01$$
$$=926(件)$$

由于市场需求是不确定的,采购员在订购 900 件服装的策略下,零售商的服务水平=

0.01＋0.02＋0.04＋0.08＋0.09＋0.11＋0.16＝0.51,这样的服务水平明显是不符合零售商的要求的,采购员必须确定订货量和服务水平,确保销售商获得的利润最大化。

每件未售出的服装的损失及每件售出的服装的收益,都会影响零售商的采购数量决策。根据给定的条件计算:

$$每件未售出的服装产生的损失 = 120 - 100 - 5 = 15(元)$$
$$每件售出的服装产生的利润 = 200 - 120 = 80(元)$$

当采购员对服装的订购量为 900 件时,

$$
\begin{aligned}
零售商预期利润 =& (300 \times 80 - 600 \times 15) \times 0.01 + (400 \times 80 - 500 \times 15) \times 0.02 + \\
& (500 \times 80 - 400 \times 15) \times 0.04 + (600 \times 80 - 300 \times 15) \times 0.08 + \\
& (700 \times 80 - 200 \times 15) \times 0.09 + (800 \times 80 - 100 \times 15) \times 0.11 + \\
& 900 \times 80 \times (0.16 + 0.2 + 0.11 + 0.10 + 0.04 + 0.02 + 0.01 + 0.01) \\
=& 63\ 400(元)
\end{aligned}
$$

计算得出,在采购员确定订购量是 900 件时,不同市场需求下预期利润变化如图 4-6 所示。

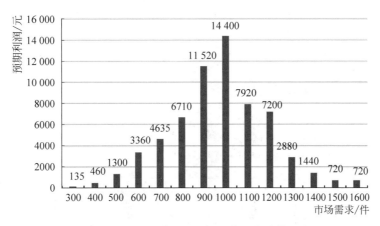

图 4-6　不同市场需求下预期利润变化

(2) 基于边际贡献值的最优订购量。

为了决定是否订购 1000 件服装,采购员必须确定多订购 100 件服装对销售利润的影响。在订购 1000 件服装的情况下,如果市场需求大于等于 1000 件,那么多购买的 100 件将全部售出(获得的利润＝100×80＝8000 元);反之,如果多购买的 100 件销售不出去,产生了损失(产生的成本＝100×15＝1500 元)。从表 4-5 可以看出,需求大于等于 1000 件服装的概率是 49%,需求小于 1000 件服装的概率是 51%,因此,可推导得出:

$$多购买 100 件服装的预期利润 = 8000 \times 51\% - 1500 \times 49\% = 3345(元)$$

因此,

$$订购 1000 件服装的总预期利润 = 63\ 400 + 3345 = 66\ 745(元)$$

相比于订购 900 件服装时的预期利润变化＝(3345÷63 400)×100%＝5.3%

继续以算例中的数据为依据,计算出每增加 100 件服装时的边际贡献,随着订购量的增加,预期的边际贡献会逐渐减少,最后出现负增长,由此确定最佳的订购量。服装订购量以 900 件为基数增加每增加 100 件带来边际贡献见表 4-6。

表 4-6　服装订购量以 900 件为基数增加每增加 100 件带来的边际贡献

900 件为基数/件	预期边际收益/元	预期边际成本/元	预期边际贡献/元	累计边际贡献/元
1000	8000×49％＝3920	1500×51％＝765	3155	3155
1100	8000×29％＝2320	1500×71％＝1065	1255	4410
1200	8000×18％＝1440	1500×82％＝1230	210	4620
1300	8000×8％＝640	1500×92％＝1380	−740	3880
1400	8000×4％＝320	1500×96％＝1440	−1120	2760
1500	8000×2％＝160	1500×98％＝1470	−1310	1450
1600	8000×1％＝80	1500×99％＝1485	−1405	45

从表 4-6 中可以看出,服装订购量增加到 1200 件时,边际贡献值为正值,增加到 1300 件时,边际贡献出现负值,因此,服装的最优订购量应该是 1200 件。由表中的累加边际贡献值可以计算出:

当订购 1200 件服装时的预期利润＝63 400＋4620＝68 020(元)

对比按照历史数据计算得出的预期订购量 900 件时的预期利润,可获得的预期利润变化率＝(4620÷63 400)×100％＝7.29％。基于边际贡献值计算获得的最优订购量也可以通过边际贡献值的累计值变化直观地反映出来。基于边际贡献累计值变化的反映的最优订购量如图 4-7 所示。

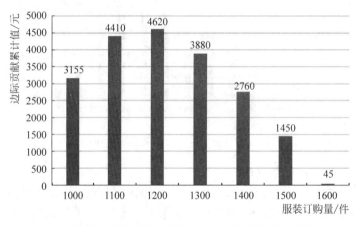

图 4-7　基于边际贡献累计值变化的反映的最优订购量

由图 4-7 可以看出,最优订购量能够达到预期利润最大化。采购员确定以 1200 件作为订购量时,此时的需求满足率为 92％,如果市场需求小于等于 1200 件服装时,所有需求得到满足,满足率达到 100％;如果市场需求超过 1200 件服装(假设市场需求量为 D),则部分需求($D-1200$)得不到满足,在这种情况下,满足率为 $1200/D$,计算在订购量为 1200 件服装时的市场需求满足率。

市场需求满足率＝1×市场需求小于等于 1200 件的满足率＋(1200/1300)×4％＋
(1200/1400)×2％＋(1200/1500)×1％＋(1200/1600)×1％
＝1×92％＋3.7％＋1.7％＋0.8％＋0.75％＝98.95％

因此,在订购量为 1200 件服装时,零售商的库存能够满足 98.95％的客户需求。

2. 报童模型的解析

假设以 Q^* 为采购员的最优订购量，$F(x)$ 表示销售季节中当需求 $x \leqslant Q^*$ 的累计市场需求概率，如果订购量从 Q^* 增加到 $Q^* + 1$，那么只有当市场需求量大于 Q^* 时，增加的这 1 单位产品才能被销售出去，发生的概率是 $1 - F(x)$，增加的边际贡献是 $p - \omega$，即多订购的 1 单位产品的预期利润＝$[1 - F(x)](p - \omega)$；反之，如果市场需求 $x \leqslant Q^*$，增加订购的 1 单位产品销售不出去，产生的成本是 $\omega - s$，即多订购的 1 单位产品的预期成本＝$F(x)(\omega - s)$。因此，采购员对服装的订购量从 Q^* 增加到 $Q^* + 1$ 的预期边际贡献表达式为 $[1 - F(x)]$ $(p - \omega) - F(x)(\omega - s)$。

根据企业利润最大化原理：边际成本＝边际利润的原理，

即

$$[1 - F(x)](p - \omega) - F(x)(\omega - s) = 0$$

故

$$F(x) = \frac{p - \omega}{p - s}$$

该式表示最优订购量时的客户服务水平。

3. 批发价合同的应用

批发价合同因执行简单、监管成本低、制造商可获得无风险利润而受到青睐。在备货式生产模式中，一般均采用该合同。由于该合同模式存在着不可忽视的弊端，因此，为了激励零售商多订货，在此基础上衍生出了价格折扣合同、销售返点合同等形式。

批发价合同被作为最基本的合同形式，成为了其他类型合同的一个比较基准。虽然批发价合同具有实施过程中监管成本低等优势，但相对于供应链绩效来说，不能较好地体现供应链管理风险共担、收益共享的理念，因此，其他合同模式如回购合同、收益共享合同、数量柔性合同、期权合同等合同形式应运而生。

4.5.2　回购合同

在批发价合同形式下，零售商由于受销售不出去的产品造成损失的影响，权衡最优订购量，在市场需求不确定性加剧的情况下，因为零售商同时在销售不同供应商的同类产品，消费者在某一品牌缺货时，他们会选择其他制造商提供的同类产品，所以零售商更加关注销售不出去造成的损失。供应商为了减少零售商及其自身的销售机会损失，就会考虑分担零售商的销售不出去造成的损失，实现对零售商的订购量激励。

1. 回购合同的含义

回购合同是指制造商在销售季节结束后，将零售商没有售出的部分货物按一定价格回购，回购价格通常高于该商品的市场残值，但低于零售商订购的价格。其目的是给销售商一定的激励保护，引导零售商增加订购量，将需求的不确定性产生的风险由制造商和零售商共同承担，平衡它们的边际利润和边际成本，达到供应链协调。回购合同被广泛应用于生命周期较短的产品，另外，在市场需求波动显著的外部环境中应用也比较多，如电子元器件、图书、服装等产品。单一制造商和单一零售商的回购合同模型如图 4-8 所示。

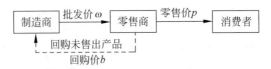

图 4-8　单一制造商和单一零售商的回购合同模型

2. 回购合同的协调

以音像店销售的唱片为例。若制造商制造每张唱片的成本是 1 元,它以每张唱片 5 元的批发价销售给音像店,音像店以 10 元/张的零售价格销售给最终的消费者。若销售一张唱片,音像店可获得利润是 $p-\omega=5$(元),假设每张唱片的残值 $s=0$,则每张没有售出的唱片产生的成本为 $\omega=5$ 元。已知市场对唱片的需求服从正态分布,得到唱片的正态分布均值为 $\mu=000$,标准差为 $\delta=300$。在批发价合同下,

$$F(x)=\frac{p-\omega}{p-s}=\frac{10-5}{10-0}=0.5$$

即客户服务水平为 50%,根据正态分布函数计算最优订购量 Q^*,首先查表可知,当 $F(x)=0.5$ 时的概率密度,得到 $z(x)=0$;其次计算最优订购量:

$$Q^*=\mu+\delta z(x)=1000+300\times0=1000(件)$$

若音像店依据计算得到的最优订购量订购,并全部销售出去,则音像店的销售利润为 $1000\times5=5000$ 元;实际上,计算得出的最优订购量 1000 件可能有一部分唱片销售不出去,产生预期超储量,参考苏尼尔·乔普拉著作中对预期超储量公式的推导结果:

$$Q_{\text{预期超储量}}=(O-\mu)F_s\left(\frac{O-\mu}{\sigma}\right)+\delta f_s\left(\frac{O-\mu}{\delta}\right)$$

F_s 和 f_s 分别为累计标准正态分布函数和标准正态分布密度函数。据此计算音像店在批发价合同下的 $Q_{\text{预期超储量}}=(1000-1000)\times0+300\times0.399=120$(张)。

则批发价合同下音像店的预期利润$=1000\times5-300\times0.399\times5=3803$(元);供应链的预期利润$=$音像店的预期利润$+$制造商的预期利润$=3803+1000\times(5-1)=7803$(元)。

在回购合同下,从供应链来说,每销售出去一张唱片,制造商和音像店共有单张音像的利润是$(5-1)+5=9$(元/张),未售出的一张唱片仅有损失为 1 元/张,因此,对于整条供应链来说:

$$F(x)=\frac{p-c}{p-s}=\frac{10-1}{10-0}=0.9$$

当 $F(x)=0.9$ 时,查标准正态分布概率表得出 $z(x)=1.28$。

此时的音像店最优订购量 $Q^*=\mu+\delta z(x)=1000+300\times1.28=1384$(张)。此时音像店的预期退货量 398 张,供应链的预期利润$=(1384-398)\times9-398\times1=8476$ 元。因此,相比于零售商单独制定订货决策,供应链整体利润增加值为 $7803-8476=676$ 元。

在考虑不同批发价格和回购价格的情况下,可获得回购合同下的制造商与零售商音像店订货数量和利润的变化情况。不同回购合同下制造商-音像店供应链的订货数量和利润,见表 4-7。

表 4-7 不同回购合同下制造商-音像店供应链的订货数量和利润

批发价格 c/元	回购价格 b/元	需求概率 $F(x)$	不同概率下的 Z 值	音像店的最优订购数量/张	音像店的预期利润/元	音像店的预期退货量/张	制造商的预期利润/元	供应链的预期利润/元
5	0	0.50	0.00	1000	3803	120	4000	7803
5	2	0.63	0.32	1096	4090	174	4035	8125
5	3	0.71	0.56	1170	4286	223	4009	8295
6	0	0.40	−0.25	924	2841	86	4620	7461
6	2	0.50	0.00	1000	3043	120	4761	7804
6	4	0.67	0.44	1129	3346	195	4865	8211
7	0	0.30	−0.56	843	1957	57	5056	7013
7	4	0.50	0.00	1000	2282	120	5521	7803
7	6	0.75	0.68	1202	2619	247	5732	8351

由表 4-7 可以看出,在不同的批发价格下,音像店得到不同的最优订购量,产生的预期退货量不同,且产生的利润随着价格和订购数量的调整而变化,利润的变化是上下波动的变化;对于制造商来说,随着批发价格的提高,其利润在逐渐增加;对于供应链整体的预期利润而言,也是随着音像店的利润上下波动而浮动,但相对批发价合同而言,回购合同促使供应链整体利润增加。例如,以唱片批发价 7 元/张为例,当采用批发价合同时,供应链整体预期利润是 7013 元,若采用回购合同,唱片回购价格为 6 元/张时,供应链总体利润增加了 $(8351-7013)/7013×100\%=19.07\%$。在回购合同下,音像店唱片销售不出去的部分风险由制造商承担,因此促使音像店增加唱片订购量,制造商承担的风险由音像店订购量的增加得到了补偿。不同回购合同下音像店、制造商和供应链的预期利润如图 4-9 所示。

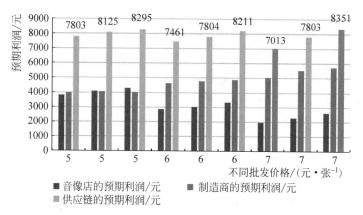

图 4-9 不同回购合同下音像店、制造商和供应链的预期利润

3. 回购合同的变形

当批发价格上升时,作为供应商应该相应地提高回购价格以达到最优利润。对于固定的批发价格,当回购价格上升时,零售商订货越多,制造商和零售商的利润也越高,供应链的整体利润增加。案例中,设定的退货成本为 0,因为退货成本会降低供应链的利润,所以当考虑到退货成本时,回购合同的积极性被削弱。如果退货成本很大,回购合同使得供应链的

总利润大大降低,回购合同的优势就不复存在。

分析案例得到的结果是对于固定的批发价格,提高回购价格总能增加零售商的利润。存在一个正的回购价格,通过这个回购价格,制造商可以赚取比不提供回购时更多的利润。另外,制造商的毛利润越高,回购给制造商带来的利润就越大,因此回购机制对制造商有利。如果回购价格等于批发价格,就是现实中采用的寄售价格。

在有些行业中,制造商通过持有成本补贴或者价格支持来鼓励零售商订购更多的产品。持有成本补贴就是制造商向零售商补贴那些超过一定期限的库存,这在汽车供应链中非常普遍。在高科技行业中,由于电子产品的贬值快,因此制造商通过向零售商提供价格支持来分担产品折旧带来的风险。许多制造商保证一旦产品降价,也会降低零售商目前持有的所有库存产品的价格。因此,零售商的超储成本只包括资金和空间的存储成本,而不包括折旧成本。持有成本补贴货物价格支持是回购合同模式的变形。

4. 回购合同的不足

回购合同相对于批发价合同而言,更能适应市场的不确定性,提高了供应链的整体效益,一定程度上实现了供应链的协调,但是依旧存在着不足。

(1) 回收和处理剩余库存产生的物流成本。

(2) 回购合同部分条款有可能导致销售商销售热情降低。

(3) 回购合同有可能导致供应商响应的是零售商的订单,而不是真正的市场需求。

4.5.3 其他常见的供应合同

1. 收益共享合同

在这种合同中,供应商拥有商品的所有权,决定批发价格,而收益共享的比例则由零售商决定。对于每一件卖出的商品,零售商根据事先确定的收益共享比例,从销售收入中扣除应当享有的份额,然后将剩余部分收益交给供应商。

2. 数量折扣合同

该合同规定,在一定时期内,供应商根据零售商承诺购买的数量,按照一定的比例对价格进行调整。数量折扣合同在实际交易中非常普遍,通常使用的方式有两种:全部单位数量折扣和边际单位数量折扣。当使用前者时,供应商按照零售商的购买数量,对所有产品都给予一定的价格折扣;而后者只对超过规定数量的部分给予价格折扣。有研究表明,在确定性需求或者不确定性需求下,数量折扣适用于风险中性和风险偏好类型的零售商。

3. 最小购买数量合同

在最小购买数量合同下,零售商在期初做出承诺,将在一段时期内向供应商购买至少一定数量的商品。通常供应商根据这个数量给予一定的价格折扣,购买商品的单位价格将随着数量的增加而降低。这种合同在电子产品行业比较普遍。

4. 数量柔性合同

交易双方拟定合同,规定在每一个周期内合适的订货量的波动率。在使用这种合同时,零售商承诺一个最小的购买量,然后可以根据市场实际情况,在最低和最高订货范围内选择实际的订货量。按照合同规定,供应商有义务提供低于最高采购数量的产品数量。这种方式能够有效地遏制零售商故意高估市场需求,导致供应链库存增多的不利现象。

5. 带有期权的数量柔性合同

在这种合同模型中,零售商承诺在未来各期购买一定数量的产品,同时它还向供应商购买了期权。这种期权允许零售商可以在未来以规定的价格购买一定数量的产品,从而获得调整未来订单数量的权利。

6. 备货合同

零售商和供应商经过谈判后,双方拟定合同为零售商提供一定的采购灵活性。备货合同的流程为零售商承诺在销售旺季采购一定数量的产品,供应商按零售商承诺数量的某一比例为其保留产品存货,并在销售旺季到来之前发出所预存的产品。在备货合同中,零售商可以按照原始的采购价格购买供应商为其预留的产品,并及时得到货物,但要为没有购买的部分支付罚金。

7. 质量担保合同

质量问题导致了零售商和供应商谈判的矛盾。供应商掌握自身的生产质量水平,拥有信息优势,而零售商却处于信息劣势。由于信息不对称,会产生两个问题:①由于不具备提供某种质量水平的能力,供应商可能会做出错误的质量承诺,而零售商不能正确辨别供应商的能力,于是产生了错误选择;②供应商可能存在恶意的欺骗行为,导致了严重的道德问题。为了保证零售商和供应商自身的利益不受侵犯,并保证供应商绩效最优,签订合同的谈判双方必须在一定程度上实现信息共享,运用合作激励机制,设计质量惩罚措施,当供应商提供不合格产品时,对其进行严厉的惩罚。

4.5.4 供应合同在供应链协调中的作用

供需双方签订合同,不但克服了"牛鞭效应"和双重边际效应等多种不利影响因素,有效地实现供应链的协调运作,而且可以保障供应链企业之间的合作关系,共同改善供应链绩效。

1. 削弱"牛鞭效应"的不利影响

供应链信息扭曲放大产生了"牛鞭效应",对于供应链节点企业造成巨大的危害。签订供应合同,以促进供需信息的对称,降低"牛鞭效应"的负面影响,进而降低供应链中的库存。供应合同同时具有柔性和相对稳定的优点,在供应链中,每个节点企业不必再维持较高的安全库存。通过信息共享,避免不必要的预测,避免"牛鞭效应"。

2. 降低和消除双重边际效应

供应链的双重边际效应即供应链上各个节点企业都试图使自身利润最大化,而不可避免地损害供应链的整体利润。供应合同就是为了尽量减少这种损害而产生的解决方法。供应合同通过调整供应商成员关系,达到协调供应链的目的,使分散决策下供应链的整体利润与集中系统下的利润尽可能相等。即使无法实现最优的供应链协调,也可能存在帕累托最优解,使得每一个节点企业的利润至少不低于原来的利润。供应链各节点企业通过签订不同类型的供应合同,在合同的约束下,供需双方克服双重边际效应所导致的供应链效率低下及渠道利润减少的问题,使供应链协调性增强。

3. 增强供应链节点企业合作关系

协调供应链的建立,需要节点企业之间形成合作关系,进而形成战略联盟。供应链合同以书面形式保证合作企业的权利和义务,使这种权利和义务具有法律效力,即使企业之间的信任机制不健全,也能够实现供应链合作企业之间的紧密合作,加强信息共享,相互进行技术交流和提供技术支持。合同的特性就是要体现供需双方收益共享和风险共担的原则,从而使供应链合作企业达到帕累托最优。依据合同中条款的改变,供应链承担的风险在供应链上不同节点企业之间发生转移,从而影响零售商和供应商的决策,稳固节点企业相互之间的长期合作伙伴关系,减弱彼此的不信任感,实现双赢,形成战略联盟,提高供应链的总体收益。

【复习思考题】

1. 简答题

(1) 说明"牛鞭效应"的含义,简要说明产生的原因。

(2) 说明双重边际效应的含义。

(3) 供应链协调的障碍因素有哪些?

(4) 简要说明提高供应链协调性的管理措施。

(5) 说明批发价合同模型建立的基本原理。

(6) 说明回购合同模型建立的基本原理。

(7) 对比批发价合同和回购合同的不同,说明回购合同的优点。

(8) 说明供应合同在供应链协调中的作用。

2. 计算题

(1) 某公司是一家羽绒服零售商,每件羽绒服的采购成本为 80 元,售价为 125 元,公司在销售季节开始时进行一次订货,目前,公司在销售季节结束时,会将未售出的羽绒服以 70 元/件的价格折价处理掉。每件羽绒服在季节结束之后的库存成本是 10 元。已知羽绒服的需求服从均值为 4000 件,标准差为 1750 件的正态分布。

① 假设只进行一次订货,公司应为销售季订购多少件羽绒服?

② 上述策略的预期利润是多少?

③ 销售季节结束时,预期有多少积压库存将折价销售?

(2) 出版商以 12 元/本的价格向书店销售某种图书。出版商的生产成本是 1 元/本。书店对顾客的销售价格为 24 元/本,并预计未来两个月的需求服从正态分布。均值为 20 000 本,标准差为 5000 本。书店每两个月为一个周期,仅在期初向出版商发出一次订单。目前,在每个月周期期末。书店以每两个月为一个周期,仅在期初向出版商发出一次订单。目前,在每两个月周期期末,书店以 3 元/本的折扣价格处理未售出的所有图书,所有没有按全价售出的图书均按此价格出售。

① 书店应订购多少图书? 预期利润是多少? 预期以折扣价销售的图书有多少?

② 书店在这种情况下,出版商的利润是多少?

③ 如果出版商在两个月的周期期末以 5 元/本的价格对未售出的图书进行回收,书店的预期利润是多少? 预期未售出的图书有多少本? 出版商的预期利润是多少?

第 5 章　供应链采购决策

思政案例

【主要内容】

本章划分为 5 节内容,分别讲述采购管理概述、供应链采购组织设计、供应链环境下的采购模式、供应商开发与管理和供应商绩效评价与关系维护。对供应链环境下分散型采购组织、集中型采购组织和混合型采购组织进行详细讲解;同时对供应链环境下的采购模式进行阐述。建立供应商绩效评价指标体系,并采用合理的方法进行绩效评价。

【学习目标】

通过 5 节内容的学习,掌握采购与采购管理的概念、采购管理控制要点。熟悉供应链采购组织设计,了解分散型、集中型和混合型采购组织的异同。理解供应链环境下的采购模式,掌握数字化采购和采购云平台模式。了解供应商开发的意义和供应商管理的内容。掌握供应商绩效评价的方法。

【引导案例】

永辉超市的生鲜供应链策略

永辉超市在生鲜品经营上有着独特的策略。从 1998 年创立开始,经过 20 多年的探索和努力,永辉超市在生鲜商品的质量方面具有较强竞争力。这种竞争力不仅体现在永辉超市商品陈列、气氛营造方面的专业素质,更体现在其对上游供应链体系管理的独到之处——源头直采。

例如,在采购海鲜商品时,永辉超市会把采购船开到海中渔船旁实现直接采购。这也是永辉超市在商超水产行业中罕有对手的原因。而在水果供应链管理上,永辉超市常常包下整个果园,然后按等级分拣水果。低等级的水果放进卖场促销,而高等级的水果作为利润产品。因此,当市场中的西瓜还是 1 元/斤的时候,永辉超市中的西瓜却可以用 0.12 元/斤的价格进行促销。在肉品分割方面,普通超市的肉品是分割好的,等着顾客来买,而永辉超市的肉品则是现场分割,在顾客明确购买禽类的某个部位后,员工再进行肉品切割,这精准满足了顾客的餐桌需求。

上述管理措施的重要支撑因素是永辉超市与众不同的生鲜经营管理团队。其团队内有一大批生鲜管理专家、采购专家、水产养殖专家,这形成了永辉超市独有的供应链管理资源。该团队帮助永辉超市通过供应链整合来控制定价权。为此,永辉超市与下游伙伴进行深度合作,减少中间环节,强化采购议价能力并进行源头直采。永辉超市通过各方面的突破口,与合作伙伴产生协调效应,打造垂直供应链,把更多更好的产品提供给消费者,将商品和服务连接起来。目前,永辉超市年营收突破 600 亿元。生鲜产品收入占比达 45%,比同行高出 20% 左右。

5.1　采购管理概述

采购管理首要的职能是实现对整个企业的物资供应,保障企业生产和生活的正常进行。企业生产需要原材料、零配件、机器设备和工具,生产线一旦开动,各类物资必须到位,缺少任何一样物资,生产线就无法正常运转。在市场竞争越来越激烈的今天,企业之间的竞争就是供应链之间的竞争。为了有效地生产和销售,企业需要一大批供应商企业的支持,相互之间协调配合。一方面,只有把供应商组织起来,建立起供应链系统,形成一个协调配合的采购环境,才能保证采购供应工作的高效顺利进行;另一方面,在企业中只有采购管理部门与供应商打交道的机会最多,需要通过耐心细致的工作,建立起友好协调的供应商关系,从而建立起供应链,并进行供应链运作和管理。同时,除了是企业和资源市场的物资输入窗口之外,企业的采购管理部门也是企业和资源市场的信息接口。因此除了保障物资供应、建立起友好的供应商关系之外,采购管理还要随时掌握资源市场信息,并反馈到企业管理层,为企业的经营决策提供及时有力的支持。

5.1.1　采购相关概念

1. 购买、采购和战略采购的含义

购买、采购和战略采购都与买东西有关,从字面意义来看,三个名词具有相同点,但由于使用的环境不同,三者既相互联系,又各有侧重。在实际应用中,三个名词在某种程度上被互换使用。在企业的快速发展过程中,采购正作为一个独立的行业走向市场的前台。高效的采购管理对于企业优化运作、控制成本、提高产品和服务质量及持续性盈利等方面至关重要。

（1）购买。

其职能是负责管理组织采购程序和标准。在业务设置上,这一活动包括购买产品和服务。购买订单的部署和处理,有利于这一活动的进行。通常情况下,购买活动存在于正式采购过程中。

（2）采购。

从狭义上来说,采购是企业购买货物和服务的行为;从广义上来说,采购是企业取得货物和服务的过程。一般采购是指在一定的条件下,企业从供应市场获取产品或服务作为企业资源,以保证企业生产及经营活动正常开展的一项企业经营活动。本质上是指管理与组织对于采购商品或服务的需求相关的一个广泛的过程,这些商品和服务是整个组织和其供应链所需要的。例如,产品或服务的获取、供应商选择、价格协商、合约管理、交易管理,以及供应商绩效管理等都属于采购过程。

（3）战略性采购。

战略性采购过程比采购过程更加广泛和全面,它是一种可确保优先采购事项与供应链目标保持一致的有效方式。另外,依靠有效的战略性采购流程有助于实现供应链节点企业之间与企业其他领域的协调和协作。

2. 采购向战略性采购的演变

一般来说,购买被看作一种简单的买东西的行为,而将采购和战略性采购看作购买的过

程。采购向战略性采购演变的过程中,兼顾新技术的应用,已经形成了供应链节点企业之间的关键连接。采购过程的战略性演变如图 5-1 所示。

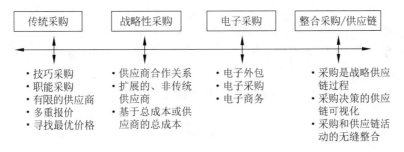

图 5-1　采购过程的战略性演变

战略性采购的特征主要体现在以下几个方面。

(1) 购买能力的整合和应用。

如果企业中每一个部门都独立作出采购决策,将会导致最终支出将高于协调之后的采购支出。纵观一个企业购买的所有物品可以发现,通过整合购买力能实现显著的成本节约,并且可以通过更少供应商数量实现大量物资的购买。

(2) 重视采购的价值。

一个企业常优先考虑以尽可能低的成本采购所需要的物品,在实施的过程中,可能会错过具有更大价值的机会。例如,若基于购置成本购买打印机等办公用品可能忽略与打印机使用的碳粉、维修等有关的长期成本。因此,相较于获取时的低成本,企业应更加重视物资的价值。

(3) 注重与供应商的合作关系。

在战略性采购策略下,企业在与供应商建立长期合作关系,从双赢的角度出发,减少供应商数量,注重与有限数量供应商的长期合作。根据采购类型去发展真正意义上的合作伙伴关系,不断提高采购过程的工作效率。

(4) 采购过程不断优化。

战略性采购除了关注有效采购实践的要求,还将注意力集中在与正在考虑的特定的相关采购业务流程上,形成更加有意义的供应商关系。不断进行采购过程的流程重组和简化是战略性采购的关键因素。

(5) 采购团队合作与专业化。

团队观念是战略性采购成功的关键。利用跨职能团队的合作,形成专业化的采购队伍,并允许供应商和客户组织的代表加入其中,这使采购物资的质量更符合企业和客户的要求,为供应商的创新性活动创造了条件。

5.1.2　采购管理含义和内容

1. 采购的范围

采购的范围是指采购的对象或标的,它涵盖有形的物品和无形的劳务。

(1) 有形的物品,是指看得见、摸得着、有物质实体的物品,包括原料、半成品和零部件、成品、维护和运营部件、生产支持件、软件产品、设备等。

(2) 无形的劳务,是指看不见、摸不着,但可以感受得到的、能满足人们需要的服务功能项目,如运输、仓储、售后服务、工程服务等。

2. 采购管理的定义

采购管理,是指为保障企业物资供应而对企业采购进货活动进行的计划、组织、指挥、协调与控制活动。

3. 采购管理的内容

为了实现采购管理的基本职能,采购管理需要一系列业务内容和业务模式,一个完整的采购管理过程包含了 8 个部分的内容,采购管理的过程如图 5-2 所示。

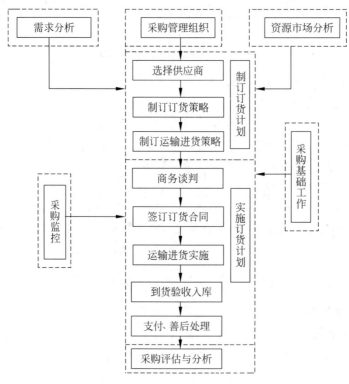

图 5-2　采购管理的过程

（1）采购管理组织。

采购管理组织是采购管理的基本组成部分。为了搞好复杂繁多的采购管理工作,企业需要一个合理的管理机制和一个精干的管理组织机构,同时需要相关采购管理人员和操作人员。

（2）需求分析。

需求分析就是要搞清楚企业需要采购什么物资、需要采购的量、什么时候需要什么物资、需要多少的问题。企业的物资采购部门应当掌握整个企业的物资需求情况,制订物料需求计划,从而为制订出科学合理的采购计划做好准备。

（3）资源市场分析。

资源市场分析是指根据企业所需求的物资品种,分析资源市场的情况,包括资源分布情况、供应商情况、品种质量、价格情况、交通情况等。资源市场分析的重点是供应商分析和物资品种分析,进行分析的目的是为制订采购订货计划作准备。

（4）制订订货计划。

制订订货计划是指根据需求品种情况和供应商的情况，制订出切实可行的采购订货计划，包括选择供应商、确定采购品种、选择具体的订货策略、确定运输进货策略及制订具体的实施计划等。解决什么时候订货、订什么货、订多少货、向谁订购、怎么订购、怎样安排进货频次、怎么支付等一系列计划问题，为整个采购订货计划制定一个框架。

（5）实施订货计划。

实施订货计划是指把制订的订货计划分配落实到个人，根据既定的订货计划进度实施，具体包括联系指定的供应商、进行商务谈判、签订订货合同、运输进货、到货验收入库、支付货款及善后处理等。通过这样的具体活动，最后完成一次完整的采购活动。

（6）采购监控。

采购监控是指对采购过程进行的监督与控制活动，包括对采购有关人员、采购资金、采购流程规范性进行的监控。确保采购过程符合要求。

（7）采购基础工作。

采购基础工作是指为建立科学、有效的采购系统，需要进行的一些基础性建设工作，包括管理基础工作、采购软件基础工作和采购硬件基础工作，为采购人员顺利开展采购活动创造条件。

（8）采购评估与分析。

采购评估是指在一次采购完成后对这次采购的分析与评价，即在月末、季末、年末对一定时期内的采购活动的总结评价。主要评估采购活动的效果、总结采购活动中的可取之处和经验教训、找出问题、提出改进方法等。通过总结评估，肯定成绩，对发现的问题制定改进措施，进而不断提高采购管理水平。

5.1.3　采购管理控制要点

采购作业流程会因采购物资的来源（国内采购或国外采购）、采购的方式（议价、比价、招标）、采购的对象（物料、工程发包等）的不同而不同，但基本的步骤大同小异。从采购管理的业务内容和模式可以看出采购管理应考虑的问题和控制要点。企业采购管理相关问题如图 5-3 所示。

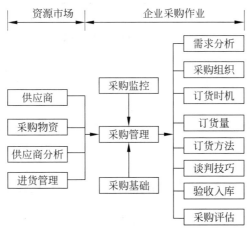

图 5-3　企业采购管理相关问题

5.1.4 供应市场环境分析

供应商在供应市场所处的地位不同,企业采购面向供应商所拥有的选择权限、空间,以及供应商所能提供的资源和配套服务也均不同。因此,企业的采购部门与供应商在合作模式和管理方式上也存在着相应差别。常见的供应市场大多受制于竞争表现和资源分配,常见的供应市场环境类型见表 5-1。

表 5-1　常见的供应市场环境类型

	竞 争 类 型	说　　明
根据物料品类特性评价该行业的供应市场环境	完全垄断	品类符合标准的供应商仅有一家
	寡头垄断	品类符合标准的供应商仅有少数几家
	不完全竞争	品类符合标准的供应商较多,匹配区域的供货资源较少
	完全竞争	品类符合标准的供应商较多,匹配区域的供货资源充足

针对不同供应市场环境的供应商,企业所采用的采购策略也不尽相同。例如,对处于寡头垄断环境下的供应商 A 和处于完全竞争环境下的供应商 B,企业常采用的采购策略为:针对供应商 A,更侧重于与其顺利合作,以保证生产,同时培育替代供应商;针对供应商 B,企业更侧重于成本、质量交付和库存等能力的考核。

5.1.5 物料需求度的分析和分类

除了供应市场环境的不同,物料间的差异也会影响到采购策略。采购方对不同物料的需求度不同,对供应这些物料的供应商、企业的依赖度也不一样。供应市场与物料的相关性如图 5-4 所示。

图 5-4　供应市场与物料的相关性

1. 战略物料

战略物料是指对企业来说非常重要,同时供应市场又比较复杂,企业难以获得的物料。

2. 杠杆物料

杠杆物料是指对企业来说非常重要,但由于市场上供应商比较多,企业较容易获得的物料。

3. 瓶颈物料

瓶颈物料是指在企业经营中重要性并不高,但供应市场比较复杂,物料供应的稳定性差的物料。

4. 一般物料

一般物料是指对企业来说不太重要,市场上供应商比较多,企业较容易获得的物料。

物料的重要性决定了供应商的重要性。采购部门对不同重要度物料运作模式的不同，反映在采购策略中则体现为不同的采购策略。例如，常见非生产类采购项目中的办公用品，因其简单且可标准化，常被划分到一般物料中，适合采用集中采购或电子化采购等方便、快捷的方式。针对重要程度不同的物料的采购策略定位见表 5-2。

表 5-2　采购策略定位

物料分类 项目	战略物料	杠杆物料	一般物料	瓶颈物料
物料特点	价值高,质量标准高	价值较高,数量多	价值低,数量较多	价值较低,数量少
物料类别	关键部件	原材料	办公用品	辅料、配件
采购战略	战略联盟	长期合作伙伴	一般交易关系	一般交易关系
管理重点	供应商管理	目标价格管理	管理成本最小化	替代备用方案
供应商数量	少	较多	很多	少
采购方式	长期合同	集中竞价	网上采购,代理采购	长期合同
库存水平	中等或零库存	较低	低或零库存	较高

5.2　供应链采购组织设计

若将采购看作业务活动，那采购组织在企业中将会处于较低的地位；但若将采购视为一个重要的竞争因素，并且对企业具有重要的战略意义，那么采购组织就处于较高的地位。企业根据使用物资的种类、数量、质量等要求，对采购组织机构进行设置，从而确定企业需要的物资采用集中采购还是分散采购，或者结合实际将集中采购与分散采购相结合，从而促使采购职能归属于企业部门。据此，采购组织的基本类型有分散型采购组织、集中型采购组织和混合型采购组织。

5.2.1　分散型采购组织

1. 分散型采购组织的特点

分散型采购是指与采购相关的职责和工作分别由不同部门来执行。例如，企业物料或商品需求计划可能由制造部门或者销售部门来拟定；采购工作可能由采购部门或者销售部门掌管；库存责任则可能将成品归属于销售部门，将制品归属于制造部门，将原材料或零部件归属于物料部门或仓储部门。分散型采购组织结构如图 5-5 所示。

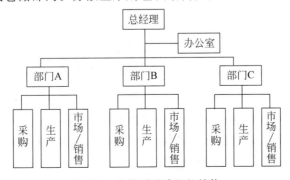

图 5-5　分散型采购组织结构

2. 分散型采购组织的优点

分散型采购组织结构中,每个部门掌握采购权,具有自主性、灵活性和多样性。适用于就地采购的物资,深受当地供应商的欢迎,同时有利于企业内部部门之间开展成本利润竞争。

3. 分散型采购组织的缺点

(1)浪费资源。各部门之间存在重叠的工作项目,例如,追踪物料供需的动态,与供应商交涉的送货、退货作业,物料采购作业数字化等,如果没有统一指挥的单位,管理工作将更加复杂,人力、设备的投资成本将更高。

(2)权责不清。由于整个物料管理的功能细分,采购作业显得凌乱复杂,个别部门之间职责不明确。例如,交货期限的延误,原因在于采购作业效率太低,或者是前一阶段的物料需求计划不当,抑或后一阶段的催货不力,部门之间经常会因发生争议而互相推诿,几乎找不到负责解决问题的部门。

(3)沟通不畅,相互冲突。不同的经营单位可能会与同一种产品进行谈判,结果达成了不同的采购条件。当供应商的能力出现不足时,不同经营单位之间又会成为真正的竞争对手。

4. 分散型采购组织的适用范围

分散型采购组织对拥有经营单位结构的跨行业多元化企业特别有吸引力,因为每一个经营单位采购的物资都是唯一的。在这种情况下规模经济只能会提供有限的优势或便利。

5.2.2　集中型采购组织

1. 集中型采购组织的特点

集中型采购组织就是将采购相关的职责或工作集中授予一个部门执行,这是为了建立综合的物料采购体系,设立一个管理责任一元化的组织部门。这个部门一般称为物料管理部门或资材部,其主要工作包括生产控制(生产计划、物料控制)、采购(采购事务、跟踪和催货)及仓储(收发料、进出货、仓储、运送)等。集中型采购组织结构如图 5-6 所示。

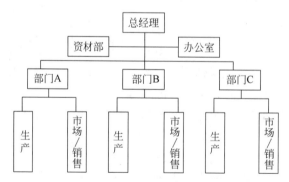

图 5-6　集中型采购组织结构

2. 集中型采购组织的优点

企业各个部门所有的采购作业交由资材部负责,资材部通过采购协作,实现规模化采购,可以从供应商那里得到更好的采购条件(价格、成本、质量、服务),同时可以促进采购作业环节和供应商向标准化的方向发展。

3. 集中型采购组织的缺点

单独经营单位的管理层只对采购的决策负有限的责任。通常的问题是经营单位的管理人员相信他们能够靠自己达到更好的目标,并将单独行动;这样,他们将逐渐削弱企业资材部的地位。

4. 集中型采购组织的适用范围

集中型采购组织适用于几个经营部门购买相同的物资,同时又满足这些部门购买战略性物资的情况。

5.2.3　混合型采购组织

1. 混合型采购组织的主要特点

混合型采购是指在企业一级的层次上存在着整个企业的采购部门,同时独立的经营部门也进行战略采购和具体采购活动。在这种情况下,企业的采购部门通常处理与采购程序、采购制度和采购方针相关的问题。此外,企业一级的采购组织对部门的采购单位有进行审计的权利,一般由下属部门提出审计申请。混合型采购组织结构如图 5-7 所示。

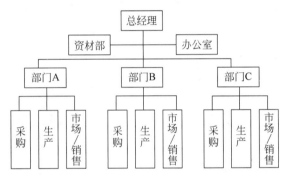

图 5-7　混合型采购组织结构

2. 混合型采购组织的优缺点

企业一级的采购部门会对战略物资采购进行详细的供应市场研究。企业部门的采购单位可以通过企业一级采购部门定期发布的小册子、公告或局域网信息,利用这些研究成果开展采购作业。另外,企业一级的采购部门还可以作为促进或解决部门或经营单位之间协调的工具。但企业一级的采购部门并不进行具体的采购活动,具体活动完全由部门或经营单位的采购单位实施。

5.3　供应链环境下的采购模式

随着信息技术的快速发展,计算机应用于各行各业。以信息技术为基础的现代物流行业快速发展,大量基于信息收集、储存、处理和传递的工具被开发应用,供应链也借助强大的信息技术发展起来。采购模式也由传统采购变迁为借助人工智能、物联网、机器人、云端协同等技术,为供应链节点企业创造价值。因此,基于信息技术的各种采购模式不断推陈出新。

5.3.1　MRP 采购

20 世纪 60 年代,MRP 在美国出现。MRP 是一种以计算机为基础的生产计划与控制系统,它根据总生产进度计划中规定的最终产品的交货日期,编制构成最终产品的装配件、部件、零件的生产进度计划,对外的采购计划,对内的生产计划。它可以用来计算物料需求量和需求时间,从而降低库存量。

1. MRP 采购原理

MRP 采购是以生产为导向,根据市场营销情况或预测等信息,将最终产品所需原料和部件的相关需求与时间阶段联系起来,以达到库存最小化并能维持交货进度的计算机信息化方法。首先,MRP 根据主生产计划(master production schedule,MPS)规定的最终产品需求总量和产品结构信息,对产品的需求进行分解,生成对部件、零件及材料的毛需求量计划;其次,根据库存状态信息计算出各个部件、零件及原材料的净需求量及需求期限,并发出订单。MRP 采购基本原理如图 5-8 所示。

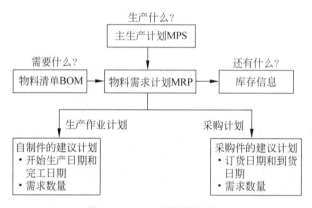

图 5-8　MRP 采购基本原理

2. MRP 采购的目标

MRP 采购的目标是以需求分析为依据,以满足库存为目的。具体来说,MRP 采购的目标为:保证在客户需要或生产需要时,能够立即提供足量的原材料、零部件、半成品或产成品;能够保持尽可能低的库存水平;能够依据需求期限,合理安排采购、运输、生产等活动,使企业各部门生产的零部件、外购件与装配的要求在时间上和数量上确保精确衔接。

3. MRP 采购的特点

MRP 采购计划规定了采购品种、采购数量、采购时间和采购到货的时间,计划比较精确、严格,具体来说,MRP 采购有以下几个特点。

(1) 需求的相关性。

在流通企业,各种需求往往是独立的,而在生产系统中,需求具有相关性。例如,根据订单确定了所需产品的数量之后,由新产品结构文件(bill of material,BOM)即可推算出各种零部件和原材料的数量,这种根据逻辑关系推算出来的物料数量称为相关需求。不但品种数量具有相关性,需求时间与生产工艺过程的决定也是相关的。

(2) 需求的确定性。

MRP 采购计划的需求都是根据主生产计划、产品结构文件和库存文件及各种零部件的市场时间或订货、进货时间精确计算出来的，品种、数量和需求时间都有严格的要求，不可改变。

（3）计划的精细性。

MRP 采购计划有充分的依据，从主产品到零部件，从需求数量到需求时间，从出厂先后顺序到产成品装配关系都作了明确的规定，没有遗漏和偏差。计划还全面规定和安排了所有的生产活动与采购活动，不折不扣地按照这个计划进行，能够保证主产品出厂计划的按期实现。

（4）计算的复杂性。

MRP 采购计划根据主生产计划、主产品结构文件、库存文件、生产时间、采购时间，把主产品所有零部件的需求数量、需求时间、先后关系等精准计算出来，其计算量根据主产品的复杂程度而变化，越复杂的产品计算量越庞大。特别是在主产品结构复杂、零部件特别多的情况下，若采用人工计算，不但耗时巨大，而且出错率很高，因此，MRP 采购的产生和发展与计算机技术的发展就形成了紧密的联系。

4. MRP 采购实施的要点

一般采购活动的基本步骤有资源调查、供应商认证、询价及洽商、生成请购单、下达采购单、采购单跟踪与跟催、验收入库、货款结算与建立台账。除了上述步骤，MRP 采购的实施还必须有一定的基础条件。其中，最重要的基础条件是 MRP 管理系统和良好的供应商管理。

（1）MRP 管理系统。

如果企业没有实施 MRP 管理系统，就谈不上进行 MRP 采购，不运行 MRP 管理系统，物料的需求计划就不可能由相关需求转换成独立需求，没有 MRP 管理系统生成的计划订货量，MRP 采购就失去了依据。而对于复杂产品的物料相关需求，依赖于手工计算根本没有可行性。若采用订货点法进行采购，必然造成零部件配备不齐或者原材料的大量库存，占用大量流动资金。因此，MRP 管理系统与 MRP 采购是相辅相成的关系，如果企业采用了MRP 系统，则它对需要购买的物料必然实行 MRO（maintenance，repair and operations）采购管理，这样才能使它的 MRP 管理系统得到良好的运行。

（2）良好的供应商管理。

MRP 采购对进货时间要求比较严格，没有严格的时间要求，MRP 采购也就失去了意义。如果没有良好的供应商管理，不能与供应商建立起稳定的客户关系，进货的时间就很难保证。除此之外，MRP 采购同一般采购管理的不同还有物料采购确定或者物料到达之后，需要及时更新数据库，这里不仅仅包括库存记录，还包括在途的物料和已发订货单数量及计划到货量。这些数据都会添加到 MRP 系统中，并作为下次运行 MRP 系统的基础数据。

5.3.2　JIT 采购

JIT 采购由准时化市场管理思想演变而来。其基本思想是：把合适数量、合适质量的产品，在合适的时间供应到合适的地点，以满足客户的需要。

1. JIT 采购原理

与面向库存的传统采购不同，JIT 采购是一种直接面向需求的采购模式，它的采购送货是直接送到需求点上的,其原理体现在:①客户需要什么就送什么,品种规格符合客户需求,不允许有次品和废品;②客户需要多少就送多少,不多送也不少送;③客户什么时候需要就什么时候送货,不早送也不晚送,确保准时送货;④客户在什么地点需要就送到什么地点。

根据 JIT 采购的原理可以看出,JIT 采购既能满足企业对物料的需求,又能使企业的库存量最小,客户需要设置库存,只要在货架上(生产企业在生产线旁边)有一点临时的存放,一天工作结束(生产线在一天生产结束,生产线机器停止运转时),这些临时存放的物料恰好用完,库存完全为零,真正实现了零库存。依据 JIT 采购的原理,一家企业的所有活动只有当需要物料的时候接受服务,才是最合算的。

2. JIT 采购的特点

JIT 采购原理说明,一个企业只有在需要物料的时候才会把需要的物料采购到需要的地点,这种做法使 JIT 采购成为一种节省而高效的采购模式。由此,JIT 采购的特点包括:①合理选择供应商,并与之建立战略伙伴关系,要求供应商进入制造商的生产过程;②实施小批量采购;③实现零库存或少库存;④交货准时,包装标准;⑤供需双方实现信息共享;⑥重视教育与培训;⑦严格的质量控制,产品符合国际标准。

3. JIT 采购与传统采购的区别

采购模式的转变与企业的生产方式存在着紧密的联系,不同的生产方式决定了不同的采购的模式,以 20 世纪 20 年代的大量生产为例,产品种类少,产品的标准化程度高,决定了采购行为大多是大批量的标准件采购。随着生产方式的改变,采购模式也发生了巨大的变化,定制化生产需要小批量、多频次的采购,采购商与供应商的关系发生了变化,注重价格的采购转变为注重成本的采购,由多家供应商供货变为少数关键供应商供货。JIT 采购与传统采购的区别见表 5-3。

表 5-3　JIT 采购与传统采购的区别

比 较 类 别	JIT 采 购	传 统 采 购
采购批量	小批量,送货频率高	大批量,送货频率低
供应商的选择	长期合作,单源供货	短期合作,多源供货
供应商评价	质量、交货期、价格	质量、价格、交货期
检查工作	逐渐减少,最后消除	收货、点货、质量验收
协商内容	长期合作,商定质量和合理的价格	短期合作,以获得最低价格为目的
运输	准时送货,买方负责安排	较低成本,卖方负责安排
文书工作	文书工作少,有能力改变交货时间和质量	文书量大,改变交货期和质量的采购单多
产品说明	供应商革新,强调性能,要求宽松	供应商没有创新
包装	小包装,标准化容器包装	普通包装,无特别说明
信息交换	快速可靠	一般要求

4. JIT 采购的实施条件

实施 JIT 采购的条件包括:供应商与客户企业之间较近的距离;客户与供应商之间互利合作的战略伙伴关系;供需双方良好的基础设施;供应商参与生产商的产品设计和生产流程;企业中实施 JIT 采购的组织;企业能够进行 JIT 采购的教育与培训;企业加强对信息技术的应用。

5. JIT 采购的实施步骤

JIT 采购必须遵守一定的科学实施步骤,如图 5-9 所示。

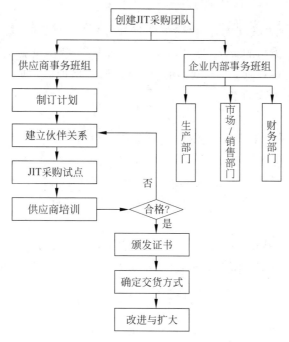

图 5-9　实施 JIT 采购的步骤

(1) 创建 JIT 采购团队。

JIT 采购团队的作用就是全面处理 JIT 采购有关事宜,制定 JIT 采购的操作规程,协调企业内部各有关部门的运作,协调企业与供应商之间的运作。除了企业采购供应部门有关人员之外,JIT 采购团队还包括本企业及供应商企业的生产管理人员、技术人员、搬运人员等;一般应成立两个班组:一个是供应商事务班组,该班组的任务是培训和指导供应商的 JIT 采购操作,衔接供应商与本企业的操作流程,认定和评估供应商的信誉、能力,与供应商谈判签订 JIT 供货合同,向供应商发放免检签证等;另一个是企业内部事务班组,负责专门协调本企业各个部门的 JIT 操作,制定作业流程,指导和培训操作人员,进行操作检验、监督和评估。这些班组人员对 JIT 采购的方法应有充分的了解和认识,必要时要对其进行培训。

(2) 制订计划。

要确保 JIT 采购有计划、有步骤地实施,企业必须针对性地制定采购策略,制定具体阶段的改进措施,包括减少供应商的数量、评价供应商、向供应商发出签证等内容。在这个过程中,企业要与供应商一起商定 JIT 采购的目标和有关措施,经常保持沟通。

(3) 建立伙伴关系。

供应商和企业之间互利的伙伴关系便于双方共同承担长期协作的义务。在这种关系的基础上,发展共同目标,分享共同利益。企业可以选择少数几个最佳供应商作为业务对象,抓住一切机会加强与他们之间的业务关系。

(4) JIT 采购试点。

企业可以先从某种产品、某条生产线或是某些特定原材料的试点开始,进行 JIT 采购的试点工作。在试点过程中,企业需要取得各个部门的支持,特别是生产部门的支持。通过试点,企业可以总结经验,为正式的 JIT 采购打下基础。

(5)供应商培训。

JIT 采购是供需双方共同的业务活动,不能单靠采购部门的努力,还需要供应商的配合,只有供应商对 JIT 采购的策略和运作方法有了认识和理解,企业才能获得供应商的支持和配合。因此,企业需要对供应商进行教育和培训,通过培训以达成一致目标,确保供需双方相互配合,做好 JIT 采购的工作。

(6)颁发证书。

企业在实施 JIT 采购策略时,核发免检证书是非常关键的一步。核发免检证书的前提是供应商的产品 100% 合格。在核发免检证书时,企业要求供应商提供最新的、正确的、完整的产品质量文件,包括设计蓝图、规格、检验程序及其他必要的关键内容。经长期检验达到目标后,所有采购的物资就可以从卸货点直接运至生产线使用。

(7)确定交货方式。

向供应商采购原材料和外购件,其目标是要实现这样的交货方式:当生产线正好需要某种物资时,该物资能立即到货并运至生产线,生产线拉动它所需的物资,并在制造产品时使用该物资。

(8)改进与扩大。

JIT 采购是一个不断完善和改进的过程,需要在实施中不断总结经验教训,从降低运输成本、提高交货的准确性、提高产品质量、降低供应库存等各个方面进行改进,不断提高 JIT 采购的运作绩效。

5.3.3 数字化采购

数字化采购是指通过应用人工智能、物联网、机器人流程自动化和云端协作网络等技术,打造可预测战略寻找货源、自动化采购执行与前瞻性供应商管理,从而实现降本增效,显著降低合作风险,将采购部门打造成企业新的价值创造中心。

1. 可预测战略寻找货源

在战略寻源(即从寻源到合同)环节,数字化采购将完善历史指数知识库,实现供应商信息、价格和成本的完全可预测性,优化寻源战略并为决策制定提供预测和洞察,从而支持寻源部门达成透明协议,持续节约成本。可预测战略寻源流程如图 5-10 所示。

2. 自动化采购执行

在采购执行(即从采购到付款)环节,数字化采购将提供自助式采购服务,自动感知物料需求并触发补货请购,基于规则自动分配审批任务和执行发票及付款流程,从而加速实现采购交易自动化,有效管控风险和确保合格性,大幅提升采购执行效率。自动化采购执行流程如图 5-11 所示。

3. 前瞻性供应商管理

数字化采购将应用众包、网络追踪和虚拟现实(virtual reality,VR)等技术,全面收集和捕捉供应商数据,构建全方位供应商生命周期管理体系,实现前瞻性风险规避与控制,提升供应商绩效与能力,支持采购运营持续优化。前瞻性供应商管理流程如图 5-12 所示。

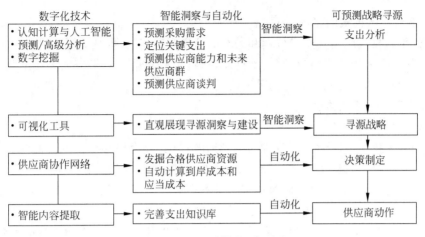

图 5-10　可预测战略寻源流程

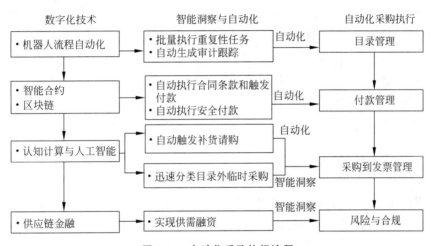

图 5-11　自动化采购执行流程

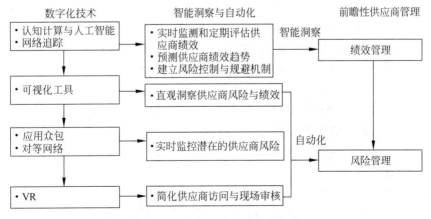

图 5-12　前瞻性供应商管理流程

5.3.4　采购云平台模式

1. 采购云平台模式的概念

采购云平台模式就是共享大数据和云端的信息和数据,实现从寻源、合同、采购、供应商管理、付款的整个采购流程的自动化、便捷化,通过企业间采购与供应的直接交易和实时协作,打破传统采购的渠道逐级分层的采购模式。

2. 采购云平台模式的优势

(1) 对于供应商的好处。

由于缩短了供应商的销售环节,没有多层分销商从中营利,因此,供应商能够以地域传统销售渠道的价格进行售卖,大大降低采购成本;供应商还能通过云端的数据共享,了解采购商的采购需求和市场信息,从而避免产品供不应求或供过于求。

(2) 采购云平台对供需双方的好处。

一方面,采购云平台为采购和供应的所有价值链节点提供一个沟通交流的平台,价值链节点上的采购企业和供应企业在业务上有任何问题时,可以随时沟通,建立信任和长期的合作关系。另一方面,供应商可以主动出击,根据以往采购商在平台上的采购数据进行统计分析,得出产品销售前景,从而调整企业生产数量。依托大数据技术,使平台上所有企业的运营效率得到提升,并降低成本。

采购云平台模式的出现和应用,促使采购商和供应商建立联系,实现各类物资与服务的网上自动采购交易,减少双方为交易投入的人力、物力和财力。采购云平台模式不仅改变了传统的采购和供应,而且能让企业更高效地运营,实现企业的快速转型。

5.4　供应商开发与管理

供应商的开发与管理是整个采购体系的核心,其表现也关系到整个采购部门的业绩。一般来说,供应商的开发与管理包括供应商市场竞争分析,寻找合格供应商,潜在供应商的评估、询价和保价,合同条款的谈判,最终供应商的选择、激励和管理。

5.4.1　供应商开发

1. 供应商开发考虑的基本因素

供应商开发考虑的基本因素是 QCDS 组合因素,也就是质量(quality)、成本(cost)、交付(delivery)与服务(service)。质量因素是最重要的因素,要确认供应商建立了稳定而有效的质量保证体系,还要确认供应商具有生产所需特定产品的设备和工艺能力。针对成本因素,要运用价值工程的方法对所涉及的产品进行成本分析,并通过双赢的价格谈判实现成本节约。针对交付因素,要确定供应商拥有足够的生产能力、充足的人力资源、扩大产能的潜力。针对服务因素,主要是供应商售前、售后服务的记录情况。

2. 供应商开发流程

在实际工作中,供应商开发的流程主要包括以下几个方面。

(1) 对特定的分类市场进行竞争分析。

在供应商开发的流程中,对特定的分类市场进行竞争分析是首要任务,要了解谁是市场的领导者? 目前市场的发展趋势是怎样的? 各个大型供应商在市场中的定位如何? 从而对潜在的供应商有一个全面的了解。

（2）建立初步的供应商数据库。

在了解潜在供应商的基础上,建立初步的供应商数据库并作出相应的产品分类。比如,某企业把自己的原材料进行大类划分,如电子元器件、五金部件、包装材料、辅助材料,在大类划分的基础上进行产品名称的细分,通过建立产品分类数据库,能为后期查找产品提供便利。

（3）寻找潜在供应商。

经过对市场的仔细分析后,采购人员可以通过各种公开信息和公开的渠道得到供应商的联系方式,除了企业现有资料以外,采购人员还可以通过公开征求、同业介绍、阅读专业刊物、参加协会或咨询采购专业顾问公司、参加产业展示会、网上搜索、查询行业网站等渠道,获得有用的供应商信息,对供应商作出初步筛选。企业可以使用同一标准的供应商情况登记表管理供应商提供信息。这些信息应包括供应商的注册地、注册资金、主要股东结构、生产场地、设备、人员、主要产品、主要客户、生产能力等。通过分析这些信息,评估供应商工艺能力、供应的稳定性、资源的可靠性及其综合竞争能力。而在这些供应商中,剔除明显不适合进一步合作的供应商后,就能得到一个供应商考察名录。

（4）实地考察供应商。

企业实地考察供应商,在考察队伍方面,可以邀请企业质量部门和工艺工程师一起参与,他们不仅有专业的知识和经验,而且共同审核的经历也有助于企业内部的沟通和协调。实地考察供应商的能力主要包括 8 个方面:管理能力、对合同的理解能力、设备能力、过程策划能力、产品衡量和控制能力、员工技术能力、采取纠正措施的能力、以往绩效的记录能力。

（5）发出询价文件。

对供应商的实地考察完成之后,可对合格供应商发出书面询价单。在询价过程中,为使供应商不发生报价上的错误,通常应随询价单发出辅助性文件,如工厂发包的规范书、物料分期运送的数量明细表;有时候采购商对于形状特殊且无标准规格的零件或物品,也可提供样品给供应商作参考。

（6）报价分析。

因为报价中包含大量的信息,所以在收到报价后,要对其条款进行仔细分析,对其中的疑问要彻底澄清,而且要求用书面方式作记录,包括传真、电子邮件等。可能的话,应要求供应商进行成本清单报价,并要求其列出材料成本、人工、管理费用等,并将利润率明示。通过比较不同供应商的报价,采购人员能够对供应商的报价合理性有初步的了解。供应商报价的构成如图 5-13 所示。

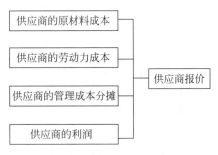

图 5-13　供应商报价的构成

影响供应商定价的因素一般有生产成本、所需产品的确定程度、竞争程度、市场情况、客户感知价值、客户的业务对供应商的吸引程度等。

（7）价格谈判。

采购人员在价格谈判之前要设定合理的目标价格，对小批量产品，谈判的核心是交货期，要求其提供快速的反应能力；对流水线、连续生产的产品，谈判的核心是价格。但一定要保证供应商有合理的利润空间。价格谈判是一个持续的过程，每个供应商都有其对应的学习曲线，在供货一段时间后，其成本会持续下降。与表现优秀的供应商达成策略联盟，促进供应商提出改进方案，以最大限度节约成本。同时关注采购周期、库存、运输等隐性成本，要把有条件的供应商纳入实时供货系统，尽量减少存货，降低企业的总成本。

（8）供应商分析与最终选择。

供应商分析是指选择供应商时对许多共同的因素，如价格、品质、供应商信誉、过去与该供应商的交往经验、售后服务等进行考察和评估过程。分析供应商时考虑的主要因素如图 5-14 所示。

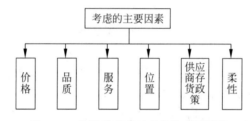

图 5-14 分析供应商时考虑的主要因素

通过分析主要因素，选择出合格的供应商。一般优先选择本地供应商，权衡供应商的忠诚度、互惠互利的态度、综合利益之后，得出合格供应商，将供应商资料存档，制作企业的合格供应商名录，方便后续订单的管理工作。

5.4.2 供应商管理

1. 与供应商建立双向沟通

（1）建立沟通渠道。

要进行双向沟通，首先必须建立沟通渠道。沟通渠道一般包括：①负责沟通的部门和人员；②供应商接受沟通的部门及人员；③沟通的方式，如电话、互联网、信件、联席会议、走访等。沟通的时间，包括定期的和不定期的，定期的如联席会议，走访；不定期的如因临时出现问题而采取的沟通。

（2）掌握供应商信息。

掌握供应商信息能保证发现问题时及时通知供应商，并迅速予以解决。因此采购主管必须掌握供应商的基本情况，如供应商名称、供应商地址、供应商负责人、供应商负责沟通的部门及人员、供应商的联系电话（包括传真、邮箱）、供应商提供的采购产品目录、供应商在"合格供应商名录"中的等级、供应商的历史表现记录、供应商处理问题的态度和能力、供应商对沟通的反应能力、其他有关供应商的情况等。

（3）建立相应的程序。

为了使双向沟通更有效，企业和供应商都应建立相应的程序。而该程序应规定定期沟通和不定期沟通的时间、条件、内容、沟通方式等；必要时还应有专门的沟通记录，如"厂级质量信息卡"等。沟通的状况应当作为供应商的表现之一（或表现的重要内容），并将其纳入对供应商的监督、考核之中，作为评定其等级的条件。对拒绝沟通或沟通不及时的供应商，则要让其限期改进。如果供应商不改进，就应考虑将其从"合格供应商名单"中除名。

2. 监控供应商的交货状况

所谓"监控"，就是及时了解并准确把握外包产品的交货、验证、使用等情况，发现异常及时与供应商沟通，从而解决存在的问题。采购员应当在供应商的发货部门（包括发货前的检验部门）和企业的收货部门（包括收货后的检验部门）建立信息点，其中，后者是最重要的信息点。要通过定期的收货及收货后检验情况报告和不定期的异常情况报告两种方式，对供货状况进行监控。其中，异常情况报告尤其重要，对异常情况可以分级分类处理，如果其中涉及关键特性的质量问题、可能影响正常生产的问题应立即报告，不得延误。采购员只有掌握情况，才能对供应商进行监督，促使其采取纠正措施和预防措施，从而使供货状况向更好的水平发展。以上各种情况均可通过系列表格填报记录，为各种情况的处理提供依据和留存证据。

3. 供应商品质抱怨处理

供应商品质抱怨是指供应商产品在品质上违反或未达成品质协议或其他协议，企业对供应商采取的一种通知与处理的措施，也是一种程度相对较轻的措施。而程度较重的措施可能就是索赔。品质抱怨通常由来料质量控制部门（incoming quality control，IQC）填写品质抱怨单，然后交由采购部门发出。品质抱怨单的格式最好统一。同时要求供应商予以回复，品质抱怨单及品质抱怨回复记录表范例分别见表 5-4 和表 5-5。

表 5-4　品质抱怨单（范例）

品质抱怨单			
供应商代码		供应商简称	
联系部门		联系人	
电话		传真	
E-mail		日期	
抱怨主题		性质	□普通 □紧急 □重大

抱怨内容：
　　贵公司＿＿＿年＿＿＿月＿＿日送货的＿＿＿（料号），型号为＿＿的产品，有＿＿＿＿的问题，造成我公司的＿＿＿＿＿＿＿＿＿＿＿＿＿＿等状况，请于＿＿＿年＿＿＿月＿＿日前处理好此问题，并以此为戒。另附《×××》
　　《×××》
　　备注：

某某公司采购部 ×××发

年　月　日

表 5-5 品质抱怨回复记录表(范例)

<table>
<tr><td colspan="4" align="center">品质抱怨回复记录表</td></tr>
<tr><td>供应商代码</td><td></td><td>供应商简称</td><td></td></tr>
<tr><td>联系部门</td><td></td><td>联系人</td><td></td></tr>
<tr><td>电话</td><td></td><td>传真</td><td></td></tr>
<tr><td>E-mail</td><td></td><td>日期</td><td></td></tr>
<tr><td>抱怨主题</td><td></td><td>性质</td><td>□普通 □紧急 □重大</td></tr>
<tr><td>要求回复日期</td><td>年 月 日</td><td>实际回复日期</td><td>年 月 日</td></tr>
</table>

抱怨内容说明:

回复内容说明:

回复判定:
判定人:

年 月 日

4. 来料后段重大品质问题处理

来料后段重大品质问题是指供应商交货后段发现的重大品质问题,如造成企业操作人员受伤甚至人身安全危险、企业大量产品报废、企业产品发送到客户或者消费者手中发生大量投诉、抱怨、索赔等事件。来料后段重大品质问题的发生,对企业的危害非常大,甚至可能导致企业破产倒闭。因此,对于来料后段发生的品质问题必须谨慎处理。来料后段重大品质问题处理流程如图 5-15 所示。

5. 定期考核供应商

供应商考核是指对现有供应商持续不断地保持监督控制,保证其实现预期绩效;对新供应商进行甄别,判断其潜力能否达到企业未来发展所需水平的过程。现有供应商是指已经通过供应商甄别分析程序,并接受过至少一次订货的供应商。

(1)考核目的。

掌握供应商的经营概况,确保其供应的产品质量符合企业的需要;了解供应商的能力和潜力,为外包管理部门提供选择的依据;协助供应商改善质量,提高交货能力。

(2)考核范围。

企业对现有的供应商实施考核及等级评定,并依据等级的升降作为外包定制及付款的依据;依据供应商的要求,对提出申请的供应商重新进行等级鉴定;对试用供应商实施考核,当试用期结束并且考核评分达到相应标准时,其可正式成为企业的供应商,并划分其等

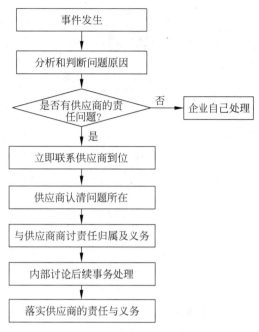

图 5-15　来料后段重大品质问题处理流程

级；当合作供应商交货验收不良率过高或对企业生产装配造成重大问题，其经通知也没有有效改进时，则予以重新考核评定等级。

（3）考核评分体系的建立。

供应商的评分体系是指对供应商的各种要求所达到的状况进行计量评估的体系，同时也是综合考核供应商的品质与能力的体系。不同企业、不同行业的供应商评分体系不尽相同。但通常都有交货质量评分、配合状况评分、供应商管理体系评分等 3 个主项，外加一个可能的其他项目评分，从而组成供应商评分总体架构。不同项目评分时间见表 5-6。

表 5-6　不同项目评分时间

项 目 类 别	评 分 时 间
交货品质	根据具体的交货状况，每批产品评估一次或每月、每季评估一次
配合状况	一般每季评估一次，若配合频次多时，如一些有"直接关系"OEM 供应商，可以考虑每个月或每两周评估一次
管理体系	一般根据目前 ISO 9000 的思想，在初次成为合格供应商之前评估一次，此后每半年或每年评估一次，出现较大问题时评估一次
其他项目	视具体内容而定，如把价格因素纳入，但价格是三个月重审一次时，就需要三个月评一次

为了方便管理和运算，在总体评分架构上，一般都设定总分为 100，各项的权重（或称比重）用百分比来设定。至于如何分配，根据企业具体情况而定。至于价格，则可根据市场同类材料形成最低价、指导价、平均价、自行估价等，然后计算出一个较为标准、合理的价格。可以选用以下几个评估指标。

① 批退率。

$$批退率 = \frac{判退次数}{交货次数} \times 100\%$$

② 平均合格率。

$$平均合格率 = \frac{各次合格率之和}{交货次数} \times 100\%$$

③ 总合格率。

$$总合格率 = \frac{总合格数}{交货次数} \times 100\%$$

④ 交货率。

$$交货率 = \frac{送货数量}{订购数量} \times 100\%$$

⑤ 逾期率。

$$逾期率 = \frac{逾期批数}{交货批数} \times 100\%$$

在配合度上,应配备适当的分数,配合越好,得分越多。

（4）实施绩效考核。

按企业制度规定的日期对供应商实施绩效考核,在实施过程中最好制定一些标准的表格。供应商评鉴参考表和供应商绩效考核分数参考表分别见表 5-7 和表 5-8。

表 5-7　供应商评鉴参考表

厂商名称				厂商编号		
地址				采购材料		
评鉴项目	品质评鉴	交货期评鉴	价格评鉴	服务评鉴	其他	合计得分
时间　月						
月						
月						
月						
得分中和		平均得分		评鉴得分		
处理意见						
主管:　　　采购:　　　主管:　　　品管:						

表 5-8　供应商绩效考核分数参考表

评比项目	满分	评分			
		供应商 A	供应商 B	供应商 C	供应商 D
价格	15				
品质	60				

评比项目	满　分	评　分			
		供应商 A	供应商 B	供应商 C	供应商 D
交期交量	10				
配合度	10				
其他	5				
总分					

（5）根据评选结果实施奖惩。

依据考核的结果，给予供应商升级或降级的处分；并根据采购策略，对合格、优良的供应商予以优先议价、优先承揽的奖励，对不符合标准的供应商予以拒绝往来的处分。奖惩方式通常应在供应商考核管理制度中规定下来，可以划分为 A、B、C、D、E 等多个等级，按等级进行奖励和惩罚。奖励和惩罚的方式多种多样，企业根据自身实际情况确定。

6. 防止供应商垄断

在与供应商相处的过程中，如何防止供应商垄断也是供应商管理的一个重要方面，一般可采用的方法有多找几家供应商、更好地掌握信息、注意经营成本、让最终客户参与、协商长期合同、一次采购和与其他客户保持联系等。

5.5　供应商绩效评价与关系维护

供应商是企业绩效竞争力的延续，采购战略与绩效管理是一荣俱荣、一损俱损的关系。供应商绩效管理必须与企业的采购战略相匹配，结合企业采购战略和品类要求，制定管理方案，确保每个供应商的优势得到最大化发挥。供应商绩效管理一般是"目标沟通＋考核改善＋优胜劣汰"。

5.5.1　供应商绩效评价

1. 供应商绩效评价关键指标

影响供应商绩效评价的主要因素一般归为 7 类：价格、质量、交货期、信誉度、信息化、研发能力、地理位置。为了有效评价和选择供应商，对供应商评价指标体系采用 3 个层次的综合评价指标体系。第一层为目标层，包含以上 7 个主要因素，影响供应商绩效评价的具体因素建立在指标体系的第二层——准则层上，然后在第二层指标的基础上继续细分指标因素，建立第三层，一般来说，第三层指标应该是可观测指标，供应商绩效评价人员观测到（或计算出）各个指标的分值，包括客观评价值和主观评价值，再进一步分析。供应商评价指标体系如图 5-16 所示。

2. 供应商绩效分类方案

企业的有序运营，需要各部门的有效协作。通常来说，分类方案完全基于企业各个部门的需求来考虑。质量部门对供应商质量管理体系、样品管理及提供物料质量和稳定性进行考核。生产部门通过供应商的生产能力、管理调度能力、瓶颈管控、过程管控、人员管理等维度对供应商作出评估。采购部门对行业采购价格进行分析，考察供应商的价格体系、交付、

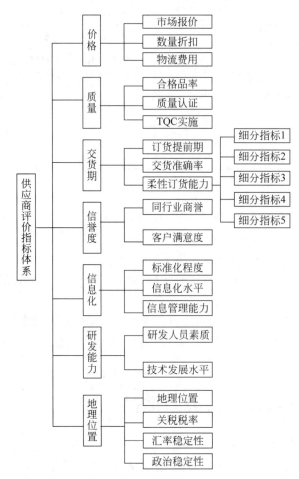

图 5-16　供应商评价指标体系

物流仓储等,同时,采购部门还要收集各个部门的数据记录,组织召开年度供应商质量考核评价会议,建立、保存供应商质量绩效考核档案,对供应商的改善、更换等方面提供明确方案。不同级别供应商综合绩效及奖惩情况见表 5-9。

表 5-9　不同级别供应商综合绩效及奖惩情况

级　别	综 合 绩 效	奖 惩 情 况
一级	100～90 分	一级供应商,优先进行合作,提升采购力度
二级	89～80 分	二级供应商,保持现阶段的采购计划不变,对其提出针对性的调整方案
三级	79～70 分	三级供应商,适当减少采购量,提出明确的整改意见;如果依然没有得到改变,应对暂停采购计划,直到进行改善结束后,再决定是否继续进行采购
四级	69 分以下	从"合格供应商名单"中删除,从此不再与其进行采购合作

从表 5-9 可以看出,针对供应商的绩效考核非常直观,能够很快发现问题,找出改善的空间。所以,多数企业都可以采取这种方式对供应商进行考核,尤其适用于物料需求旺盛的企业,如生产制造企业。

3. 采用分级评分法评价供应商绩效

分级评分法又称评分优选法,是一种定性分析结合定量分析的方法,包含主观判断因素,也是一种简便易行的多目标决策方法。在分类方案下,由于各部门采取的考核指标不同,考核结果也可能出现难以汇总的问题。另外,在不同的战略侧重下,生产、采购、财务等部门在企业战略中的重要性也有所差别,分类方案则无法体现出这种差别。相较于分类方案的过于平均化,利用分级评分法企业可以根据战略需求,对价格、质量、交货期等考核指标确定各指标权重和评分值,此方法一般分三步进行。

第一步,在供应商绩效评估表中列出主要评价指标,如质量、价格、交货期等。

第二步,将主要指标按其重要程度分配相应的权重 x_i,同时根据供应商各指标实际条件给出评价值 p_i,评价值的赋值遵循百分制。

第三步,将各方案主要判断指标的权重和评价值相乘,得出评价分,综合评价分最高者为最优的供应商。

总评价分计算公式为

$$J = \sum_{i=1}^{n} p_i x_i$$

运用分级评分法的关键是主观判断因素的正确性,故要求企业各个部门的专家集思广益,民主评分。

【算例 5-1】　某企业对采购商进行绩效评价,选用的指标有质量、价格、交货期、售后服务,每个指标的权重分别为 0.4、0.3、0.2、0.1。聘请 4 位不同部门负责人对 5 家供应商的质量、价格、交货期、售后服务打分,打分分值采用百分制,加权之后得出负责人对供应商评分的排序。分级评分法的供应商绩效评价见表 5-10。

表 5-10　分级评分法的供应商绩效评价

主要指标	权重(x_i)	不同供应商指标评价值(p_i)				
		供应商 A	供应商 B	供应商 C	供应商 D	供应商 E
质量	0.4	87	79	98	90	95
价格	0.3	96	90	85	85	82
交货期	0.2	75	85	85	87	90
售后服务	0.1	90	75	90	79	65
总评分		87.6	83.1	90.7	86.8	87.1

由表 5-10 的总评分可以看出,5 家供应商中,总评分最高的是供应商 C,说明供应商 C 的绩效是最优的。企业在以后的合作中会对供应商 C 给予激励。

5.5.2　供应商合作关系维护

通过对供应商进行绩效评价,对供应商进行分级管理,优秀的供应商应该被高度重视,尤其是优秀的核心采购供应商,企业应该与其建立战略合作伙伴关系,保障企业战略目标的实现。在对战略合作伙伴关系的维护中,主要从以下几个方面入手。

1. 高层互访,建立信任

在高度互信的基础上,实现高层定期互访。只有双方高层管理人员相互熟悉、信任,战略合作伙伴关系才能在企业内部决策中得以体现。

2. 长期稳定，共同发展

建立立足长远、面向未来、可持续发展的合作关系。企业中层之间应根据彼此的发展，设定精准的共同发展愿景。

3. 平等协商，合作共赢

在价格、质量、服务等方面建立平等互利的协商机制。这意味着采购部门需要与供应商频繁地接触，甚至采取"驻厂"等模式加强彼此合作。

4. 动态管理，绩效证明

通过定期评估与及时的信息反馈机制，对合作伙伴进行动态管理。通过绩效考核，证明供应商的合作可靠性。

这4种维护手段囊括了从基层管理到高层管理人员之间的所有互动，也有助于战略合作伙伴关系能够得到切实执行和落地。

【复习思考题】

1. 简答题

(1) 简要说明购买、采购和战略采购的含义。

(2) 说明采购管理的含义和主要内容。

(3) 说明供应市场与物料的相关性。

(4) 简要说明分散型采购组织、集中型采购组织和混合型采购组织各自的特点。

(5) 说明JIT采购与传统采购的区别。

(6) 简述数字化采购的含义和流程。

(7) 供应商关系维护的要点有哪些？

2. 计算题

企业采用分级评分法对供应商进行绩效评价，选择最佳供应商。分级评分法的供应商绩效评价见表5-11。

表5-11　分级评分法的供应商绩效评价

主要指标	权重(x_i)	不同供应商指标评价值(p_i)				
		供应商 A	供应商 B	供应商 C	供应商 D	供应商 E
质量	0.3	87	79	98	90	95
价格	0.3	96	90	85	85	82
交货期	0.2	75	85	85	87	90
售后服务	0.2	90	75	90	79	65
总评分						

第6章 供应链库存管理

思政案例

【主要内容】

本章共 4 节内容,6.1 节主要讲述供应链库存管理基本原理与工具,说明企业持有库存的原因,从大类上对库存进行分类,明确库存管理的范围和目标,简要说明库存管理的工具。6.2 节讲述供应链环境下库存管理的基本方法,分析库存管理模型参数和库存补给策略,列举常见库存控制系统,详细讲述经济订购批量模型。6.3 节分析供应链不确定性与安全库存的关系,并推导不确定性下的安全库存计算模型。6.4 节分别从基本结构和控制方法、控制和优化的主要问题、成本优化条件下和时间优化条件下的多级库存控制模型构建进行讲述。

【学习目标】

熟悉库存管理的基本原理和工具,了解库存管理模型参数,理解库存补给策略,掌握经济订购批量模型,熟练应用模型进行计算。能够分析供应链中的不确定性对库存的影响,能够熟练运用安全库存模型对问题进行分析,达到定性分析与定量计算相结合。了解多级优化与控制的主要问题,了解成本与时间优化条件下的多级库存控制策略。

【引导案例】

中铁快运提出五项改进货运仓储管理的建议

为了通过改善仓库管理来降低成本,提高竞争力,上海中铁快运有限股份公司,以下简称中铁快运建议从以下五个方面着手。

1. 建立市场体系

为了保证货运仓储的健康发展,必须规范市场秩序,加快引入竞争机制,建立统一、开放、公平竞争、规范有序的现代仓储体系。废止各种不符合国家法律法规的相关规定,为仓储行业的经营和发展营造宽松的外部环境。

2. 完善法律法规

目前我国缺乏较为完善的法律和政策体系,需要加快制定和完善仓储管理的法律法规,规范行业竞争秩序,调整各项政策,帮助企业更好地管理。建议制定和实施有利于现代仓储发展的企业登记、土地征用、税务、交通管理等政策,建立仓库,存储及相关设备,在存储、安全、仓储服务质量、仓库人员资格要求等方面,遵循仓库建设标准,存储设施与设备配套。

3. 加强基础设施

加大对货运公司现有仓库基础设施改造的投入,不断更新老化仓库,更新现代化仓储设备。既要借鉴国内外先进的经验和技术,又要结合各地区的实际情况,形成科学合理的仓储设施网络。

4. 培养专业人才

人才是企业的重要资源。要发展仓储企业,就必须在技术、管理等多方面培养人才。货运公司应提高员工素质,完善自动化仓库的管理机制。在当前缺乏实践经验的情况下,企业可以去发达国家学习,请专业人员或大学教师介绍经验、传授知识、学习课程,或者在技术学院和大学招聘物流专业技术人才,尽快解决运营商和维修人员短缺的问题。同时帮助人才做好消化吸收工作,使其尽快适应市场的需要。

5. 加强资源整合

为了适应现代物流的要求,应加强资源整合,建立仓储网络。仓储标准化能实现仓储环节与其他环节的密切配合,提高仓库内部运作效率。因此,货运公司应不断完善仓储标准化体系,提高仓库的利用率,实现有效的库存控制。利用现代信息技术构建公共信息平台,实现公共信息网络与仓储网络的有效结合,提高库存管理的信息化水平。

6.1　库存管理的基本原理与工具

库存管理在供应链管理中的重要性日益得到学术界和企业的重视,学习和掌握供应链库存管理的理论和方法,对于提高组织高效率、降低供应商物流活动成本具有十分重要的意义。库存管理是对库存进行计划、协调和控制的活动,包括决定目标库存量、补货时间以及补货量等相关库存参数。

6.1.1　库存及保持库存的原因

1. 库存的概念

我国《物流术语》(GB/T 18354—2021)对库存的解释为：储存作为今后按预定的目的使用而处于备用或非生产状态的物品。广义的库存还包括处于制造加工状态和运输状态的物品。库存是一个组织所储备的所有资源。如制造企业的库存为原材料、再制品、产成品、备用品等,百货公司的库存为商品,医院的库存为药品、医疗器械、病床等。库存具有两面性：①库存能够缓解供需矛盾,保证企业生产正常进行；②库存带给企业巨大的资金压力,是形成产品成本的主要来源。

2. 保持库存的原因

(1) 减少缺货风险。

减少由于自然灾害或者人为原因造成的供应商供货不到位和不确定性而带来的停工停产风险。如由于洪水、恶劣天气、农作物歉收、战争或其他类似的因素造成的运输中断；或人为造成的停产等突发性事件。因此,保持一定安全和缓冲的库存将有利于应对突发性事件。

(2) 防止提前期内供货的不确定性。

客户从发出订货单到收到货物的时间间隔为订货提前期。供应商补货和安排提前期常常有不确定性。在这种情况下,只有设置安全库存,才能保证客户服务水平维持在一个可以接受的水平上。

(3) 满足意外需求。

由于柔性生产的普及,对于生产企业来说,调整生产计划、增加或者减少产量,或者由于客户个性化需求,需要满足特定的需要会造成供应链上相关企业对物资的短缺。

(4) 防止季节性供需波动。

由于产能受限,在淡季设置产成品库存来满足特定的旺季需求,可以缓解季节性的供求矛盾,减少旺季加班生产的成本,达到平滑季节性或循环性的需求波动。

（5）带来批量订货的优势。

较大的周转库存数量可以提供采购的批量优势,实现以量换价;减少补货次数以降低每次订货的成本,如电话、邮寄等通信费用,合同谈判的差旅费,交付过程中的各项费用。

（6）防止短缺或涨价。

对于高通货膨胀时期,由于人为的投机活动,导致市场供应不足时,保持一定量的库存有利于缓解一定时期内货物的短缺和涨价。

（7）防止一般性物资短缺。

对于需求量大、价值比较低的易耗品,如用于设施设备维护的物资和办公用品,设置大量库存有利于随取随用,确保经常性需求得到满足。

3. 保持库存的不足

库存占用大量资金,会影响资金的流动性,降低资金周转率。库存需要仓储占用的运营费用,包括入库作业、在库作业和出库作业等操作费用,以及仓库场地费、仓库设施折旧、仓库管理费等,从而影响企业的利润。对于易腐变质货物,存在库存货物质量保管风险;操作不当也可能引起货物损坏造成损失;对于具有时效性的产品,会产生由于滞销带来的损失。此外,还有仓库存放的物资被盗、火灾或其他自然灾害造成的损失。

6.1.2　库存的分类

库存包括所有物资材料、商品和有关服务,从企业外部购买的,或是从企业其他部门调配过来的,抑或企业内部制造的物资,都可以被定义为供应物资。为实行库存管理而进行的供应物资分类,应根据组织机构或企业的具体业务情况而定。

1. 制造企业库存物资分类

（1）原材料。

如生产过程中需要的各种钢材、木材、塑料、布料等处于未加工状态的、等待被转换成产品的材料。

（2）零部件与组装配件。

如汽车制造厂的发动机、方向盘、油箱等,这些部件有待被进一步加工或装配成最终产品。

（3）产品。

生产企业通过加工原材料,对零部件与组装配件进行统一加工安装,形成了具有功能性的产成品。为再次销售而制造的产品,处于待发货需要运送至下游客户的阶段。

2. 基于供应链惯例的库存物资分类

重要货物的库存和支持业务用的库存。前者为原材料、零部件和组装配件、半成品和产品;后者为各类项目的维护、维修和操作使用的备品备件。

3. 兼顾用途、管理办法和需求形式的分类

（1）应用于生产的物资。

这类物资划分为原材料、零部件、半成品、组装件和产成品库存。

（2）管理办法——ABC 分析。

根据 ABC 分析法原理,对于库存物资按照占用资金额和数量占比划分为 A 类物资、B 类物资和 C 类物资,企业采用不同的库存模式进行管理。

（3）需求类型。

需求一般分为独立需求和相关需求。独立需求是指需求量和需求时间由企业外部的需求来决定，例如，客户订购的产品、科研试制需要的样品、售后维修需要的备品备件等；相关需求（也称非独立需求）是指根据物料之间的结构组成关系，由独立需求的物料所产生的需求，如半成品、零部件、原材料等的需求。不同需求采用不同的库存管理方法。库存物资的分类如图 6-1 所示。

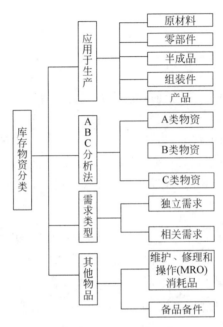

图 6-1　库存物资的分类

6.1.3　库存管理的范围和目标

1. 库存管理的范围

库存管理是涵盖范围很宽的多样性业务活动，而且这些业务活动会随着企业的不同而不同。库存管理的范围也因物资管理和物资配送管理，集中管理或者分散管理而有所不同。所管理的物资是处于单独一个地理位置，还是分散在地理空间上的上百个配送中心，显然这两种的复杂性有很大的区别。全球化又增加了库存管理的复杂度。然而，不论这些因素有多么复杂，依然需要讨论库存管理的业务活动组成。

（1）需求管理。

确保所需物资供应、营运和维护，以合适的数量在合适的时间到位。对未来需求进行合理的预测。管理市场供应紧张的物资，管理有季节性需求的物资。

（2）安全库存量管理。

定期复查安全库存量，同时在总数量和总价值两个方面控制库存的最大量和最小量。实施精益库存的方针，如利用零库存、减少库存，以求库存占用资金最小化。

（3）与采购部门合作。

根据企业的采购情况，与采购部门联合行动，确保供应的及时补充。开发与订货、采购和供应预算联动的信息系统。管理和控制收货、检验、工作记录，以及保证客户的供应物资的存放到位和发放。安全、合理存放供应物资,避免由于腐烂变质、偷盗、浪费或过时而造成的损失。

（4）加强仓库内部管理。

参与库存种类减少和标准化的工作。拟定库存量、库存使用情况和库存过剩的报告,并加以说明。配合审计工作人员检查有关库存的所有工作,对残次品、过剩物资和过时产品做合适的清理。

2. 库存估算的目标

为内部和外部客户提供相应的服务,并满足其订货的数量和等级要求;了解目前及将来对各种类型库存的需求,防止过量存货,避免生产中的瓶颈现象;通过减少库存物资的种类,实行经济合理的订购数量以及控制在库存获取和使用上的成本,将库存成本保持在一个最佳水平上;提供可视化的供应链上下游节点企业库存。

6.1.4　库存管理的工具

随着信息技术的发展,依赖于人工操作的库存管理发生了很大改变,因信息采集工具和软件的应用而变得轻松。库存管理的工具主要有 ABC 分析法、条形码、无线射频识别技术和库存管理信息系统软件。

1. ABC 分析法

意大利统计学家帕累托(Vilfredo Parto)发现,一个国家大约 20% 的人口占用该国家80% 的财富。在一家企业,大约有 20% 的员工是 80% 问题的制造者。而大约 20% 的物品占到了一个企业支出的 80%。帕累托分析法即为 ABC 分析法。ABC 分析法见表 6-1。

表 6-1　ABC 分析法

序　　号	物 资 分 类	物资种类占比	年度使用资金占比
1	A 类	大约 20%	大约 80%
2	B 类	大约 30%	大约 15%
3	C 类	大约 50%	大约 5%

（1）ABC 分析法实施的步骤。

第一步:收集物资品类的年需求量、物资品类的单价等数据。

第二步:对原始数据进行整理和计算,如计算资金额、品类数、累计品类数、累计品类百分数、累计资金额、累计资金百分比等数据。

第三步:做出 ABC 分类表,在累计品类数不太大的情况下,可以将全部品类逐个列表,按资金额的大小,由高到低对所有品类顺序排列;如果品类数目很多,无法全部排列在表中或没有必要全部排列出来,可以采用分层的方法,即先按资金额进行分层,以减少品类栏内的项数,再根据分层的结果将关键的 A 类品类逐个列出来进行重点管理。

第四步:以累计品类百分数为横坐标,累计销售额百分数为纵坐标,绘制 ABC 分析图,得出库存中各类产品的分类结果,以便针对性地进行库存管理。

【算例 6-1】　某企业的采购部门对过去一年中常用零部件进行调查。

第一步:统计相关数据,统计结果见表 6-2。

表 6-2　使用物资数据统计表

物品编号	a	b	c	d	e	f	g	h	i	j
单位成本/元	5	11	15	8	7	16	20	4	9	12
年度需求量/个	48 000	2000	300	800	4800	1200	18 000	300	5000	500

第二步：整理数据并完成相关计算。数据统计表见表 6-3。

表 6-3　数据统计表

物品编号 \ 项目	单位成本/元	年度需求量/个	使用资金额/元	使用资金额占总资金额比例
a	5	48 000	240 000	32.52%
b	11	2000	22 000	2.98%
c	15	300	4500	0.61%
d	8	800	6400	0.87%
e	7	4800	33 600	4.55%
f	16	1200	19 200	2.60%
g	20	18 000	360 000	48.79%
h	4	300	1200	0.16%
i	9	5000	45 000	6.10%
j	12	500	6000	0.81%
资金使用总量			737 900	100.00%

第三步：按占用资金额比对物资进行 ABC 类划分，计算累计百分比。物资分类计算表见表 6-4。

表 6-4　物资分类计算表

品类 \ 项目	物资品类占比	物资品类累计占比	单位成本/元	年度需求量/个	使用资金额/元	使用资金额占总资金额比例	资金累计占比	分类
g	10%	10%	20	18 000	360 000	48.79%	48.79%	A
a	10%	20%	5	48 000	240 000	32.52%	81.31%	A
I	10%	30%	9	5000	45 000	6.10%	87.41%	B
e	10%	40%	7	4800	33 600	4.55%	91.96%	B
b	10%	50%	11	2000	22 000	2.98%	94.95%	B
f	10%	60%	16	1200	19 200	2.60%	97.55%	B
d	10%	70%	8	800	6400	0.87%	98.41%	C
j	10%	80%	12	500	6000	0.81%	99.23%	C
c	10%	90%	15	300	4500	0.61%	99.84%	C
h	10%	100%	4	300	1200	0.16%	100.00%	C

说明：物资品类占比根据每种物资为一个品类，共 10 个品类，每个品类的占比为 10/100＝10%。

第四步：根据已经确定的品类进行 ABC 分类，绘制 ABC 分析图，即帕累托图，如图 6-2 所示。

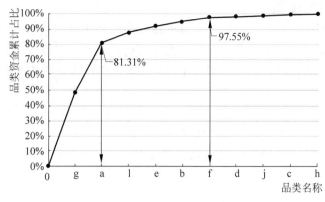

图 6-2　物资分类的帕累托曲线

（2）物资 ABC 分析法应用于库存管理。

通过 ABC 分析法划分物资类别，以此为依据，针对不同物资选择不同的库存控制方式，提高物料的管理效率。具体控制方式、补货方式、定额水平和检查方式见表 6-5。

表 6-5　物资 ABC 分类下的库存管理

方式 ＼ 类别	A 类物资	B 类物资	C 类物资
控制方式	严格控制；精确测算补货点和补货量；签订采购合同；建立合作伙伴关系；补货与生产进度、供应商能力相匹配	正常控制，经济批量决策	简单控制；集中大批量补货，节省订购费用
补货方式	定量库存控制补货	定期库存控制补货	双堆管理补货
定额水平	按品种、规格控制	按品种大类控制	按总金额控制
检查方式	经常检查	一般检查	按年度或季度检查

2. 条形码

发明于 20 世纪 50 年代的条形码，通过快速提取商品信息，加速了商品在社会上的流通。商品条形码的使用，使顾客在超市购物的结算过程得以迅速完成。各行各业对 POS 系统的应用，便于核实交易、检查和收费，提供即时销售报告，监视和更改物品价格，传送内外互联的供应链信息和存储相关数据，便于统计和预测。

（1）条形码在生产中的应用。

用于原材料的计量和成品的库存管理。在传送带上和托盘装运时，将纸板箱和储存箱自动分类。进行批次跟踪，形成生产情况报告。在自动化仓库中的应用包括收货、放置、取货和运输。生产过程中发生瓶颈环节的确定、箱包跟踪、访问控制、工具分栏和备件分类管理。

（2）使用条形码的优点。

加快了数据的输入，提高了输入的精确性，减少了劳动力成本，易于减少耗费成本的过量库存或仓库闲置，提高系统效率；采用条形码能获取用其他办法很难收集到的信息，有助于管理人员作出有充分依据的决定，更好地决策；加快对信息的访问；有条件对仓库进行自动管理和操作；提高了对客户和供应商的响应速度。

3. 无线射频识别技术

无线射频识别技术(radio frequency identification,RFID)标签中有一片单体的集成电路芯片,载有产品识别信号及能将识别信号发射到阅读设备的天线。这样的标签有助于改进库存管理和仓库补充存货的工作,减少了因仓库供应不足而造成的生产中断或销售缺货。

1) RFID 的优点

(1) 扫描线。

对 RFID 而言,不需要像扫描仪那样在可见的情况下才能读出识别码。RFID 中的识别码只要在标签通过阅读器发射的电磁场就能阅读出来,这样减少了人工操作,也降低了成本。

(2) 适用距离长。

标签可以在交付的范围和较长的距离内被阅读,对特殊设计的标签,阅读距离甚至长达数百米,在大量应用于物流的场合要求至少 1 米的距离,至多 4~5 米的距离。

(3) 成批阅读处理功能。

RFID 可以在很短的时间内阅读大量标签——典型的阅读速率是每秒数百个标签的阅读量。

(4) 选择性强。

数据资料能注入标签中,加入阅读器询问的价值与标签中所注入的价值相同,数据资料才能被读出来,而且只能被读,这就保证阅读器只读托盘或外包装上面的数据。

(5) 耐久性强。

条形码容易被撕裂或污染。并且在它受潮的情况下,正常的性能会受到损失。而这些对 RFID 标签不会造成影响。

(6) 读/写功能。

RFID 标签中的数据可以被更新,以对应某些简单的状态变化。例如,零售业的货品电子跟踪标签仅仅只有"已付款"和"未付款"两种简单的状态;而像汽车保修和售后服务的历史资料就涉及更复杂的信息内容更新。

2) RFID 的局限性

RFID 的成本较条形码的成本高;无线电波会被产品上的湿气或周围环境中的湿气吸收,吸收的程度取决于所使用的无线电波频率;受金属体的影响,标签不能被正确地阅读;荧光灯或电气发动机等产生的电子噪声会对无线电波的正常传播产生干扰;当几个 RFID 标签同时出现在阅读器的阅读范围内时,从一批标签中识别和阅读某个特定的标签就存在难度;在标签的芯片中存储的数据提供更多功能,增加了标签成本和阅读信息的时间;在 RFID 标签中因为能读出和写进数据,所以需要有安全措施以防止错误数据被写进标签中。

4. 库存管理信息系统软件

大量的计算机软件可以作为库存管理系统来完成仓库物资的管理工作。各种软件提供的功能有管理和维护供应商和客户数据库;创建提货单和收货凭证,提供即时的仓库收发平衡表,自动更新仓库记录;条形码阅读管理,支持库存物资分类;减少供应商和客户之间沟通障碍,从而提高获利能力和工作完成效率等。

6.2　供应链环境下库存管理基本方法

库存管理的目标是既要降低库存费用，又要提高服务水平（不缺货的概率）。库存管理需要在两者之间达到平衡，或者尽可能实现这两个目标。

6.2.1　库存管理模型参数

库存管理数学模型的建立，需要解决的首要问题在于确定关键的库存参数，以此为依据，形成不同条件下的库存控制模型。补货间隔期、再补货点和补货量三个关键参数说明如下。

1. 补货间隔期

补货间隔期 T^* 是指相邻两次补充库存的时间间隔。库存控制需要考虑多长时间检查一次库存量，并作出补货与否的决策。库存检查常常通过库存盘点实现，这是一项耗时耗力的非增值性作业。

2. 再补货点

实际库存数量下降到什么程度需要补货，即何时提出补充库存决策。补货时的临界库存量水平称为再补货点 R，用于满足订货提前期内的需求，包括提前期内正常需求和应对不确定的安全库存。

3. 补货量

一次补货的数量称为补货批量 Q。权衡采购作业成本、运输费用和库存持有成本等，决定每次补货数量。存在的情况有①每次补货按相等的补货批量 Q 进货；②把现有的库存量补充到目标库存量，即补货量 $Q=$ 目标库存量 $S-$ 在库量$-$在途量（在单量），每次的补货量可能相同也可能不相同。

6.2.2　库存补给策略

独立需求的物资在库存控制中采用订货点控制策略。订货点法库存控制策略很多，四种常见的库存补给策略有①连续性检查的固定订货量、固定订货点策略，即 (Q,R) 策略；②连续性检查的固定订货点、目标库存策略，即 (R,S) 策略；③周期性检查策略，即 (t,S) 策略；④综合库存策略，即 (t,R,S) 策略。

在这四种基本库存补给策略的基础上，又可以延伸出很多库存补给策略。这四种基本的库存补给策略的说明如下。

1. (Q,R) 策略

即连续盘点库存的补货策略，每次的订购量 Q 相同。事先确定补货点 R 和补货批量 Q，当实际库存下降到补货点 R 以下，就发出补货决策，补货提前期为 T，补货数量为 Q。该策略适用于需求量大、缺货费用较高、需求波动很大的物资。(Q,R) 策略如图 6-3 所示。

2. (R,S) 策略

与 (Q,R) 策略一样，(R,S) 策略也是连续性检查类型的策略，也就是说要随时检查库存状态，当发现库存降低到订货点水平 R 时，开始订货，订货后使最大库存保持不变，即为常量 S，若发出订单时库存量为 I，则订货量为 $(S-I)$。该策略和 (Q,R) 策略的不同之处在于其订货量按实际库存而定，因而订货量是可变的。

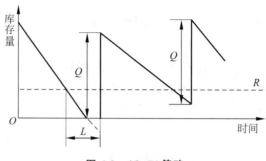

图 6-3 （Q,R）策略

3. （t,S）策略

该策略是每隔一段时期检查一次库存,并发出一次订货,把现有库存补充到目标库存水平 S,如果检查时库存量为 I,则订货量为($S-I$)。经过固定的检查期 t 发出订货,这时库存量为 I_1,订货量为 $S-I_1$。经过一定的时间 T,完成库存补货量,补货量为 $S-I_1$,库存量达到如图中的 A 点。在经过一个固定的检查时期 t,又发出一次订货,订货量为 $S-I_2$,经过一定的时间(T 为订货提前期,可以为随机变量),库存量又达到新的高度 B 点。如此周期性检查库存,不断完成补给。该策略不设订货点,只设置固定检查周期和目标库存量。该策略适用于一些不太重要或使用量不大的物资。（t,S）策略如图 6-4 所示。

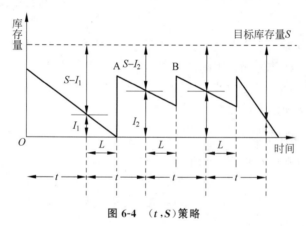

图 6-4 （t,S）策略

4. （t,R,S）策略

该策略是（t,S）策略和（R,S）策略的综合。这种库存补给策略有一个固定的检查周期 t、最大库存量 S、固定订货点水平 R。当经过一定的检查周期 t 后,若库存低于订货点,则发出订货;反之,若库存高于订货点,则不订货。订货量等于目标库存量减去检查时的库存量。当经过固定检查周期到达 A 点时,此时库存已降低到订货点水平 R 之下,因为应发出一次订货,订货量等于目标库存量 S 与当时的库存量 I_1 的差值,即 $S-I_1$。经过一定的订货提前期后在 B 点订货到达,仓库完成补货,库存补充到 C 点。在第二个检查周期到来时,此时库存位置在 D 点,比订货点水平位置线高,无须订货。当第三个检查周期到来时,库存点在 E 点,等于订货点,发出一次订货,订货量为 $S-I_3$。如此循环进行下去,实现周期性库存补给。（t,R,S）策略如图 6-5 所示。

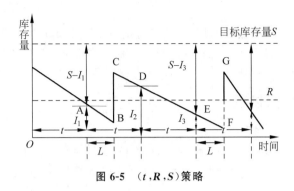

图 6-5　(t, R, S)策略

6.2.3　常见的库存控制系统

有效的库存控制系统的目标是保证获得足够的物料；鉴别出超储物品、畅销品和滞销品，向管理者提供准确、简明和适时的报告，使费用最小化。根据库存控制方式不同，库存控制系统可以分为定量补货系统、定期补货系统和最大最小补货系统。

1. 定量补货系统

定量补货系统采用库存连续检查法，每次出库都要盘点剩余量，检查库存量是否低于预先设定的补货点。如果库存量低于补货点，则应该发出补货指令，每次补货量都是固定的。在这种情况下，补货点和补货量都是固定的，检查期和需求率是可变的，订货提前期可以是固定的或者变化的。

定量补货系统的优点是仅设置提前期内应对需求不确定的安全库存，安全库存较小；对预测值和参数变化相对不敏感。其缺点是需要进行连续的库存记录，资料处理工作量大；确定补货批量时往往不进行经济分析，难以实现多种物资的并单补货和并单运输；不能按照实际需求时间补货，补货存在盲目性。

2. 定期补货系统

定期补货系统采用定期盘点库存的方法，每经过一个相同的时间间隔（补货周期），发出一次补货，补货量为将现有库存补充到一个目标库存水平所需要的增量。与定量补货系统相反，在定期补货系统中，补货批量通常是变化的，补货间隔期是固定的，因此，定期补货系统的关键是确定补货间隔期。采用定期补货系统的企业可以制订统一的补货计划，一次性处理多种物品的补货，并单运输可以降低运输成本。目标库存量 S（预定的库存水平）是指保证按预期的库存水平，满足补货间隔期和订货提前期内生产经营活动对货物的需求量。

目标库存量＝（补货间隔期＋订货提前期）×单位时间需求量＋安全库存

定期库存控制的特点有：定期检查库存水平并补货，订货量＝目标库存量－在库量－在途库存＋已分配在库量；没有规定补货点，关键是确定补货周期和预定的库存水平。

3. 最大最小补货系统

最大最小补货系统又称非强制补货系统，综合了定量补货系统和定期补货系统的特点。每隔固定的时间就检查库存并确定当前库存量，当库存量小于等于补货点时就发出订单补货，否则不补货。

与定期补货系统相比，由于每次检查时不一定都要补货，因而补货次数减少。但若检查时的库存水平高于补货点，则安全库存很难满足下一次盘点补货期加上提前期的需求，因此容易造成缺货。

随着信息技术及智慧物流的发展,供应链上的各节点企业通过物联网、大数据等技术实时监控库存信息,大大降低了需求的不确定性,根据库存水平、预期需求和补充能力,对库存水平实现可视化控制。

6.2.4 经济订购批量模型

1. 模型建立的假设条件

经济订购批量(economic order quantity,EOQ)模型是通过平衡采购成本和仓储费用,确定总库存成本最小的最佳订货量。模型建立基于以下相关假设条件。

(1) 只涉及一种产品。

(2) 需求是已知的常数,即需求是均匀的。年需求量以 D 表示,单位时间需求率以 d 表示。

(3) 不允许发生缺货,即当库存量降为 0 时,瞬间补货。

(4) 订货提前期 L 已知且为常量。

(5) 交货提前期为 0,即发出补货请求之后货物补充到位。

(6) 一次订货量无最大最小限制。

(7) 每次订购的费用与订货量多少无关。

(8) 产品订购价格不随订购量多少而变化,即无数量折扣。

在以上假设条件下,确定系统最大库存量为 Q,最小库存量为 0,不允许发生缺货,库存按固定需求率 d 减少。当库存降低到订货点 R 时,就发出订货量为 Q 的订单,经过一个固定的订货提前期 T,新的一批订货 Q 到达(仓库库存正好变为 0 时)仓库,库存量达到 Q。每个补货间隔期的平均库存量即为 $Q/2$。经济订购批量图解模型如图 6-6 所示。

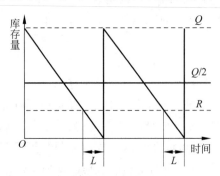

图 6-6 经济订购批量图解模型

2. 模型建立

以一年作为总时间单位,计算一年的总订购费用。其基本公式为

$$年订购总费用=库存维持费用+订货费用+购买费用$$

(1) 库存维持费用。库存维持费用(库存保管得用)是维护一定数量库存所支付的管理人员工资、场所租金、保险费、占用资金利息等的总和,属于可变费用,其计算公式为

$$C_h = \frac{1}{2}QH$$

式中:Q——订货量;

C_h——库存维持费用；

H——单位产品一年的库存维持费用。

（2）订货费用。订货费用是订购一批货物所必须支出的费用，如与供应商的信函联系费用、采购人员的差旅费用、信息处理费用等，属于可变费用。设年需求量为 D，每次订货的费用为 K，则每年订货费用为

$$C_k = \frac{DK}{Q}$$

（3）购买费用。假定物资单价为 p，年需求量为 D，购买费用为

$$C_p = pD$$

年订购总费用 TC 为

$$TC = \frac{1}{2}QH + \frac{DK}{Q} + pD$$

订购总费用随订购量变化的情况如图 6-7 所示。

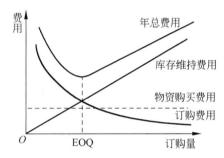

图 6-7　订购总费用随订购量变化的情况

总费用曲线为库存维持费用曲线、订购费用曲线、物资购买费用曲线的叠加。库存维持费用曲线与订购费用曲线有一个交点，其对应的订购量就是最佳订购量。为了求得年总费用那个最佳订购量，对订购总费用计算公式 Q 求偏导，并令其一阶导数为 0，则得到经济订购批量计算公式，即

$$Q^* = \sqrt{\frac{2DK}{H}}$$

最佳的订货间隔期

$$T^* = \frac{Q^*}{D}$$

在经济订购批量为 Q^* 时，年订货次数 n 为

$$n = \frac{D}{Q^*}$$

年总费用的最小值为

$$TC^* = \sqrt{2DKH} + pD$$

订货点 R 为

$$R = dL$$

【算例 6-2】　某生产企业根据生产需要，每年以 20 元的单价购买一种部件，企业对该部

件的年需求量为 4000 件,每次订购的费用是 40 元。库存物资资金年利率为 6%,单位产品年库存维持费用是部件价值的 4%。企业对部件的订货提前期是 2 周。求解企业对该部件的经济订购批量、每年的最低总费用、年订购次数和订货点。

解:由已知条件得

$p = 20$ 元/件,$D = 4000$ 件/年,$K = 40$ 元/次,$LT = 2$ 周,H 由两部分组成:库存占用资金产生的利息和部件仓储费用,即

$$H = 20 \times 6\% + 20 \times 4\% = 2 \ 元 /(件 \cdot 年)$$

计算经济订购批量为

$$Q^* = \sqrt{\frac{2DK}{H}} = \sqrt{\frac{2 \times 4000 \times 40}{2}} = 400(件)$$

每年最低总费用

$$TC^* = \sqrt{2DKH} + pD = \sqrt{2 \times 4000 \times 40 \times 2} + 20 \times 4000 = 80\ 800(元)$$

每年订购次数为

$$n = \frac{D}{Q^*} = \frac{4000}{400} = 10(次 / 年)$$

订货点为

$$R = dL = \frac{D}{52} \times 2 = \frac{4000}{52} \times 2 \approx 154(件)$$

3. 灵敏度分析

经济订购批量存在的问题是计算得到的订购量可能并不是最佳的订购量。如算例 6-2 得出的再订货点数量是 153.8 件,四舍五入之后得出的数量是 154 件,但对于补货来说,可能会造成多余的库存。利用算例 6-2 的数据,经济订购批量是 400 件时的年最低总费用是 80 800 元,改变经济订购批量,分析总费用中可变部分的费用变化情况。计算统计数据见表 6-6,订购量与总变动费用之间的关系如图 6-8 所示。

表 6-6 订购量变化引起的总变动费用变化

订购量变化比例	订购量/件	总变动费用/元	总变动费用变动比例
50%	200	1000	20.0%
60%	240	907	11.8%
70%	280	851	6.0%
80%	320	820	2.4%
90%	360	804	0.6%
100%	400	800	0.0%
110%	440	804	0.5%
120%	480	813	1.6%
130%	520	828	3.3%
140%	560	846	5.4%
150%	600	867	7.7%
160%	640	890	10.1%
170%	680	915	12.6%

续表

订购量变化比例	订购量/件	总变动费用/元	总变动费用变动比例
180%	720	942	15.1%
190%	760	971	17.6%
200%	800	1000	20.0%

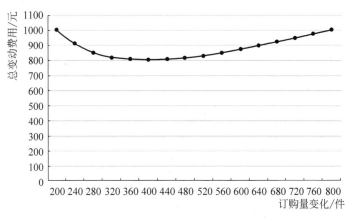

图 6-8　订购量与变动费用之间的关系

从分析数据可以看出,在一定区间内,订购量的大幅度增加带来的是总变动费用小幅度增加,因此,库存管理者可根据资金实际情况,选择在经济订购批量的基础上增加订购量或减少订购量,对总变动费用影响比较小。

经济订购批量模型为量化独立需求的库存管理奠定了基础,其优点有:容易理解和使用;提供较好的确定订货规模的方针;能得到经济订购批量,库存成本、订购周期、订货点等值;容易实施和自动操作;易于扩展,适宜各种不同的环境下的货物,能够长期稳定操作。经济订购批量也存在不足,主要有简化了库存系统;假设需求是已知和不变的,所有的成本是已知和固定的、前置期是不变的,供应也是确定的,可能会得出不合理的订货量;假设各类货物需求是相互独立的,不支持改进,会妨碍准时制的执行。正是由于经济订购批量存在着弊端,在此基础上,形成了考虑多种因素变化的订购批量模型,这里不再赘述。

6.3　供应链不确定需求与安全库存

传统的库存管理是单个企业自营仓储的库存控制,以降低企业自身库存成本为主要目标,从库存维持费用和订货费用出发确定经济订购批量。而供应链库存管理旨在优化供应链成本,并使合作伙伴的库存成本也得以优化,从而避免过高的库存造成的资金占用,货主因缺货而造成的机会损失。因此,供应链的库存管理不只是简单的需求预测与补货,而是根本性地反思原有订货流程,同时优化服务水平和库存成本。

6.3.1　供应链中的不确定性与库存

从"牛鞭效应"可以看到,供应链的库存与供应链的不确定性有着密不可分的关系。从供应链整体的角度看,供应链上的库存由两种情况形成:①企业在生产制造过程中的库存;

②物资在流通过程中的库存。库存存在的客观原因是为了应对各种各样的不确定性,保持供应链系统的正常性和稳定性,但是库存也产生和掩盖了管理中的问题。

1. 供应链中的不确定性与来源

(1) 供应链中的不确定性表现。

① 衔接不确定性。

企业之间(或部门之间)的不确定性,被认为是供应链的衔接不确定性,这种衔接不确定性主要表现在合作性上。供应链上游的供应商或下游的零售商都有可能引发衔接不确定性问题。为了减少衔接不确定性,需要增加企业之间或部门之间的合作性,借助工具和技术达到目的。

② 运作不确定性。

供应链系统运作不稳定性由组织内部缺乏有效的控制机制所致,控制失效是组织管理不稳定性和不确定性的根源。为了减少运作中的不确定性,需要加强组织机构控制能力,提高供应链系统的可靠性。

(2) 供应链不确定性的来源。

供应链不确定性来源主要有三个方面:供应商不确定性、制造商的不确定性和客户的不确定性。不同原因造成的不确定性,其表现形式各不相同。

① 供应商不确定性。

供应商不确定性表现在提前期的不确定性、订货量的不确定性等方面。供应商不确定性的原因是多方面的,如供应商的生产系统发生故障延迟生产、导致供应商的物资供应延迟,物资在交付过程中发生意外交通事故或由于自然原因造成的运输延期等,都可能成为供应商不确定性的原因。

② 制造商的不确定性。

制造商的不确定性主要表现在制造商本身生产系统的不确定性上。如机器故障、计划执行的偏差等,都会引起生产的波动。造成制造商生产过程中在制品库存的原因也表现在制造商对需求的处理上。生产计划是一种根据当前生产系统的状态和未来情况进行的对生产过程的模拟,用计划的形式并不能精确地反映企业的实际生产条件和预测生产环境的改变,不可避免地造成计划与实际执行的偏差。有效的生产控制措施能够对生产偏差进行适当的调整,但生产控制必须建立在对生产信息的实时采集与处理上,使信息及时、准确、快速地转化为生产控制的有效信息。

③ 客户的不确定性。

客户的不确定性产生的原因主要有需求预测的偏差、购买力的波动、从众心理和个性特征等。通常,需求预测的方法有一定的模式或假设条件,假设需求按照一定的规律运行或表现出一定的规律特征,但是任何需求预测方法都存在这样或那样的缺陷,而无法确切地预测需求的波动和客户的心理性反应。在供应链中,不同节点企业相互之间需求预测的偏差进一步加剧了供应链需求的"牛鞭效应",促使供应链供需信息扭曲放大。

(3) 供应链中不确定性产生的原因。

① 需求预测水平。

需求预测水平与预测时间的长短有关,预测时间越长,预测精度越差。预测方法也会对预测产生影响,不同的预测方法,其预测误差大小存在不同。

② 决策信息准确长度。

随着信息技术的快速发展,企业获得信息的手段和工具不断增多,信息的可获得性、透明性、可靠性成为改变不确定性的原因之一。信息的准确性影响着预测结果的可靠性。供应链下游节点企业与客户接触的机会多,获得的可靠信息就多;上游节点企业远离客户需求,信息可获得性和准确性就差,预测的可靠性就低。

③ 管理者决策过程影响。

管理者在决策过程中,出于个人心理原因,对于需求计划的取舍与修订,以及对信息的准确性要求与共享,很大程度上反映出个人的心理偏好,并且带有一定程度的主观性。

2. 供应链的不确定性与库存关系

(1) 衔接不确定性对库存的影响。

供应链是由不同节点企业组成的网链结构,节点企业之间衔接不确定性是普遍存在的,集中表现为企业之间的独立信息体系(信息孤岛现象)。由于竞争的存在,企业总是为了各自的利益封闭自己的资源(包括物质资源和信息资源),企业之间的合作仅仅是贸易上的短期合作,人为地增加了企业之间的信息壁垒和沟通的障碍。因此,企业不得不为应对不测而建立库存,库存的存在实际就是信息闭塞的结果。虽然企业各个部门之间都有信息的交流和沟通,但仅仅停留在某些层面,企业的信息交流更多的是在企业内部而非企业之间进行的。信息共享程度差是供应链不确定性增加的一个主要原因。

在传统的供应链中,信息是逐级传递的,即上游供应链节点企业依据下游供应链节点企业的需求信息进行生产或做出供应决策。在集成的供应链系统中,尤其是在物联网的智能供应链中,每个供应链企业都能够实时共享信息,信息传递过程不再是线性的传递过程,而是网络的传递过程与多信息源的反馈过程。建立了合作伙伴关系的新型企业合作模式,并建立跨组织的信息系统,为供应链合作的各个节点企业提供共同的需求信息,有利于推动企业之间的信息交流与沟通。企业有了确定的需求信息,在制订生产计划时就会减少为了应对需求波动而设立的库存,使生产计划更加精确可行。同时,对下游企业而言,供应链可为企业提供综合的、稳定的供应信息,无论上游企业能否按期交货,下游企业都能预先得到相关信息从而采取相应的措施,使需求企业无须过多地设立库存。

(2) 运作不确定性对库存的影响。

供应链节点企业之间的衔接不确定性通过建立具有战略合作伙伴关系的供应链联盟或供应链协作体,或者采用先进的物联网技术而得以削减。同样,这种合作管理和先进的信息技术也可以减少运作不确定性对库存的影响。当企业之间的合作关系得到改善时,企业的内部运作管理也得以大大改善。因为当企业之间的衔接不确定性因素减少时,企业的生产控制系统就能摆脱这种不确定性因素的影响,从而使生产系统控制更加实时、准确。也只有在供应链完善的条件下,企业才能对生产系统实施有效控制的有利条件,减少生产过程中不必要的库存。

在传统的企业生产决策过程中,供应商或分销商的信息是生产决策的外生变量,无法预见外在需求或供应的变化信息,或获得的是延迟的信息;同时,库存管理策略也是考虑独立的库存点而不是采用共享信息,库存成为维系生产正常运行的必要条件。当市场系统形成网络时,不确定性就像瘟疫一样在生产网络中传播,几乎所有的生产者都希望拥有库存来应对生产系统内外的不测变化。由于无法预测不确定性的规模和影响程度,人们只好按照保守的方法设立库存来应对不确定性。

在不确定性较大的情况下,为了维持一定的客户服务水平,企业常常需要维持一定的安全库存,以提高客户服务水平,因此,在不确定性状态下,供应链节点企业要保障高服务水平必然带来高安全库存。

(3)供需不平衡对库存的影响。

供应链上的库存包括满足客户需求的周转库存、应对不确定性的安全库存、季节性供需的季节性库存三类。供需同步化的实现机理如图 6-9 所示。

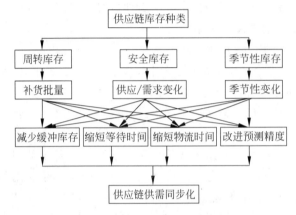

图 6-9 供需同步化的实现机理

图 6-9 中,由于补货批量的存在,必定会有周转库存。为了降低周转库存,就需要减少补货批量,实行小批量供货。由于供应链上存在供应的不确定性或需求的不确定性,为了防止缺货,企业需要设置安全库存。供应的不确定表现为提前期的不确定,需求的不确定表现在需求预测的不准确。安全库存量与订货提前期和需求变动成正比,为了降低安全库存,就必须降低订货提前期的不确定和需求信息的不确定。由于客户需求的季节性差异,需要设置季节性库存。为了降低季节性库存量,需要进行模块化设计,实施延迟化策略。在实际需求发生前,只生产通用产品模块,季节到来且需求发生时再形成产成品。

周转库存、安全库存和季节性库存的降低,必将实现供应链上的缓冲库存下降,需要供应链物流联合运作、缩短库存存放的等待时间。存储时间减少,带来物流周期的缩短,从而缩短订货提前期。近期需求数据可以改进预测精度,有效安排生产和运输计划,从而实现供需的同步化。

6.3.2 不确定需求下的安全库存

1. 定量订货情况下的安全库存

经济订购批量的基本假设是:需求是稳定的且需求量是确定已知的。实际上,需求的变化很大,存在很多不确定性。例如,一个企业出售新的手机,事前并不确定能卖出多少部或者销售量如何随着时间变化。当需求的变化很小时,EOQ 模型能给出有用的结果,但当需求变化很大时,EOQ 模型计算出的结果就会与实际情况差异很大。从订货点开始寻找原因,从订货提前期的平均需求找到再订货点,当库存降至订货点水平时,就发出订单。但是,当订货提前期的实际需求高于平均需求时,在下一批货物到达之前,库存将会被全部消耗,这样就出现库存短缺的情况;相反,当订货提前期的实际需求小于平均需求时,在下一批货物到达之前,仓库里还有未被销售的存货。

因为库存管理者不愿意库存仅满足一部分客户的需求,所以关注最多的是货物短缺的情况。因此,企业应考虑增加存货,即比预测的需求量多,增加安全边际数量,就会因为小批量购买,增加了企业库存的持有成本,以避免造成更高的缺货损失成本。当正常存货用完之后就使用安全库存。安全库存对于再订货量没有影响,依然通过 EOQ 模型来确定,但影响发出订单的时间,特别是安全库存量提高了再订货点。此时的再订货点＝提前期需求＋安全库存＝dT＋安全库存。设置安全库存提高了平均库存量,库存量及安全状态如图 6-10 所示。

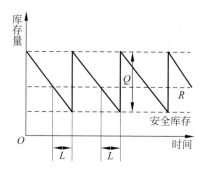

图 6-10　库存量及安全状态

很明显,较高的安全库存对不可预测的需求有较大的缓冲作用,也能保证更好的客户服务。当然,持有较多库存会形成大量库存维持费用,所以需要对库存维持费用和安全库存量进行权衡。但由于缺货造成的机会损失很难确定,若依赖于管理者的判断来确定合适的库存服务水平,用来测量库存直接满足客户需求的可能性。通常来说,企业提供 95％的库存服务水平,意味着仓库能够利用库存满足 95％的客户订单,其余 5％的客户订单得不到满足。库存服务水平需要管理者以其经验、目标、竞争和客户的期望为基础,从而做出积极合理的决策。

安全库存的规模取决于客户服务水平,确切地说,订货提前期的需求服从正态分布。故需求服从正态分布时的安全库存控制如图 6-11 所示。

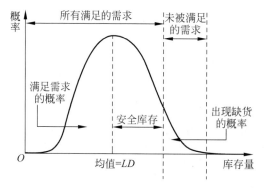

图 6-11　需求服从正态分布时的安全库存控制

定义客户服务水平的方法很多,以周期客户服务水平描述,即库存能够满足订货周期内客户需求的概率。由于定量订货法是一种连续检查库存策略,当库存降至订货点 R 以下时,发出补货清单。假设对一种物质的需求服从单位时间内均值为 D、标准差为 δ 的正态分布。如果订货提前期为常数 L，订货提前期需求也服从正态分布，把 L 分成 n 个时间段，每个 L/n 时间段的需求都是均值 D，即时段 L/n 时，需求均值为 D，方差为 δ^2；时段 $2L/n$ 时，需求均值为 $2D$，方差为 $2\delta^2$；时段 $3L/n$ 时，需求均值为 $3D$，方差为 $3\delta^2$；时段为 L 时，其均值为 LD，方差为 $\delta^2\sqrt{L}$。因此，对于足够长的补货提前期，根据大数定律，任何概率分布都近似为正态分布，则补货提前期 L 内的总需求 $X \sim N(LD, L\delta^2)$。

由预期的服务水平 α，查标准正态分布表的上侧百分位点 Z_α，则

$$p\left\{\frac{X-LD}{\delta\sqrt{L}} \leqslant Z_\alpha\right\} = \alpha$$

从而有 $X \leqslant LD + Z_\alpha\delta\sqrt{L}$，即订货点 $R = LD + Z_\alpha\delta\sqrt{L}$。因此，得到安全库存 $Q_s = Z_\alpha\delta\sqrt{L}$。

【算例 6-3】 一家经营厨房橱柜的家具店，客户对橱柜的需求一直呈现正态分布，通过统计，得到客户对橱柜每周的需求为 200 件，标准差为 40 件，每次订货的费用是 200 元，每件橱柜的库存持有成本为 6 元/(件·年)，订货提前期为 3 周。家具店采用定量订货，客户服务水平为 95%，家具店应该持有安全库存的成本是多少？如果客户服务水平为 97%，安全库存的成本增加多少？

解： 已知 $D = 200$ 件/周 $= 10\ 400$ 件/年，$\delta = 40$ 件，$K = 200$ 元/次，$H = 6$ 元/(件·年)，$L = 3$ 周。

采用定量订货，则每次的最佳订购量为

$$Q^* = \sqrt{\frac{2DK}{H}} = \sqrt{\frac{2 \times 10\ 400 \times 200}{6}} \approx 833（件）$$

① 客户服务水平为 95% 时，安全系数 $Z_\alpha = 1.64$，则安全库存为

$$Q_s = Z_\alpha\delta\sqrt{L} = 1.64 \times 40 \times \sqrt{3} \approx 114（件）$$

再订货点 $= LD +$ 安全库存 $= 600 +$ 安全库存 $= 600 + 114 = 714$（件）

即当橱柜的库存降低到 714 件时，就订购 833 件橱柜。

持有安全库存的成本 $=$ 安全库存 $\times$ 持有成本 $= 114 \times 6 = 684$（元/年）

② 客户服务水平为 97% 时，安全系数 $Z_\alpha = 1.88$，则安全库存为

$$Q_s = Z_\alpha\delta\sqrt{L} = 1.88 \times 40 \times \sqrt{3} \approx 130（件）$$

持有安全库存的成本 $=$ 安全库存 $\times$ 持有成本 $= 130 \times 6 = 780$（元/年）

2. 定期订货情况下的安全库存

因定期订货情况下确定安全库存，需要连续跟踪存货水平，最适用于相对比较昂贵的、客户需求量比较小、需求无规律的商品。一般超市的货架上，从早到晚总是放满了物品，这种系统的运营成本一般比较低，更适用于较便宜的、客户需求量比较大的、需求有规律的商品。需求方通过定期盘存的方法，在固定的时间内订购不同数量的商品。定量订货法和定期订货法的图线比较如图 6-12 所示。

对于定期订货法，需要确定两个参数：订货间隔期 T 和目标库存量 S。订货间隔期 T 应该是多长？可能任何合适的时间都可以，企业一般会在周末、每天早晨或每月末发出订单。如果没有明显的周期，可以通过一年的订单数或平均订单大小来决定。或者通过计算出经济订购批量，然后找出订购这个数量订单的时间，这个决策很大程度上通过管理判断。

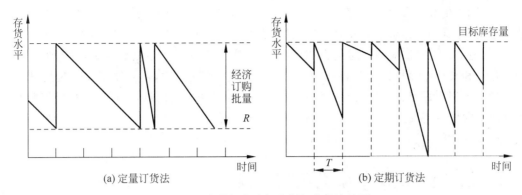

图 6-12　定量订货法与定期订货法比较图

确定目标库存量,系统按时查看现有存货,然后订货,使货物总量达到目标存货水平,即

补货量 Q =目标库存量 S -在库量-在途量(在单量)

假设一个公司某种商品在周末的存货是 10 件,目标库存量是 40 件,那么它会在订货提前期内发出订单,订货量是 30 件。通过分析确定目标库存量。假设订货提前期是确定的且为 L。再订货时,仓库中现有的存货加上订购量必须是能坚持到发出下一个订单的量。假设单位时间的需求服从均值为 D、标准差为 δ 的正态分布,订货间隔期和订购提前期分别为 T 和 L。那么,在 $(T+L)$ 时期内需求的均值为 $(T+L)D$,方差为 $(T+L)\delta^2$,标准差为 $\delta\sqrt{T+L}$。得到安全库存:

$$Q_s = Z \times \delta\sqrt{(T+L)}$$

目标库存量 S =$(T+L)$ 时期内的平均需求+安全库存

$$S = D(T+L) + Z \times \delta\sqrt{(T+L)}$$

【算例 6-4】　学校对某种办公用品的需求服从正态分布,每周需求的平均量是 200 个,标准差是 40 个。学校主管部门对该办公用品每 4 周检查一次库存,订货提前期确定为 2 周。每个办公用品的库存持有成本为 20 元/(个·周),当客户服务水平为 95% 时,安全库存是多少?当客户服务水平为 98% 时,安全库存又是多少?

解:已知 D =200 个,δ =40 个,H =20 元/(个·周),T =4 周,L =2 周。

① 客户服务水平为 95% 时,安全系数 Z_a =1.64,则安全库存为

$$Q_s = Z \times \delta\sqrt{(T+L)} = 1.64 \times 40 \times \sqrt{4+2} \approx 161(\text{个})$$

目标库存量 S =$D(T+L) + Z \times \delta\sqrt{(T+L)}$ =$200 \times (4+2) + 161 = 1361$(个)

安全库存不是正态分布,那库存持有成本为

安全库存持有成本=安全库存×库存持有成本=$161 \times 20 = 3220$(元/周)

② 若学校现有办公用品库存 400 个,在途量为 350 个,则补货量为

补货量 Q =目标库存量 S -在库量-在途量(在单量)=$1361 - 400 - 350 = 611$(个)

③ 客户服务水平为 98% 时,安全系数 Z_a =2.05,则安全库存为

$$Q_s = Z \times \delta\sqrt{(T+L)} = 2.05 \times 40 \times \sqrt{4+2} \approx 201(\text{个})$$

目标库存量 S =$D(T+L) + Z \times \delta\sqrt{(T+L)}$ =$200 \times (4+2) + 201 = 1401$(个)

安全库存持有成本=安全库存×库存持有成本=$201 \times 20 = 4020$(元/周)

传统上,超市均采用定期订货法。每天晚上,超市的收银台把白天卖出的需要补充的商品信息发送给供应商,供应商及时备货发货,确保超市每天的货架上有充足的商品供应。当然,如果超市每天向供应商发送信息的频次增加,定期订货法就会更加灵敏,有利于降低目标库存量和安全库存量。对于供应商来说,统计零售商发送的信息,按需要的时间进行配送。如果零售商每完成一笔交易,收银台就向供应商发送售出信息,这样就不再是零售商每天高频次向供应商发送信息。充分利用信息系统,应用连续补货的方法,更有利于零售商降低安全库存,提高供需双方的生产效率。

6.4　供应链多级库存优化与控制

供应商管理库存和联合库存管理策略,都是对供应链局部进行优化控制。要进行供应链的全局性优化与控制,则必须采用多级库存优化与控制方法。因此,多级库存优化与控制是供应链资源的全局性优化。

6.4.1　多级库存网络结构与基本控制方法

1. 多级库存网络结构

多级库存优化与控制是在单级库存控制的基础上形成的。各库存点通过各种不同的供需关系连接起来,可形成不同的配置方式。比如,一个大型的零售商会集中采购货物,将货物存放在某个中心仓库,然后从该中心仓库供应给其他的几个零售店,或者一个生产商可能需要原材料,将它们制成各种部件,然后由部件装配成最终产品。在这样的情况下,这些库存点和它们之间的相互关系形成一个网络或者一个有向图。如果用节点代表库存点,弧线代表供需关系,供应链多级库存形成的基本网络结构系统有系列系统、装配系统、配送系统、树形系统和一般系统,如图 6-13 所示。

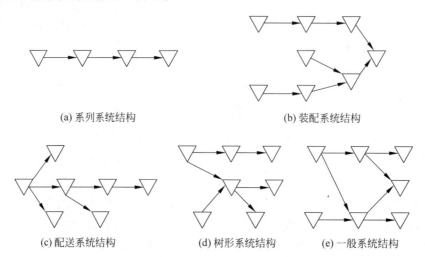

　　(a) 系列系统结构　　　　　　　　　　　　(b) 装配系统结构

　　(c)配送系统结构　　　　(d) 树形系统结构　　　(e) 一般系统结构

图 6-13　供应链多级库存形成的基本网络结构示意图

2. 基本控制方法

供应链管理的目的是使整个供应链各个节点的库存最小,但是,现行的企业库存管理模式往往仅从企业内部的角度去考虑库存问题,因而并不能使供应链整体达到最优。

多级库存控制的方法有两种：一种是非中心化（分布式）策略，另一种是中心化（集中式）策略。非中心化策略是各个库存节点独立地采取各自的库存策略，这种策略在管理上比较简单，但并不能保证达到整体的供应链优化，如果信息的共享度低，多数情况下产生的是次优的结果，因此非中心化策略需要更多共享的信息。采用中心化策略，所有库存点的控制参数是同时决定的，考虑各个库存点的相互关系，通过协同的办法获得供应链的优化。但中心化策略在管理上协同的难度大，特别是供应链的层次比较多，即供应链的长度增加时，更增加了协同控制的难度。

6.4.2　供应链多级库存控制与优化的主要问题

1. 库存优化的目标问题

传统的库存优化问题无一例外地进行库存成本优化，在强调敏捷制造、基于时间的竞争条件下，这种差别优化策略是否适宜？供应链管理的两个基本策略，都集中体现了顾客响应能力的基本要求，因此，在实施供应链库存优化时明确库存优化目标是什么，差别还是时间？差别是库存控制中必须考虑的因素，但是，在现代市场竞争的环境下，仅优化成本这样一个因素，显然是不够的，应该把对时间（库存周转时间）的优化也同时作为库存优化的主要目标。

2. 明确库存优化的边界

供应链库存管理的边界就是供应链的范围。在库存优化中，一定要明确所优化的库存范围是什么。供应链的结构有各种各样的形式，有全局的供应链，包括供应商、制造商、分销商和零售商各个部门；有局部的供应链，其中又分为上游供应链和下游供应链。在传统的多级库存优化模型中，绝大多数的库存优化模式是下游供应链，即关于"制造商（产品供应商）—分销中心（批发商）—零售商"的三级库存优化。很少有关于"零部件供应商—制造商"之间的库存优化模型，在上游供应链中，主要考虑的问题是关于供应商的选择问题。

3. 多级库存优化的效率问题

理论上讲，如果所有的相关信息都是可获得的，并把所有的管理策略都考虑到目标函数中去，中心化的多级库存优化要比基于单级库存优化的策略（非中心化策略）优良。但是，现实情况未必如此，当把企业与管理问题考虑进去时，管理控制的幅度常常是下放到各个供应链部门独立进行，因此，多级库存控制策略的好处也许会被企业与管理的考虑所抵消。所以简单的多级库存优化并不能真正产生优化的效果，需要对供应链的节点企业、管理方法进行优化，否则，多级库存优化策略会效率低下。

4. 明确采用的库存控制策略

在单级库存点的控制策略中，一般采用的是周期性检查与连续性检查策略。周期性检查库存策略主要有 (nQ, t, R)、(S, R)、(t, S, R) 等策略；联系库存管理策略主要有 (t, Q) 和 (t, S) 两种策略。这些库存控制策略对于多级库存控制仍然适用。但是，到目前为止，关于多级库存控制，都是基于无限能力的假设、针对单一产品的多级库存，对于有限能力的多种产品的库存控制，依然是供应链多级库存控制的难点。

6.4.3　成本优化条件下的多级库存控制

基于成本优化的多级库存控制实际上就是确定库存控制的有关参数：库存检查期、订货点和订货量。在传统的多级库存优化方法中，主要考虑的供应链模式是生产分销模式。

也就是供应链的下游部分。如果将问题扩展到整个供应链的一般性情况,供应链多级库存控制模型如图 6-14 所示。

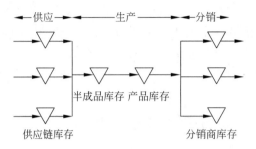

图 6-14 供应链多级库存控制模型

在库存控制中,考虑集中式(中心化)和分布式(非中心化)两种库存控制策略情形。在分析之前,首先确定库存成本结构。

1. 供应链的库存成本结构

主要包括库存维持费用、订货费用和缺货损失成本。

(1) 库存维持费用(C_h)。

在供应链的每个阶段都要维持一定的库存,以保证生产、供应的连续性。这些库存维持费用包括资金成本、仓库折旧费及设备折旧费、税收、保险金等。库存维持费用与库存商品的价值和库存量的大小有关。库存维持费用沿着供应链从上游到下游有一个累积的过程,如图 6-15 所示。

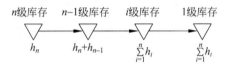

图 6-15 供应链库存维持费用的累积过程

C_h 为单位周期内单位产品(零部件)的库存维持费用。假设 v_i 表示 i 级供应链节点企业的库存量,那么,整个供应链的库存维持费用为

$$C_h = \sum_{i=1}^{n} h_i v_i$$

如果是上游供应链,那么库存维持费用是一个汇总的过程,而在下游供应链,则是分散的过程。

(2) 订货费用(C_k)。

订货费用是指在供应链企业之间的交易合作过程中产生的各种费用,包括谈判、准备订单、商品检验费用、佣金等。订货费用随着交易量的增加而减少。

订货费用与供应链企业之间的合作关系有关。通过建立一种长期的互惠合作伙伴关系,有利于降低订货费用,战略合作伙伴关系的供应链企业之间订货费用是最低的。

(3) 缺货损失成本(C_s)。

缺货损失成本是由于供不应求,即库存 v_i 小于零的时候,造成市场机会损失以及企业缴纳给客户的违约金等。

缺货损失成本与库存大小有关:库存量大,缺货损失成本小;反之,缺货损失成本大。

为了减少缺货损失成本,维持一定量的库存是必要的,但是库存过高将增加维持库存费用。

在多级供应链中,通过提高信息的共享程度,增加供需双方的协调与沟通,有利于减少缺货带来的损失。

总的库存成本为

$$C = C_h + C_k + C_s$$

多级库存控制的目标就是优化总的库存成本 C,使其达到 $\min C$。

2. 库存控制策略

多级库存的控制策略分为中心化库存控制策略和非中心化库存控制策略。

(1) 中心化库存控制策略。

目前,关于多级库存的中心化库存控制策略探讨不多,采用中心化库存控制的优势在于能够对整个供应链系统的运行有一个比较全面的掌握,能够协调各个节点企业的库存活动。

中心化库存控制是将控制中心放在核心企业中,由核心企业对供应链系统的库存进行控制,协调供应链上游与下游节点企业的库存活动。这样核心企业也就成为供应链上的数据中心(数据仓库),担负着数据的集成、协调功能,如图 6-16 所示。

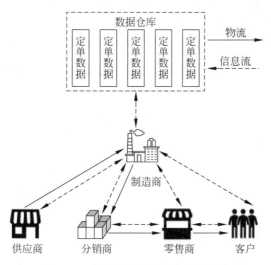

图 6-16　供应链中心化库存控制模型

中心化库存控制的目标是使供应链上总的库存成本最低。

$$\min TC = \sum_{i=1}^{n} (C_{hi} + C_{ki} + C_{si})$$

从理论上讲,供应链的层次是可以无限的,即从用户到原材料供应商,整个供应链是 n 个层次的供应链网络模型,分一级供应商,二级供应商,……,k 级供应商,然后到核心企业(组装厂);分销商也可以多层次划分,分成一级分销商、二级分销商、三级分销商等,最后才到客户。但是,现实中供应链的层次并不是越多越好,而是越少越好,因此,实际供应链的层次并不很长,采用"供应—生产—分销"这样的典型三层模型足够说明供应链的运作问题。三级库存控制的供应链模型如图 6-17 所示。

各个零售商的需求 D_{it} 是独立的,根据需求的变化制定的订货量为 Q_{it},各个零售商总的订货汇总到分销中心,分销中心产生一个订单给制造商,制造商根据产品制订生产计划,

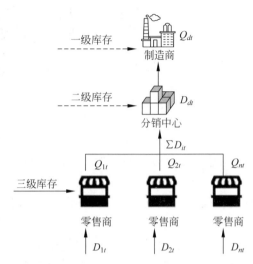

图 6-17　三级库存控制的供应链模型

同时对上游供应商产生物料需求,整个供应商在制造商、分销商、零售商三级节点企业各有库存,这就是三级库存。假设各零售商的需求为独立需求,需求率 d_i 与订货提前期为 L_i 为同一分部的随机变量,同时系统销售同一产品,即为单一产品供应链。对于这样一个三级库存控制系统,这是一个串行与并行相结合的混合型供应链模型,建立的成本控制模型为

$$\min\ \{C_{mfg}+C_{cd}+C_{rd}\}$$

C_{mfg} 为制造商的库存成本,C_{cd} 为分销商的库存成本,C_{rd} 为零售商的库存成本。

关于订货策略采用连续性检查还是周期性检查的问题,原则上讲两者都是适用的,但各有特点。问题在于采用传统的订货策略时有关参数的确定和供应链环境下的库存参数应有所不同,否则不能反映多级库存控制的思想。因此,不能按照传统的单点库存控制策略进行库存优化,企业必须寻找新的方法。

如何体现供应链集成的控制思想,可以采用多级库存取代单点库存解决问题。因为单点库存没有考虑多级供应链中相邻节点的库存信息,所以容易造成需求放大现象。采用多级库存控制策略后,每个库存点不再是仅检查本库存点的库存数据,而是检查处于供应链整体环境下的某一级库存状态。多级库存和单点库存的不同,多级库存重新定义供应链上节点企业库存数据,采用"级库存"概念

供应链级库存=某一库存节点现有库存+转移或正在转移给其后续节点的库存

这样检查库存状态时,不但要检查本库存点的库存数据,还要检查其下游需求方的库存数据。多级库存策略的库存决策完全基于掌握下游节点企业库存状态,因此避免了信息扭曲现象。建立在 Internet/EDI 技术上的全球供应链信息系统,为企业之间信息的快速传递提供了保证。因此,实现供应链的多级库存控制有了技术保证。

(2) 非中心化库存控制策略。

非中心化库存控制策略是把供应商的库存控制分为三个成本归结中心,即制造商成本中心、分销商成本中心和零售商成本中心,各自根据自己的成本优化做出优化的控制策略。非中心化库存控制要取得整体的供应链优化效果,需要增加供应链的信息共享程度,使供应链上的各个节点企业都共享统一的市场信息。非中心化多级库存控制策略能够使企业根据

自己的实际情况独立快速地做出决策,有利于企业自己的独立自主性和灵活机动性。非中心化库存控制模型如图 6-18 所示。

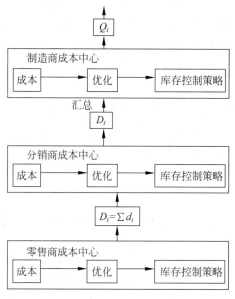

图 6-18　非中心化库存控制模型

供应链非中心化库存订货点的确定,可完全按照单点库存的订货策略进行,即每个库存点根据库存的变化,独立地确定库存控制策略。非中心化的多级库存优化策略,需要企业之间具有较好的协调性,否则有可能导致各自为政的局面。

6.4.4　时间优化条件下的多级库存控制

基于成本优化的多级库存优化方法是传统的做法。随着市场变化,市场竞争已从传统简单的成本优先的竞争模式转为时间优先的竞争模式,这就是敏捷制造的思想。因此,供应链的库存优化不能简单地优化成本。在供应链管理环境下,库存优化还应该考虑对时间的优化,比如库存周转率的优化、订货提前期优化、产品平均上市时间的优化等。库存时间过长不利于产品的竞争。缩短库存时间,既有利于减少库存,又有利于控制库存。因此,供应链系统应从提高用户响应速度的角度提高供应链的库存管理水平。

1. 供应链多级库存时间结构

根据库存管理理论,供应链运行过程中的库存总时间应该包括每一级库存产品的搬运入库时间、保管存放时间、分拣配货时间、搬运出库时间以及缺货退货补救时间等。实际上,每一级库存都有所不同,应分别加以分析。对供应商而言,主要是原材料的库存;对于制造商来说,包括原材料库存、半成品库存或零部件库存和产成品库存;对于分销商来讲,主要是指产成品库存。

2. 多级库存时间优化实施要点

(1)信息共享。

供应链中企业信息不完全和不对称、分散决策和市场需求不确定性等原因造成了供应链反应迟钝、"牛鞭效应"、库存费用高等问题,而信息共享对于解决上述问题,提升整个供应链的绩效(如降低平均库存水平、缩短产品库存时间、减少库存和缺货成本等)有显著作用。现在已经有很多信息共享模式,可依据供应链所在行业的特点进行适当的选择和运用。对于介绍的多级库存模型,由于采用的是以制造商为中心的中心化策略,所以可采用以制造企业为中心建立共享数据库系统平台的信息共享机制,由制造商与上游和下游企业共同组成合作小组进行数据库系统的数据更新和维护。这样既可以实现信息的充分共享,也维护了公平原则。

(2) 建立战略合作伙伴关系。

随着供应链管理思想的不断发展,越来越多的企业已经认识到,与上游供应商建立长期的战略伙伴关系对企业长期发展具有不可替代的作用。因此,合作双方着眼于长期的共同发展,建立一种以合作和信任为基础的战略合作伙伴关系,确保快速、有效地传递各种信息,缩短了物流的运输时间,也使得整条供应链以最低的成本向客户传递最优的客户价值,进而提高整个供应链的增值能力。以增强制造商为中心的策略就应该以制造商为中心建立与上游供应商和下游分销商的长期合作关系,建立战略联盟,始终保持供应链的优越性。

(3) 库存设备的合理选用。

库存活动包括产品卸载入库、搬运、保管、分拣、配货、装载出库等,对于这一系列活动,应该设计一套合理的流程和设备组合,保证整个物流过程的顺利完成,采用先进的设备或合理的设备组合来协助完成,有助于该流程的快捷实现,节省人力和时间,降低劳动力费用。例如,采用自动分拣传送装置可以大大缩短活动的持续时间,也大大节省了人力,有效提高了实际操作效率。

(4) 协作与监督机制。

供应链的各成员是相互依赖、相互合作的关系,只有通过密切的协调与协作,才能获得最佳的供应链性能和有利的竞争优势,特别是建立信息共享平台,建立合理的协作监督机制非常必要的保证措施。可采取的具体合作机制有很多种,如签订合作协议或合约、采取各级库存风险分担的协调策略等。监督惩罚等制度是有效合作的保证,因此,建立合理的收益分配机制和合同约束机制是相当必要的,也是根据供应链上各企业的具体特征来选择合适的机制形式。

随着企业之间依赖性的不断加深,企业必然要与所在供应链上的节点企业进行合作,通过信息共享实现优势互补,发展智慧供应链,供应链节点企业实现战略合作,降低整个供应链的总成本、提高产品周转率,增强供应链与其他供应链的竞争力。

此外,具体应用到供应链的实际运作中,还要根据具体的情况,进行详细的分析,做出较为系统、规范的实施细则。

【复习思考题】

1. 简答题

(1) 什么是库存,保持库存的原因有哪些?

(2) 简要说明库存的分类。

(3) 库存管理工具有哪些?

(4) 供应链环境下库存管理的方法有哪些?

（5）简要说明供应链中的不确定性与来源。

（6）供应链不确定性与库存的关系体现在哪些方面？

（7）多级库存网络结构有哪些？有哪些基本的库存控制方法？

（8）分析说明成本优化条件下的多级库存控制模型。

2. 计算题

（1）超市对某种商品每月的需求是 500 件，采购每件商品的单价是 100 元。采购部每年对该商品平均发出 3000 个订单，由此产生的订货费用为 18000 元。每件商品每年产生的库存维持费用为单位商品价值的 30%，商品的订货提前期为 1 周。超市对该商品的经济订购批量是多少？再订货点是多少？年订购总费用是多少？

（2）某种物资月需求量服从均值为 15 件，标准差为 $\sqrt{\dfrac{10}{3}}$ 的状态分布，订购成本为 30 元，库存持有成本为 1 元/（件·月），平均订购提前期为 1 个月，实行定期订货，首次盘点得到在库量为 21.32 件，在途运输量为 5 件，已经售出但是尚未提货的库存量为 3 件，如果要求库存满足率达到 97.7%（对应安全系数为 $Z_a = 2$），求订货间隔期、目标库存量和补货量。

（3）某金属公司销售钢材，过去 6 周，每周销售的钢材分别为 108 吨、134 吨、155 吨、117 吨、133 吨、145 吨，如果它们服从正态分布，订货提前期为 4 周，一次订货费用为 300 元，一吨钢材保管费为 10 元/周，要求库存满足率达到 95%，如果实行定量订货法控制，应该怎样进行安全库存量和经济订货批量的计算？

（4）某公司对 10 种物资的年用量和占用资金进行了统计，考虑到对这些物资的库存控制，需要采用 ABC 分析法进行分类，确定采用合理的库存控制策略。10 种物资年用量与费用统计见表 6-7。

表 6-7　10 种物资年用量与费用统计表

序　　号	产品代码	用量/件	单价/元
1	D-30	50 000	0.08
2	D-40	200 000	0.12
3	B-10	6000	0.10
4	A-10	120 000	0.06
5	A-20	7000	0.12
6	B-30	280 000	0.09
7	E-80	15 000	0.07
8	C-16	70 000	0.08
9	C-90	15 000	0.09
10	E-50	2000	0.11

依据统计数据，对 10 种物资进行 ABC 分类，画出帕累托图，根据分类的结果，指出每种物资的库存控制策略。

思政案例

第7章 供应链运输管理

【主要内容】

本章共五节内容,主要讲述了运输及其在供应链中的作用、物流运输决策、运输成本的特点、物流运输路线的确定、物流运输成本的优化。

【学习目标】

了解运输在供应链中的应用,熟悉运输决策过程中考虑的因素、运输方式选择标准;掌握运输成本的特点,熟悉不同运输方式的成本特征;掌握物流运输路线的优化方法;了解物流运输合理化的意义和作用,掌握运输优化的方法。

【引导案例】

近年来,生鲜电商成为热门话题——将生鲜蔬果放进"购物车",傍晚下班后,这些食品直接被快递送到家门口的运作模式,得到了广大白领的青睐。顺丰集团旗下的电商网站"顺丰优选"总裁助理杨军认为,顺丰优选的优势在于提供优质的产品,"海内外直采+海陆空运输=速度和稳定","我们能在24小时内让食物从'枝头到舌头',只要不遇到极端恶劣的自然因素,就可以保证每天的速度一样的稳定"。

为了应对5月份生鲜荔枝"大战",顺丰优选早在1月份就开始"蹲点"荔枝原产地,调查供应商情况、气候条件及周边环境。除了北京、深圳,顺丰优选在华东、华南地区同样预备置办工作点,并且组织采购团队去全国各地进行原产地直采。在买手们亲自挑选完食品并封箱后,由"顺丰航空"空运至消费地,使跨地域物流的时效得到保证。顺丰当前具备140多辆可控温度的运输车,并且一直严格按照冷链物流的要求运营。供应链缩短之后,就能有价格优势,再通过运营效率提升和创新的商业模式,把成本降低,最终让利给消费者。

7.1 运输及其在供应链中的应用

企业物流活动离不开运输,运输是物流的主要手段,也是物流的重要环节。整个物流活动由包装、装卸、保管、库存管理、流通加工、运输和配送等活动组成,其中运输是物流活动的主要组成部分。为了适应物流的发展,必须要有一个四通八达、畅通无阻的运输系统作为支撑。

7.1.1 运输概述

1. 运输的含义

《物流术语》GB/T 18354—2021对运输的解释为:利用载运工具、设施设备及人力等运力资源,使货物在较大空间上产生位置移动的活动。对大多数企业来说,运输通常代表着物流成本中最大的单项成本。运输是在不同地域范围内(如两个城市、两个工厂间,或一个企业内的两个车间之间),以改变"物"的空间位置为目的的活动,是对"物"进行的空间位移。

2. 运输的功能

运输的功能主要体现在空间位移和产品临时储存两个方面。

（1）空间位移功能。

任何形式状态下的产品都离不开运输。运输的主要功能就是让产品在供应链中实现移动。运输的主要目的是以最低的时间、财务和环境资源成本，将产品从原产地转移到指定地点，此外，产品的丢失、损坏也必须是最低的，产品转移所采用的方式必须能满足客户有关交付履行和装运信息可行性等方面的要求。

（2）产品临时储存功能。

运输车辆也可临时作为储存设施。在仓库空间有限的情况下，利用运输车辆储存是一种可行的选择。但本质上，利用运输车辆进行储存只是一种临时的、动态的措施。它的使用还要结合装卸成本、储存能力及延长提前期时间等进行综合考虑。因此，对物资的临时储存是一项比较特别的运输功能。

3. 运输的特点

运输不同于其他产业，作为一种特殊的物质生产，它有其自身的特点。

（1）运输不生产有形的产品。

运输作为一种特殊的物质生产，并不生产有形的产品，只提供无形的服务。作为运输的抽象劳动，其创造的新价值会追加到所运输货物的原有使用价值中。

（2）运输不改变运输对象的性质。

运输过程不像工农业生产那样改变劳动对象的物理、化学性质和形态，而只改变运输对象（客、货）的空间位置。对旅客来说，通过运输实现了消费；对于货物来说，通过运输创造了附加价值。

（3）运输对自然的依赖性很大。

运输不同于工业生产，它对自然有较强的依赖性。大部分运输活动都露天进行，风险很大。运输的场所、设施设备较分散，流动性强，具有点多、线长、面广的特点，受自然条件的影响较为明显。

（4）运输是资本密集型产业。

由于运输不生产有形的产品，它不需要为原材料或零部件预付原始价值，运输成本仅涉及运输设施设备与运输运营成本两部分。因此，在运输成本中，固定成本所占比例相对较大，运输需要大量的投资，为资本密集型产业。

（5）运输是"第三利润源"的主要源泉。

一方面，运输费用在整个物流费用中占有最高的比例。运输的实现需要借助大量的动力消耗，一般社会物流费用中运输费用占物流费用接近 50% 的比例，有些产品的运输费用甚至会高于生产制造费用。另一方面，合理运输可以节约运输费用。运输活动承担的是大跨度的空间位移任务，具有时间长、距离长、消耗大的特点。通过体制改革、技术革新、运输合理化，可以减少运输的吨千米数，从而成为"第三利润"的主要来源。

4. 运输方式

常见的运输方式有铁路运输、公路运输、水路运输、航空运输和管道运输。这些运输方式各有其特点，他们相互协调、相互配合，同时又在不同的运输方式之间展开竞争，不同运输方式的优缺点见表 7-1。

表 7-1　不同运输方式的优缺点

运输方式	优　点	缺　点
铁路运输	① 可以满足大量货物的一次性高效率运输 ② 铁路运输网完善,可以将货物运往各地 ③ 轨道运输事故相对较少,安全性高 ④ 一般受天气影响小	① 近距离运输时费用较高 ② 机动性差,装卸残损率高 ③ 投资大,建设周期长
公路运输	① 能够实现"门到门"运输 ② 适用于近距离运输,比较经济 ③ 灵活、方便,能满足不同用户的需求 ④ 汽车购置费用较低,公路建设周期较短、初始投资较低	① 运输量小 ② 单位运费高于水路、铁路的单位运费 ③ 耗能多,对环境污染很大 ④ 易发生交通事故,安全性较低
水路运输	① 运费低于航空运输、铁路运输和公路运输 ② 运输量大,适合宽大、质量大的货物运输 ③ 投资少,水运通道大多是天然的	① 运输速度较慢 ② 港口的装卸费用较高 ③ 航行受天气影响较大 ④ 运输的正确性和安全性较差
航空运输	① 运输速度快 ② 不受地形条件的限制	① 运费高,货物体积、质量受限制 ② 飞行受气候影响大 ③ 机动性、灵活性差,须与公路运输相配合 ④ 机场、飞机的造价高
管道运输	① 运输效率高 ② 适用于气体、液体货物的运输 ③ 货物无须包装,占用土地少 ④ 安全,有利于环境保护	① 运输对象受到极大限制 ② 灵活性差 ③ 初始的投资较大

　　改革开放以来,我国经济快速发展,其中运输业发展成果显著,运输业是国家基础性、战略性产业,是社会经济发展的强有力支撑和保证。以 2019 年统计的数据为例,各种运输方式完成的货运量比例如图 7-1 所示。

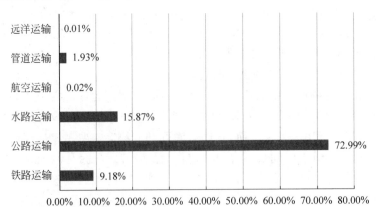

图 7-1　2019 年各种运输方式完成的货运量所占比例

7.1.2　高效运输系统的重要性

1. 运输系统的构成

运输系统作为物流活动的最基本的系统,是指由与运输活动相关的各种因素组成的一个整体。它的构成如下。

（1）运输节点。

运输节点是指以连接不同运输方式为主要职能、处于运输线路上的、承担货物的集散、运输业务的办理、运输工具的保养和维修的基地与场所。运输节点是物流节点中的一种类型,属于转运型节点。如不同运输方式之间的转运站、终点站,公路运输线路上停车场(库)、货运站,铁路运输线路上的中间站、编组站、区段站、货运站,水运线路上的港口、码头,航空运输线路上的空港,管道运输线路上的管道站等,都是运输节点。一般来说,由于运输节点处于运输线路上且以转运为主,因此货物在运输节点上停滞的时间较短。

（2）运输线路。

运输线路是供运输工具定向移动的通道,也是物流运输得以运行的基础设施,是构成物流运输系统的最重要的要素。在现代运输系统中,主要运输线路有公路、铁路、航线和管道。其中,铁路和公路为陆上运输线路,除了引导运输工具定向行驶外,还需承受运输工具、货物或人的质量;航线有水运航线和空运航线,主要起到引导运输工具定位定向行驶的作用,运输工具、货物或人的质量由水和空气的浮力支撑;管道是一种特殊的运输线路,由于其严密的封闭性,既充当了运输工具,又起到了引导货物流动的作用。

（3）运输工具。

运输工具是指在运输线路上用于载重货物并使其发生位移的各种设备装置,它们是物流运输得以开展的基础设备。运输工具根据从事运送活动的独立程度可以分为三类:①仅提供动力、不具有装载货物容器的从动运输工具,如铁路机车、牵引车、拖船等;②没有动力,但具有装载货物容器的从动运输工具,如车皮、挂车、驳船等;③既提供动力,又具有装载货物容器的独立运输工具,如轮船、汽车、飞机等。管道运输的动力装置设备与载货容器的组合较为特殊,载货容器为干管,动力装置设备为泵(热)站。因此,设备总是固定在特定的空间内,与其他运输工具可以凭借自身的移动带动货物移动有所不同,故可将泵(热)站视为运输工具,甚至可以连同干管都视为运输工具。

（4）运输参与者。

① 货主。货主是货物的所有者,包括托运人(或委托人)和收货人,有时托运人和收货人是同一主体,有时非同一主体。但不管是托运人托运货物,还是收货人收到货物,他们均希望在规定的时间内,在无丢失损坏且方便获取货物运输信息的条件下,花最少的费用将货物从托运地转移到指定的收货地点。

② 承运人。承运人是指进行运输活动的承担者。承运人主要包括铁路货运公司、航运公司、民航货运公司、运输公司、储运公司、物流公司以及个体运输业者。承运人是受托运人或收货人的委托,按委托人的意愿以最低的成本完成委托人委托的运输任务,同时获得运输收入。承运人根据委托人的要求或在不影响委托人要求的前提下,合理地组织运输和配送,包括选择运输方式、确定运输路线、进行配货配载等,降低运输成本,尽可能多地获得利润。

③ 货运代理人。货运代理人是指根据用户要求,并为获得代理费用而招揽货物、组织

运输和配送的成员。货运代理人只负责把来自各用户手中的小批量货物进行合理组织，装运整合成大批量装载，然后交付承运人进行运输；送达目的地之后，再把大批量装载货物拆分成小批量货物送往收货人处。货运代理人的主要优势在于因大批量装载可以实现较低的费率因此可以从中获取利润。货运代理人属于非作业中间商，因此也被称为无船承运人。

④ 运输经纪人。运输经纪人是指代替托运人、收货人和承运人协调运输安排的中间商，协调的内容包括装运装载、费率谈判、结账和跟踪管理等，运输经纪人也属于非作业中间商。

⑤ 政府。由于运输是一种经济行业，所以政府要维持交易中的高效率水平。政府期望形成稳定而有效率的运输环境，促进经济持续增长，使产品有效地转移到全国各地市场，并以合理的成本获得产品。为此，许多政府部门比一般企业需要更多地干预承运人的活动，这种干预往往采取规章制度、政府促进、拥有承运人等形式。政府通过限制承运人所能服务的市场或确定他们所能收取的价格来规范他们的行为，通过支持研究开发或提供如公路或航空交通控制系统之类的通行权来促进承运人发展。

⑥ 运输使用者。运输使用者关注物流运输的可达性、费用和效果，以及环境上和安全上的标准，按合理价格产生对商品的需求并最终确定运输需求。尽管最大限度地降低成本对于消费者来说是重要的，但是与环境和安全标准有关的交易代价也需要考虑。尽管目前在降低污染和消费安全方面已有重大进展，但空气污染等仍是运输面临的一个重大问题。

2. 高效运输系统的重要性

对比发展中国家与发达国家之间的经济，可以看到运输在创造高水平经济活动中的作用。在发展中国家，生产和消费通常在空间上非常接近，大量劳动力投入农业生产中，居住在城市的人口只占总人口的很少一部分。随着便宜、快捷运输服务的出现，整个经济结构逐步朝着发达国家的经济结构演变，即人口向城市中心转移，加快城市化进程。生产的地域限制和产品的种类限制得到改善，居民的物质生活普遍提高。因而，高效、廉价的运输系统促使市场竞争加剧，带来生产中更多的规模经济效益和产品价格下降。

(1) 市场竞争加剧。

在运输系统落后的环境中，市场局限在生产地附近的周边地区。只有当生产成本比第二个生产地点的响应差别低很多时—即生产成本之间的差异可以抵消供应第二个市场的运输成本时——竞争产生。但是，随着运输系统的改进，转移到更远距离市场的产品的运输成本就可以与在同一市场销售的其他产品的价格相互竞争。除了鼓励直接竞争，低运价、高质量的运输也鼓励间接竞争，它使得许多产品进入市场，而这些产品的运输成本在一般运输系统中过高，令人无法接受。某些产品能够渗透到其原本无法进入的市场，从而导致销售额的实际增长。同时，外来商品对市场所有类似商品的价格也起到平抑的作用。

(2) 形成规模经济。

运输规模经济的特点是随着装运规模的增长，单位质量的运输成本将降低。例如，整车运输(即车辆满载装运)的每单位运输成本低于零担运输(即零散货物凑成整车)。也就是说，诸如铁路和水路等运载能力较大的运输工具，单位货物的运输费用低于汽车和飞机等运载能力较小的运输工具。运输规模经济的存在是因为转移一批货物有关的固定费用(运输订单的行政管理费用、运输工具投资和装卸费用、管理及设备费用等)可以按整批货物量分摊。另外，通过规模运输还可以获得运价折扣，也使单位货物的运输成本下降。规模经济使货物的批量运输显得合理。

（3）降低产品价格。

低运价的运输服务有助于降低产品价格，这不仅仅是因为市场竞争加剧，还因为运输成本与生产、销售及其他分销成本一样，是产品总成本的组成部分。随着运输系统变得更有效率，服务水平不断提高，人们生活水平也持续提高，全社会因运输系统的高效运作而受益。

7.1.3　运输在供应链中的作用

1. 运输在供应链中的作用

从概念上讲，供应链就是在距离和时间上分离的一些组织的网络结构。运输使商品能在各节点企业之间流动，并在买卖双方之间架起互通有无的桥梁。为企业实践运输活动的承运人是决定物流供应链节点运营效率的关键因素，并且在一定程度上决定了既定市场范围内企业的竞争优势和产品需求。具有高效和正确的运输能力，组织就可以架构全球范围内的供应链，以此获得低成本资源并通过这些资源在新的市场中展开竞争。

运输服务对于满足供应链中的需求至关重要。对于运输的需求来自客户的需求，所以使运输能力满足客户需求非常重要。很多大型企业必须有效地工作从而使得承运人的能力可以随意与需求匹配。运输能力的不足将会使很多企业不能满足客户需求，因为产品存货不能及时到达末端消费者。

运输效率增强了一条供应链的竞争力。如供应管理，高效的运输可以帮助企业获得物美价廉的原材料和实现生产的规模经济。同样，低运价的运输服务增多了满足需求的机会。通过控制运输成本，整个产品的销售将会在多种市场上具有竞争力。例如，一家瑞士的手表公司如果以 105 美元的价格销售手表，并附加 10 美元的订单费及配送费，那么它将会比当地卖 120 美元的手表公司更有竞争力。

不仅运输成本需要高效化，服务能力也必须匹配客户需求。如果货物不能保质保量地到达正确的地方，低运价的运输服务将不会起到任何作用。高质量、客户导向的运输，对企业实现"7R"有直接的影响，"7R"即"正确的产品，正确的数量，正确的条件，正确的地点，在正确的时间，用正确的费用送达正确的客户手中"。另外，运输可以创造供应链柔性，通过与承运人合作，选择时间和服务类型，企业可以满足加急配送、次日达配送以及更多配送要求。

除了桥梁作用以及服务客户的角色，运输在供应链设计、战略发展以及总体成本管理方面都起到了关键作用。运输服务能力以及成本影响了供应链基础设施的建设数量和建设的地理位置；运输能力与供应链节点企业的目标相一致；为实现供应链效率最大化，需要平衡取舍运输和相关活动之间的关系。

良好的运输管理是一个企业有效管理供应链的基础。企业的决策层不能将运输看成"躲不开的麻烦"，放在生产与营销之后再考虑。相反，企业必须在发展企业计划、整合运输以及实现供应链成本最优化之前就考虑运输问题。要实现供应链的时间和空间效用，必须通过高效的运输流程。

2. 限制因素对运输的影响

虽然运输可以为企业提供各种支持，但是要想实现它的作用也有不少障碍存在，供应链自身的复杂性、供应链合作双方目标不一致、消费者需求改变以及信息不完整性，都会抑制运输和其他供应链活动的同步协调。多样的供应链以及企业必须要考虑的外部因素，使企业面临的挑战进一步加剧。运输外包的增长,增加了运输的挑战;消费者服务的个性化需求以及快速配送的要求,影响着运输功能的发挥;运输能力的限制,对于企业来说是另一项挑战,导致瓶颈和延迟;不稳定的运输费用使得运输复杂性加大,如载货量、货物量和燃料费用都会影响运输服务提供者的运输定价;运输行业受政府政策的影响,运输成本结构和服务能力会发生变化。可以看出,各种各样的外部因素使得运输过程很难满足供应链的要求,企业要持续花费精力来克服这些障碍从而实现成本最优化和客户价值导向的战略,他们必须在运输决策上进行权衡,在可选方案中寻找出最优解。

7.2 物流运输决策

7.2.1 影响运输方式选择的因素和环境分析

1. 影响运输方式选择的因素

一般来讲,影响运输方式选择的因素可以分成两种类型。一种是不可变因素:运输物资的种类、运输量、运输距离。另一种是可变因素:运输时间和运输成本。运输方式的选择受运输物资的种类、运输量、运输距离、运输时间、运输成本五个方面的因素影响。当然,这些条件不是相互独立的,而是紧密相连、互相制约的。在上述五个因素中,运输物资的种类、运输量和运输距离三个条件是由物资自身的性质和存放地点决定的,因而属于不可变量。与此相反,运输时间和运输成本是不同运输方式相互竞争的重要条件,运输时间与运输成本的变化必然带来所选择的运输方式的改变。

2. 宏观环境

(1) 产业结构的变化。

在产业结构方面,首先是生产结构的变化。随着人均国民生产总值的提高及国家产业政策的调整,产业中心已逐渐从第一产业转向第二产业和第三产业,特别是强调对第三产业的发展。第二产业中,钢铁、有色金属、化学、石油等耗能多的原材料产业比重不断下降;与此相反,机械、金属制品、纸张、纸浆等加工度高的非原材料产业的比重不断上升。其次是贸易结构的变化。我国虽然仍以进口高档商品及部分原材料、出口原材料及初级加工产品的模式为中心,但高度加工的精密机械、家用电器等出口制品的比重也在逐渐增加。另外,随着国民生活水平的提高,高级食品、高级杂货等的进口也在显著增加。

(2) 物流需求结构的变化。

① 经济环境的变化。经济环境的变化给物流需求带来的最直接变化,就是随着经济增长的低速化,国内物流需求的增长速度也在放慢。

② 产业结构的变化。产业结构变化引起的物流需求结构变化,主要体现在单位产值最大的品种,如钢铁、水泥、砂砾、砂石、矿石、石材等相关行业的发展出现停滞,汽车、电器、精密仪器等单位产值产量小、加工度高的品种比重在增长。与此同时,与物流活动联系较少的第三产业的比重在增加,这种变化意味着经济越发展,物流需求越难增长。

③ 物流需求量变与质变同步。物流中的物资内容、附加价值高的高加工度物资越多,保证物品质量、防止损伤等安全性的要求就越高,对输送的灵活性、准确性以及全程物流的责任要求也就越高。除了需求内容的变化是物流需求质化的一个原因,在经济低速增长的条件下,货主企业的行动或意识变化也是重要的因素,即希望提供最适合本公司生产、销售

体制的廉价物流系统。

④ 地区经济结构的变化。首先是工业厂址的变化。曾集中于大城市周围谋取集聚利益的工业厂址,正逐渐从原有的工业地带分散至开发区,而集中于各种开发区之中,需占有大片土地的基础资源性工业果断奔向边缘地区,消费资料等城市性工业不断分散到城市外围。地区经济结构变化的特点使地区消费水平差别正在缩小。全国性国民收入水平的提高、交通网的完善、工业企业的分散选址,丰富了小城市及乡村的消费生活。大型超市在小城市和乡村得以蓬勃发展。

⑤ 企业行为的变化。在经济环境的变化中,个别企业经济活动的变化特别明显。变化的主要原因有两点:一是继续实行改革开放以来高速增长时期的企业经营管理方式,努力实现合理化的奋斗目标;二是适应国家产业政策、金融政策及国际需求不旺的情况,开始注重不景气时期的减量经营。经营及合理化的奋斗目标是在高速增长时期追求企业利润的过程中培植起来的,同时发展了管理技术与合理化技术。经济不景气时期的减量经营,要求进一步搞好经营管理及合理化,企业因而采取了降低经营成本,控制设备投资、压缩库存等审慎的经营行动。

3. 制约条件的增加

经济环境或社会环境的变化,给供应链物流活动带来了未曾有过的许多制约。例如,石油等能源物资的涨价或供应限制直接影响物流业最重要的生产运输工具。目前,物流业正在设法确保石油供应渠道,开发节能搬运工具,研究并采用效率高的运输系统。物流活动分散在广阔的地理空间,无法同国民生活完全绝缘,随着物流量的增大,噪声、震动、大气污染、海洋污染、交通事故等已成为社会化问题,相关制度日益严格。另外,近年来劳动力日趋高龄化,工资的支付在经营费用中所占的比重不断上升,同时也增加了在装卸搬运作业中发生危险的可能性,这一现象已成为物流业亟待解决的问题。

4. 运输的小批量化

如前文所述,产业结构的变化使运输的物资多品种、小批量化。与这种运输小批量化相对应,各运输部门分担的运输比重也发生了变化。每种运输方式的特点和能力不同,满足不同的客户需求,不同运输方式职能划分与适运物资见表 7-2。

表 7-2　不同运输方式职能划分与适运物资

运输方式	主要职责	主要物资特性	适运物资
铁路运输	国内中长距离大宗物资运输	低价位,原材料,大批量	煤炭/焦炭、木材、纸张、粮食、化学品
公路运输	地方、区域和全国市场运送小货量	高价值,产成品,小批量	食品、服装、电子产品、家电
水路运输	通过内河水道运送大宗物资;通过海洋运输国际间大宗物资	低价值,原材料,大宗物资,集装箱	原油、矿石/矿物、农产品、服装、电子产品、玩具
航空运输	运送国内紧急物资和国际间小货量物资	高价值,产成品,小批量,时间敏感	计算机、定制品、药品、贵金属
管道运输	大量的国内长途物资运送	低价值,油气物资,时间不敏感	原油、石油、汽油、天然气

目前,各种运输工具都进行单一货主包车运输与多个货主混装运输,如货车运输中的区域运输业务和路线运输业务、铁路运输的整车业务和零担混装业务、小件行李业务等。

5. 适应准时性要求

经济高速增长时期,运输的中心问题是如何迅速完成大量物资运输。因此,运输业都致力于缩短运输和装卸时间。但从运输产业的变化来看,速度虽有很大的提高,但服务总是不能达到最佳状态。例如,高速铁路未发展之前,铁路部门经过数次提速,虽然速度加快,但服务跟不上,运行时间不准确,不能随时查询物资的在途情况。在货主加强物流管理之后,原材料和产成品的库存量不断下降。企业原则上是作业开始之前才能让原材料或商品进入加工车间,作业结束后立即将加工后的物资运出加工车间,其中间过程为运输时间。也就是说,运输活动被置于货主的业务流程之中。这就不仅要求运输速度快,还要求及时、准确。因此,货主对运输工具进行选择时,要重视运输方式的准确性、及时性和灵活性。

7.2.2　运输方式的比较与选择

1. 各种运输方式的比较

从各种运输方式的运输能力、货物送达速度、使用范围、可达程度、能源消耗、运输成本、包装要求、受环境影响程度、占用土地数量、大气污染 10 项指标对运输方式予以比较并排序。用 1、2、3、4、5 分别代表指标的"最好、较好、一般、差、最差",通过评分法获得不同运输方式特性比较结果见表 7-3。

表 7-3　不同运输方式特性比较结果

序号	运输方式 主要指标	铁路	公路	水路	航空	管道
1	运输能力	2	3	1	5	4
2	货物送达速度	3	2	5	1	4
3	使用范围	1	2	3	4	5
4	可达程度	2	1	5	3	4
5	能源消耗	3	4	2	5	1
6	运输成本	3	4	2	5	1
7	包装要求	5	4	3	2	1
8	受环境影响程度	2	3	4	5	1
9	占用土地数量	4	5	2	3	1
10	大气污染	2	5	3	4	1

各种运输方式都有各自的优势、使用范围和社会需求,不能片面强调某一种运输方式的重要性。在综合交通运输系统内部,应充分考虑运输结构的合理性,使各种运输方式都能协调均衡发展。

2. 各种运输方式的地位

(1) 公路运输的地位。

公路运输是一种末端运输方式,可以提供水路、铁路、航空运输所无法做到的"门到门"服务,因而在综合运输体系中,公路运输主要充当为水路、铁路和航空运输进行物资的集、疏、运角色。随着高速公路的迅速发展,公路运输充分发挥了便捷、灵活、覆盖面大的优势,从而在综合运输体系中发挥着越来越重要的作用。

（2）铁路运输的地位。

我国的国情和铁路运输的特性决定了铁路运输在国民经济中的支柱作用和在综合运输体系中的骨干地位。铁路在综合运输网络中的骨干作用，不仅反映在其本身，也反映在对其他运输方式的影响上。铁路运输紧张，将造成其他运输也相对紧张，如果铁路不能及时疏港，造成港口物资积压，加重公路疏港任务。铁路运输供应不足，航空运输也会出现供需失衡。我国交通运输紧张与否，首先指的是铁路运输，只有铁路运输紧张的状况缓解了，全国交通运输紧张的局面才有可能真正缓解。

（3）水路运输的地位。

水路运输的运量大、能耗低，也是大宗物资运输的主力。远洋运输主要承担我国国际贸易货物运输的繁重任务，沿海和内河航运也是我国综合运输体系的重要组成部分。

（4）航空运输的地位。

航空运输的高速、安全性及较高的运输成本，使其特别适用于鲜活及易腐物资等季节性强的商品运输，以及众多贵重物品和高附加值物资的运输。随着我国经济的飞速发展和经济全球化进程的加快，航空运输对经济的影响力不断提高，在经济发达地区，以大型枢纽机场为核心，以航空产业为主体，相关产业在周边地区聚集辐射，形成空间上圈层结构的临空经济区。航空运输必将与其他快速运输系统共同构成综合运输体系中的快速运输网络。

（5）管道运输的地位。

对于管道运输，我国采取谨慎、有效的原则，充分发挥管道运输在综合运输体系中应有的作用。对于供应和流向稳定、需求充分的原油、成品油和天然气等物资，积极采用管道运输方式，而煤炭等物资的浆体管道运输则进行积极且谨慎的探索。

供应链节点企业在运输方式选择和运输工具的选用上应综合多种因素，分析不同运输方式在综合运输体系中的地位，并从不同运输方式的技术经济特性考虑，从而选出适当的运输方式。

7.2.3　运输方式选择标准

从物流系统的观点来看，成本、速度和可靠性，是影响运输方式选择的基本因素，对物流运输活动十分重要。

1. 运输成本

运输成本是指为两个地理位置之间的运输所支付的款项，以及与行政管理和维持运输中的存货有关的费用。供应链物流系统的设计应该利用系统总成本最低的运输，这意味着最低费用的运输并不总是促成最低的运输总成本。

2. 运输速度

运输速度是指完成特定运输所需的时间。运输速度和运输成本的关系主要表现在两个方面：①能够提供更快速服务的承运商往往要收取更高的运费；②运输服务时间越短，运输中的存货越少，浪费的物资运输时间就越少。因此，选择最合理的运输方式时，平衡运输速度与运输成本之间的关系至关重要。

3. 运输的可靠性

许多企业认为，物资中转时间的可靠性比速度更重要，这是因为它影响了企业制订供应链活动计划的能力。可靠性是指在物资转移时间内一种运输方式服务的一致性水平。如果能够很清楚地预测物资的到达时间,那么预测库存水平、生产日程、制定安全库存水平就会变得更容易。可靠性使用物资转移过程中的各项数据来测量。

影响可靠性的因素主要有设备和劳动力充足程度、天气、交通状况、货物处理要求、停留在终端的数量,还有一些其他影响因素。国际上,尤其是当两个国家之间没有贸易协定的时候,可靠性受距离、港口拥挤状况、安全状况和跨越边境次数的影响。运输的可靠性被看作高质量运输的最重要特征。

7.2.4　运输信息技术——运输管理系统

供应链物流管理软件统称为运输管理系统(TMS)。TMS被定义为一种信息技术,用于制定运输活动、完善和执行运输运营。可见TMS的本质就是被用来帮助承运人管理运输的各个方面,从基本的运输活动到复杂的运输网络优化。TMS可用来帮助发货人和承运人(或无船承运人)制订预先运输计划。如果没有技术支持,这些人员不可能充分地评价成千上万的潜在的运输线路、运输方式、承运商、服务和价格。TMS允许组织在几分钟之内就能处理大量的运输选项。运输计划工具可以和订单管理系统、仓储管理系统、供应链计划系统联系起来,获得及时、全面的信息。有了这些信息的支持,就可以做出最优的供应链决策。TMS计划程序包括的重要内容有行程安排和日程安排、装载计划;TMS的主要执行工具有装载投标、状态跟踪和约定行程;TMS绩效评价功能有绩效监管和运输账单审查。

TMS广泛的计划、执行和分析能力促使它的市场需求迅速增大。业内专家预计,未来几年,TMS将以每年7%的速度增长。这一预计的基础是成本不高、易于存储的云解决方案将会在短期内产生很高的回报,货物成本降低10%~15%,同时TMS适用于各种运输方式。技术的调整总是在不断变化和延伸。虽然TMS已经是非常领先的技术工具,但是很快就会过时。运输活动中信息技术的重要性不单是一个TMS。技术帮助企业更好地处理管理运输模式、承运商选择、线路、包装、装载以及其他很多活动所涉及的大量数据与选择。这些决策都会带来更好的客户服务,更严格的成本控制,还有更大的供应链竞争优势。

7.3　运输成本的特点

决定运输价格的关键是每种运输服务的成本特征。公正、合理的运价遵循价格反映服务成本的特点。因为每种服务都有自己独特的成本特征,所以在指定条件下,某一种运输方式的潜在优势可能是其他运输服务方式无法相比的。

7.3.1　可变成本和固定成本

运输服务涉及多种成本,如劳动力成本、燃油成本、维护成本、端点成本、线路成本、管理成本和其他成本。这些成本可以人为地划分为随服务量或货运量变化的可变成本和不随服务量或货运量变化的固定成本。当然,如果考察的时期足够长、运量足够大,所有的成本都是可变的。但为了对运输服务进行定价,就有必要将在承运人正常运量范围内没有变化的成本视为固定成本,其他成本视为可变成本。具体而言,固定成本包括取得路权的成本和维护成本,端点设备成本和承运人管理成本。可变成本通常包括线路运输成本,如燃油和人工成本、设备维护成本、装卸成本、取货和送货成本。以上并非对固定成本和可变成本的准确分类,就像不同运输方式之间的成本差异显著一样,因考察的范围不同,固定成本和可变成本的分类也有所不同。所有成本都有部分固定特征,部分可变特征,将成本划分到这一类或那一类只是角度不同的问题。

在途运输费有两个重要决定因素:运距和运量。在不同情况下,固定成本和可变成本的划分略有不同。为证明这一点,一般以铁路运输的成本特征进行分析。铁路运输的固定成本很高,因为铁路部门拥有自己的铁路线、站点设施、调车场和编组站等,这些成本不随货物运距的变化而变化。固定成本和可变成本的总和就是总成本。作为运距函数的铁路运输总成本如图 7-2(a)所示。而随着托运人货运量的变化的铁路运输成本反映的是途中劳动力成本保持不变,但装卸成本可变。如果货运量不少于整车或整列货车,将带来运输成本的显著下降,导致铁路总运输成本曲线在零担(LTL)、整车(TL)和多节车厢运量之间不连续。大批量运输的运价降低通常同步于固定成本和可变成本。作为运量函数的铁路运输成本如图 7-2(b)所示。

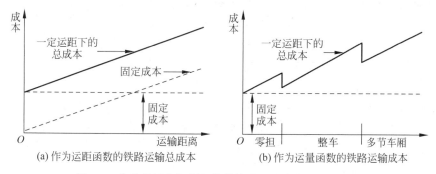

图 7-2　作为运距和运量函数的铁路运输成本(收入)曲线

7.3.2　混合成本

合理的运价与提供运输服务的成本密切相关。通常情况下,企业除了要区分固定成本与可变成本外,还要确定某批货物的实际运输成本,需要人为地对一些成本进行分摊,甚至有的时候并不知道总运营成本。事实上,有一些运输成本是不可划分的。不同规格、不同重量的货物在同一条铁路线上运输,每件货物该分担多少成本?一种是按照货物重量占总重量的比例分摊,另一种是按照货物体积占总体积的比例分摊,或者按照别的标准进行分摊。运输成本的分摊没有简单的公式可循,确定每批货物的运输成本仍然是一个主观的问题。

除管道运输外,所有承运人都要考虑返程问题。承运人很难在去程运输和返程运输之间找到绝对的平衡。一般把去程运输定义为交通繁忙方向的运输;返程运输是交通稀少方向的运输。返程运输的货物可以与去程运输平分运输总成本中返程运输应承担的部分,这会使每批货物的返程运输成本比去程运输成本高。返程运输也可以看成去程运输的副产品,因为返程是去程运输的结果,这样,就可以将所有的或大部分成本分摊到去程运输中,返程成本可以看成零。

或者只将那些与返程运输直接相关的成本分摊到返程运输的货物上。但这种方法会有一些风险。比如,去程运输的运价可能定的较高,以限制这一方向的运量。同时,返程运价定得很低,用来补偿部分固定成本。结果可能是返程运量大增,超过去程运量,承运人可能会发现自己无法弥补固定成本,需要调整运价以尽量改变运量对比,导致副产品现在变成了主产品。此外,这样的成本结构带来的成本分摊和运价上的巨大差异,可能会引起去程运输和返程运输对托运人的价格歧视问题,而两个方向的服务是否被置于基本相同的条件和环境下进行比较是运输价格歧视的关键。

7.3.3 不同运输方式的成本特征

承运人特别注重的服务类型可以通过企业的一般化成本函数特点和该函数与其他承运人成本函数之间的关系显示出来。

1. 铁路运输

作为货运和客运承运人,铁路运输的特点是固定成本高、可变成本相对比较低。其中,装卸成本、制单和收费成本、多品种少批量货物货车的调度换车成本导致铁路运输的端点成本很高。每批货物的运量增加以及由此导致的端点成本的下降,都将带来一定程度的规模经济效益,即每批货物的运量越大,单位成本就越低。铁路维护和折旧、端点设施的折旧和管理费用也会提高固定成本的水平。铁路运输的在途成本(或可变成本)通常包括工资、燃油、润滑油和维护成本。根据定义,可变成本会随着运距和运量的变化成比例变化。但某些可变成本(如人工成本)确实存在一定程度的不可分性,所以单位可变成本会随运量和运距的增加略有下降。虽然对可变成本、固定成本的确切比例关系争议很大,但传统上,铁路运输部门常常将总成本的一半或三分之一当作可变成本。

固定成本高和可变成本相对较低造成的结果就是在铁路运输成本中,存在着明显的规模经济。将固定成本分摊到更大规模的运量上,一般会降低单位成本。同理,若将固定成本分摊到更长距离的运输中,铁路的每吨千米的货物周转量成本会下降。随着货物运输量变化的铁路单位运输成本结构如图 7-3 所示。

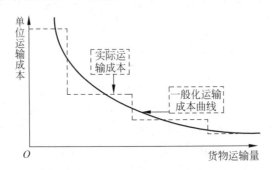

图 7-3 随着货物运输量变化的铁路单位运输成本结构

2. 公路运输

公路运输与铁路运输的成本特征形成鲜明对比。公路运输的固定成本是所有运输方式中最低的。一方面是因为承运人未拥有用于运营的道路,拖挂车只是很小的经济单位,车站的运营也不需要昂贵的设备。而另一方面是公路运输的可变成本很高,因为公路建设和公路维护成本是以燃油费、过路过桥费、运输管理费等方式收取。公路运输成本主要分为端点费用和在途费用。端点费用包括取货送货成本、货场装卸成本、制单费用和收费成本,约占公路运输总成本的 $15\%\sim25\%$。这些成本以元/吨计算,在运输批量为 $1\sim1.5$ 吨时,这些成本会随货运量很快变化。当货运量超过 1.5 吨时,随着取货、送货和装卸成本分摊到更大的运量上,端点费用会持续下降,但下降的速度比小批量货物运输时下降的速度放慢。成本和货运量之间的函数关系与图 7-3 相似。在途费用占总成本的 50％～60％，无法确定单位在途运输费用会随着运距或运量的增加而降低。但是，由于端点成本和其他固定开支分摊到更多的吨千米周转量上，所以总的单位运输成本会随着货运量和运距的增加而降低，与铁路运输相比变化不明显。

3. 水路运输

水运承运人主要将资金投放在运输设备和端点设施上。水路和港口都是共有的且由政府运营，在内陆水运中只有少数项目向水运承运人收费。水运承运人预算中主要的固定成本与码头作业有关。这些运费包括船只进入海港时的港口费和货物装卸费。水运货物装卸速度慢，除散货和集装箱货物可以有效使用机械化搬运设备外，昂贵的搬运成本使得其他情况下的端点费用很高。水运中常见的端点高成本一定程度上被很低的在途运费所抵消。水路使用者无须缴费，水运的可变成本是与运输的运营设备相关的成本。因为水运速度慢、牵引力小，运营成本（不包括人工成本）相对较低。但由于码头成本很高，在途费用很低，吨千米周转量成本随运距和运量的变化急剧下降。因此，水运适合于长距离、大批量运输。

4. 航空运输

航空运输与水运和公路运输的成本特征有很多相似之处。航空运输的端点和航空线路不属于航空公司所有。航空公司根据需要以燃油、存储、场地租金和起降费的形式购买机场服务。如果将地面装卸、取货和送货服务包括在航空货运服务中，这些成本就成为空运端点成本的一部分。此外，航空公司还拥有（或租赁）运输设备，在经济寿命内对其进行折旧构成每年的固定使用费。在短期内，航空公司的可变成本受运距的加长而降低。运量对可变成本有间接影响，因为对空运服务需求增加，使得航空公司可以引入大型飞机，而大型飞机按吨千米计算的营运成本较低。通常航空运输是最贵的运输方式，短途运输尤其如此。但是，随着端点费用和其他固定开支分摊在更大的货运量上，单位运输成本会有所降低。如果长距离营运，还会带来单位运输成本的进一步降低。

5. 管道运输

管道运输与铁路运输的成本特征相似。管道运输（或拥有管道的石油公司）拥有运输管道、泵站和气泵设备。他们可能拥有或租赁管道的使用权。这些固定成本加上其他成本使管道的固定成本与总成本的比例是所有运输方式中最高的。为提高竞争力，管道运输的运量必须非常大，以分摊高额的固定成本。可变成本主要包括运送产品（通常为原油和成品油）的动力和与泵站经营相关的成本。对动力的需求差异取决于线路的运量和管道的直径。大管道与小管道相比，周长之比不像横截面面积之比那么大。摩擦损失和气泵动力随管道周长变大而增加，而运量则随截面的增大而提高。其结果是，只要有足够大的运量，大管道的每吨千米成本会迅速下降。在一定的管道规格条件下，如果运送的产品过多，管道运输的规模收益会递减。上述成本的一般特征如图 7-4 所示。

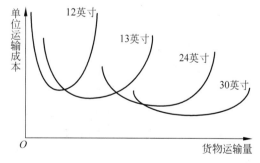

图 7-4　管道直径和管道运输量一般化成本关系图

（1 英寸＝0.0254 米）

7.4 物流运输路线的确定

行驶路线就是车辆在完成运输工作中的运行路线。由于在组织车辆完成货运任务时，通常存在多种可选的行驶路线方案，而车辆按不同的运输路线完成同样的运输任务时，其利用效果是不一样的。因此，在满足货运任务要求的前提下，要选择一条最经济的运输路线。所谓最经济的运输路线，就是在保证运输安全、满足运输服务要求的前提下，运输时间最短和运输费用最少的路线。由于在一般情况下，车辆的运输时间和运输费用均和运输距离成正比，因此，在忽略车辆行驶速度、不同道路条件、车辆运输费用差别的前提下，可以认为行程最短的路线是最经济的运输路线。

7.4.1 运输路线的确定原则

运输路线是指各送货车辆向各个用户送货时所要经过的路线。运输路线合理与否对运输速度、车辆的合理利用和运输费用都有直接影响，因此运输路线的优化问题是运输管理的主要问题之一。采用科学、合理的方法来确定运输路线，是运输管理中非常重要的一项工作。

1. 确定目标

目标的选择是根据物流运输的具体要求、承运人的实力及客观条件来确定的。运输路线规划的目标可以有多种选择：①以效益最高为目标；②以成本最低为目标（实际上也是以效益最高为目标）；③以路程最短为目标；④以吨千米数最小为目标；⑤以准确性最高为目标。还可以选择运力利用最合理、劳动消耗最低作为目标。

2. 确定物流运输路线的约束条件

满足所有收货人对货物品种、规格、数量的要求；满足收货人对货物送达时间范围的要求；只能在允许通行的时间段内进行运输；各运输路线的货物量不得超过车辆容积和载重量的限制；在承运人现有运力允许的范围内。

7.4.2 制定车辆运输路线

运输路线的选择影响到运输设备和人员的利用。正确地制定合理的运输路线可以降低成本，因此运输路线的制定是运输决策的一个重要方面。由于路线选择问题种类繁多，可以将其归纳为 3 个基本类型。

1. 起讫点不同的单一问题

对分离的、单个始发点和终点的网络运输路线选择问题，最简单和直观的方法是最短路线法。网络由节点和线组成，节点与节点之间由线连接，线代表节点与节点之间运行的成本（距离、时间或时间和距离加权的组合）。除始发点外，所有节点都被认为是未解的，即均未确定是否在选定的运输路线上。始发点作为已解的点，从始发点开始计算。计算方法是：

（1）第 n 次迭代的目标。寻求第 n 次最近始发点的节点，重复 $n=1,2,\cdots$，直到最近的节点是最终点为止。

（2）第 n 次迭代的输入值。$(n-1)$ 个最近始发点的节点是由以前的迭代目标根据离始发点最短路线和距离计算得到的。这些节点以及始发点称为已解的节点，其余节点是未解的点。

（3）第 n 次最近节点的候选点。每个已解的节点由线路分支通向一个或多个未解的节点，这些未解的节点中有一个以最短路线分支连接的是候选点。

（4）第 n 个最近节点的计算。将每个已解的节点及其候选点之间的距离和从始发点到该已解节点之间的距离加起来，总距离最短的候选点即是第 n 个最近的节点，也就是始发点到达该点最短距离的路径。

上述过程看起来有些复杂，以下例子可以具体说明其计算过程。

【算例 7-1】　图 7-5 所示的是一张公路网络示意图，其中 A 是始发点，J 是终点，其余点是网络中的节点，节点与节点之间以线路连接，线路上标明了两个节点之间的距离，以运行时间（单位：分钟）表示。要求确定一条从始发点 A 到终点 J 的最短的运输路线。

首先，列出一张表 7-4 所示的表格。第一个已解的节点就是始发点 A。与 A 点直接连接的未解的节点有 B、E、H 点。可以看到 B 点是距 A 点最近的节点，记为 AB，这是第一步，由于 B 点是唯一选择，所以它成为已解的节点。

其次，找出距 A 点和 B 点最近的未解的节点，列出距各个已解的节点最近的连接点，有 AE、BE，记为第二步。注意从起点通过已解的节点到某一节点所需的时间应该等于到达这个已解节点的最短时间加上已解节点与未解节点之间的时间，也就是说，从 A 点经过 B 点到达 E 点的距离为 AB＋BE＝80＋56＝136，而从 A 点直达 E 点的时间为 128 分钟，现在 E 点也成了已解的节点。

第三次迭代要找到与各已解节点直接连接的最近的未解节点。见表 7-4，有三个候选点，从始发点 A 到这三个候选点 H、C、F 所需的时间，相应为 338 分钟、154 分钟、208 分钟，其中，A 点到 C 点的时间最短，为 154 分钟，因此 C 点就是第三次迭代的结果。

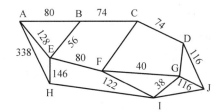

图 7-5　公路网络示意图

表 7-4　最短路线法计算表

步骤	直接连接到未解节点的已解节点	与其直接连接的未解节点	相关总时间/min	第 n 个最近节点	最短时间/min	最新连接
1	A	B	80	B	80	AB*
2	A B	E E	128 80＋56＝136	E	128	AE
3	A B	H C	338 80＋74＝154	C	154	BC*
4	A E C	H F D	338 128＋80＝208 154＋74＝228	F	208	EF

步骤	直接连接到未解节点的已解节点	与其直接连接的未解节点	相关总时间/min	第 n 个最近节点	最短时间/min	最新连接
5	A	H	338	D	228	CD*
	E	H	128+146=274			
	C	G	154+74=228			
	F	D	208+40=248			
6	A	H	338	G	248	FG
	E	H	128+146=274			
	F	G	208+40=248			
	D	J	228+116=344			
7	A	H	338	H	274	EH
	E	H	128+146=274			
	F	I	208+122=330			
	G	I	248+38=286			
	D	J	228+116=344			
8	G	J	248+116=364	J	344	DJ*
	D	J	228+116=344			

注：＊表示最短时间建线

重复上述过程直到到达终点 J，即第八步。最短的路线时间是 344 分钟，最优路线在表上以 ＊ 标出，即 A→B→C→D→J。

节点很多时用手工计算比较繁杂，如果把网络的节点和与连线的有关数据存入数据库中，最短路线就可用计算机求解。绝对的最短距离路径并不说明穿越网络的最短时间，因为该方法没有考虑各条路线的运行质量。因此，对运行时间和距离都设定权数就可以得出比较具有实际意义的路线。

2. 多起讫点问题

如果有多个货源地可以服务多个目的地，面临的问题是要选择供货地，同时要找到供货地、目的地之间的最佳路径。该问题经常发生在多个供应商、工厂或仓库服务于多个客户的情况。如果各供货地能够提供的货物有限，则问题会更复杂。解决这类问题常常可以运用一类特殊的线性规划算法。

3. 起讫点重合的问题

物流管理人员经常遇到的一个路线选择问题是始发点也是终点的路线选择。这类问题通常在运输工具是私人所有的情况下发生。例如，配送车辆从仓库送货至零售点，然后返回仓库，再重新装货；当地的配送车辆从零售店送货至顾客，再返回；接孩子上学的学校巴士运行路线；送报车辆的运行路线；垃圾收集车辆的运行路线等。这类问题求解的目标是寻求访问各点的次序，以求运行时间或距离最小化。始发点和终点相重合的路线选择问题通常被称为"旅行推销点"问题，对这类问题应用经验探试法比较有效。

7.4.3　车辆运输路线与时间安排

车辆运输路线和时间安排是车辆运输路线选择问题的延伸,车辆运输路线和时间安排受到的约束条件更多。

1. 车辆运输路线和时间安排受到的约束

(1) 每个停留点规定的提货数量和送货数量。

(2) 使用的多种类型车辆载重量和载货容积。

(3) 车辆在路线上休息之前允许最长的行驶时间。

(4) 停留点规定的在一天内可以进行提货的时间。

(5) 可能只允许送货后再提货的时间。

(6) 驾驶员可能只能在一天的特定时间进行短时间的休息或进餐(这里的问题是车辆从一个仓库出发,向多处停留点送货,然后在同一天内返回该仓库,因此要安排一个满意的运输路线和时间)。

2. 满意的运输路线和时间安排原则

运输路线和时间安排的决策者,如车辆调度员,在长期的实际工作经验中提炼出下列 8 条原则。

(1) 将相互接近的停留点的货物装在一辆车上运送。车辆的运输路线应将相互接近的停留点串起来,以便停留点之间的运输距离最小化,从而使总的运输时间最小化。

(2) 对于集聚在一起的停留点,安排同一天送货。当停留点的送货时间是在一周内非同一天进行时,应当对集聚在一起的停留点安排同一天送货。要避免不是同一天送货的停留点在运输路线上重叠,这样有助于使所需的服务车辆数目最小化以及一周中的车辆运输时间和距离最小化。

(3) 运输路线从离仓库最远的停留点开始。合理的运输路线应从离仓库最远的停留点开始,将该集聚区的停留点串起来,然后返回仓库。一旦确认了最远的停留点之后,送货车辆应一并载上与这个关键停留点相邻的其他停留点货物。这辆运货车满载后,再选择另一个最远的停留点,用另一辆运货车满载与第二个最远停留点相邻的一些停留点的货物,按此流程进行下去,直至所有停留点的货物都被分配完。

(4) 一辆运货车顺次途经各停留点的路线要呈水滴状。运货车辆顺次途经各停留点的路线不应交叉,最好呈水滴状。当然,对停留点工作时间的约束和在停留点送货后再提货的要求往往会导致路线交叉。

(5) 最好使用一辆载重量大到能将路线所有停留点上货物都装下的送货车,这样可将服务区停留点的运行距离或时间最小化。因此,在多种规格车型的车队中,应优先使用载重量大的送货车。

(6) 提货应穿播在送货过程中进行,而不要在运行路线结束后再进行。以减少线路交叉,在送货结束后再进行提货经常会发生线路交叉。究竟能做到什么程度,则取决于送货车辆的形状、提货量以及所提的货物对车辆后续送货的影响程度。

(7) 对偏离集聚停留点的单独停留点可应用另一种送货方案。偏离停留点集聚区的停留点,特别是那些送货量小的停留点,一般要花费大量的运输时间和费用,因此使用小载重量车辆专门为这些停留点送货是更经济的,其经济效益取决于该停留点的偏离度和送货量。

偏离度越大,送货量越小,使用小载重量的车辆专门为这些停留点送货越经济。另一个可供选择的方案是租用车辆为这些停留点送货。

(8) 应当避免停留点的工作时间太短的约束。停留点的工作时间太短经常会迫使运输线路偏离理想状态。由于停留点的工作时间约束一般不是绝对的,因此如果停留点的工作时间确实影响到合理的送货路线,可以与停留点协商,调整其工作时间或放宽其工作时间约束。

上述原则很容易传授给工作人员,从而帮助他们制定出满意的(不一定是最优的)、现实可行的合理路线和时间安排。当然,上述原则也仅是一种指引,具体工作人员面对的许多复杂情况并不是上述原则所能全部包容的。遇到特殊的约束条件,工作人员要根据自己的经验随机处理。

3. 用扫描法制定车辆运输路线

当附加了许多约束条件之后,要解决车辆运输路线和时间安排问题就变得十分复杂了,而这些约束条件在实际工作中常常会出现,如停留点的工作时间约束、不同载重量和容积的多种类型车辆、一条路线上允许的最大运行时间、不同区段的车速限制、运行途中的障碍物(湖泊、山脉等)、驾驶员的短时间休息等。扫描法是一种比较简单的方法,它可以针对这些复杂的问题求得一个满意的解(不一定是最优解)。

用扫描法确定车辆运输路线的方法十分简单,甚至可手工计算,求解所得方案的误差率在 10% 左右,这样水平的误差率通常可以接受,因为调度员往往需要在有限时间内制定出车辆运输路线。

(1) 扫描法的组成阶段。第一个阶段是将停留点的货运量分配给送货车。第二个阶段是安排停留点在路线上的顺序。由于扫描法属于分阶段操作,因此有些时间上的问题,如路线上的总时间和停留点工作时间的约束等,难以妥善处理。

(2) 扫描法的进行步骤。①将仓库和所有的停留点位置画在地图上或坐标图上。②在地图上的仓库位置放置一把直尺,直尺指向任何方向均可,然后顺时针或逆时针转动直尺,直到直尺与一个停留点相交。如果累积的装货量超过送货车的载重量或载货容积(首先要使用最大的送货车辆),则将最后的停留点排除后将路线确定下来,再从这个被排除的停留点开始继续扫描,从而开始一条新的路线;这样扫描下去,直至全部停留点都被分配到路线上。③对每条运输路线安排停留点顺序,以求距离最小化。

4. 安排车辆运输时间

上述车辆运输路线的设计是假定一辆送货车服务一条路线,路线短的话就会发生送货车辆在剩余时间里得不到充分利用的问题。实际上,如果第二条路线能在第一条路线任务完成后开始,则完成第一条路线的送货车辆可用于第二条路线的送货。因此送货车的需求量取决于路线之间的衔接,有效的衔接能使车辆的空闲时间最短。

7.4.4　运输路线的优化方法

1. 直送式配送运输路线优化

配送中心要服务多家连锁店,一般各门店每天或每两天要货一次,每天要货的店有许多家,且分布在全市各个地方。由于车辆有限,配送中心供应品种又较多,如何在保证各门店要货能及时得到满足的前提下合理地调度这些送货车辆,使送货车辆经过的路途最少,是一项十分有意义的工作。

【算例 7-2】　一个配送中心用一辆车装货对 10 个连锁店进行配送,前提是商品一辆车就能装下。配送中心在 V0,10 个连锁店(节点)为 V1、V2、V3、V4、V5、V6、V7、V8、V9、V10,三个路口节点为 V11、V12、V13,如图 7-6 所示。图 7-6 中的数值为各节点之间的距离(数据实际单位为百米,为方便计算,后续计算数据均省略此单位)。

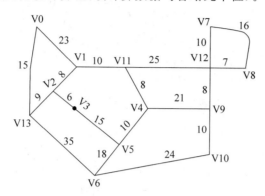

图 7-6　【算例 7-2】示意图(1)

路线优化可分为 5 个步骤。

(1)考虑到送货车辆从配送中心出发,必须要到达所有的门店,故可以采用最小树方法,生成最小树,将配送中心与各节点用最短里程连接起来,如图 7-7 所示。图 7-7 中的粗线部分即为最小树,它将配送中心与 10 个节点连接起来,同时可使总路线长度最短。在最小树中包含了两个路口节点 V11 和 V12。单程路线的总长度为 139。

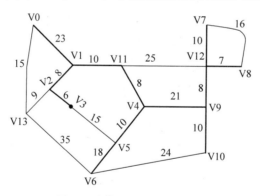

图 7-7　【算例 7-2】示意图(2)

(2)考虑到从配送中心出发的送货车辆在送完所有的节点货物后,仍需返回配货中心,故需再对生成的最小树采用邮递员路线的算法进行扩充。

在图 7-7 中,奇点有 V0、V1、V3、V4、V6、V7、V8、V9、V10、V12。故需增加边 V3V5,重复边 V0V1、V5V6、V4V9、V9V10、V7V12、V8V12、V9V12,见图 7-8。

图 7-8 中的粗线部分已给出了送货车辆从配送中心出发,送货到 10 个节点后返回配送中心的具体路线。即

V0—V1—V2—V3—V5—V6—V5—V4—V9—V10—V9—V12—V7—V12—V8—V12—V9—V4—V11—V1—V0。路线的总长度为 251。

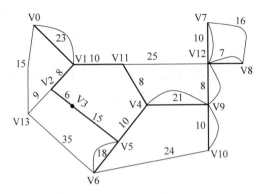

图 7-8　【算例 7-2】示意图（3）

（3）进一步优化行车路线，使其加重复边的长度之和小于不加重复边长度之和。检查图中所有的圈，此时要使用图中所有的边，即包含尚不在行车路线的边。

检查发现：圈 V7—V8—V12—V7 加上重复边的长度为 10+7=17，而不加重复边的长度为 16，故要改进，去掉重复边 V7V12、V8V12，而增加边 V7V8。圈 V6—V5—V4—V9—V10—V6 中，加上重复边的长度为 18+21+10=49，不加重复边的长度为 10+24=34，故也要改进，去掉重复边 V5V6、V4V9、V9V10。增加重复边 V4V5，增加边 V6V10，即可得送货线路如下：

V0—V1—V2—V3—V5—V6—V10—V9—V12—V7—V8—V12—V9—V4—V5—V4—V11—V1—V0。路线的总长度减少为 235，如图 7-9 所示，总长度较前减少了 16。

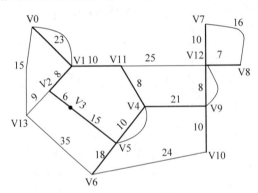

图 7-9　【算例 7-2】示意图（4）

（4）检查有重复边的路线是否多余，即检查重复边的两端是否已有其他路线相连通，如有的话，可将重复边连同原边从路线图中删去。这里发现重复边 V4V5 的两端可通过其他路线相连，可将 V4V5 及重复边一起从路线图中删去，即可得送货路线如下：V0—V1—V2—V3—V5—V6—V10—V9—V12—V7—V8—V12—V9—V4—V11—V1—V0。路线的总长度减少为 215，较之前减少了 20，见图 7-10。

（5）要综合考虑问题，在优化（3）时，同时考虑（4）有没有重复边是多余的。圈 V0—V1—V2—V13—V0 中，加重复边的长度为 23，不加重复边的长度为 15+9+8=32，故不需要改进，但是，去掉重复边 V0V1，增加线路 V0V13、V13V2，增加重复边 V1V2，则 V1V2 成为重复边。重复边 V1V2 的两端可通过其他路线相连，因此可将 V1V2 及重复边一起从路

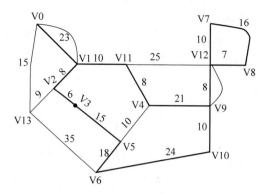

图 7-10　【算例 7-2】示意图（5）

线图中删去。这样去掉重复边 V0V1 和线路 V1V2,总和长度为 31,增加 V0V13 和 V13V2 之和长度为 24。总长度较前减少了 7,即可得送货路线如下:

V0—V1—V11—V4—V9—V12—V7—V8—V12—V9—V10—V6—V5—V3—V2— V13—V0。路线的总长度减少为 208,如图 7-11 所示。

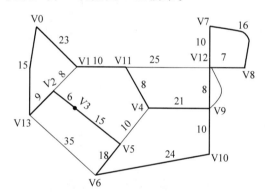

图 7-11　【算例 7-2】示意图（6）

2. 分送式配送运输路线优化

分送式配送运输是指由一个供应点对多个客户的共同送货。其基本条件是所有客户的需求量总和不大于一辆车的额定载重量。送货时,由这一辆车装着所有客户的货物,沿着最佳路线一次将货物送到各个客户手中。这样既保证按时按量将用户需要的货物及时送到,又节约了车辆,节省了费用,缓解了交通压力,并减少了运输对环境造成的污染。

【算例 7-3】　图 7-12 所示为某配送中心的配送网络,图中 PO 点为配送中心,P1、P2、P3、P4、P5、P6、P7、P8、P9、P10 为 10 位客户,括号内为配送货物吨数,线路上的数值为道路距离(C_{ij}),单位为千米。现配送中心有额定载重量分别为 2 吨和 4 吨两种厢式货车可供送货使用,试用节约法设计最佳送货路线。

（1）计算最短距离。

首先计算网络节点之间的最短距离（可采用最短路线法求解）。计算结果如图 7-13 所示。

（2）计算节约里程。根据最短距离结果,计算出各客户之间的节约里程,结果见图 7-14。（节约里程 $\Delta C_{ij} = C_{0i} + C_{0j} - C_{ij}$）

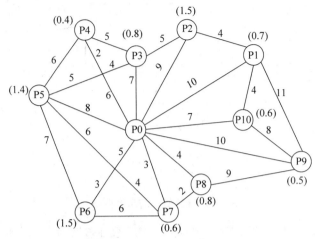

图 7-12 【算例 7-3】示意图（1）

P0										
10	P1									
9	4	P2								
7	9	5	P3							
8	14	10	5	P4						
8	18	14	9	6	P5					
8	18	17	15	13	7	P6				
3	13	12	10	11	10	6	P7			
4	14	13	11	12	12	8	2	P8		
10	11	15	17	18	18	17	11	9	P9	
7	4	8	13	15	15	15	10	11	8	P10

图 7-13 【算例 7-3】示意图（2）

P1										
15	P2									
8	11	P3								
4	7	10	P4							
0	3	6	10	P5						
0	0	0	3	9	P6					
0	0	0	0	1	5	P7				
0	0	0	0	0	4	5	P8			
9	4	0	0	0	1	2	5	P9		
13	8	1	0	0	0	0	0	9	P10	

图 7-14 【算例 7-3】示意图（3）

（3）将节约里程进行分类。对节约里程按从大到小的顺序排列，见表 7-5。

表 7-5 节约里程排序

序　号	路　线	节约里程/km	序　号	路　线	节约里程/km
1	P1P2	15	13	P6P7	5
2	P1P10	13	13	P7P8	5
3	P2P3	11	13	P8P9	5
4	P3P4	10	16	P1P4	4
4	P4P5	10	16	P2P9	4
6	P1P9	9	16	P6P8	4
6	P5P6	9	19	P2P5	3
6	P9P10	9	19	P4P6	3
9	P1P3	8	21	P7P9	2
9	P2P10	8	22	P3P10	1
11	P2P4	7	22	P5P7	1
12	P3P5	6	22	P6P9	1

（4）确定配送路线。按节约里程的大小顺序，组成路线图。

① 初始方案：如图 7-15 所示，从配送中心 P0 分别向各个客户进行配送，对每一客户分

别派车送货,共有 10 条配送路线,总行程为 148 千米,需 10 辆载重为 2 吨的货车。

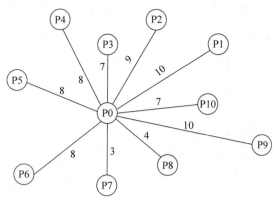

图 7-15　【算例 7-3】示意图（4）

② 修正方案 1：按照节约里程由大到小的顺序,连接 P1 和 P2,P1 和 P10,P2 和 P3,P3 和 P4,形成巡回路线 P0—P10—P1—P2—P3—P4—P0,如图 7-16 所示,装载货物 4 吨,这时配送线运行总距离为 99 千米,配送路线为 6 条,需 1 辆载重为 4 吨的货车、需 5 辆载重为 2 吨的货车。

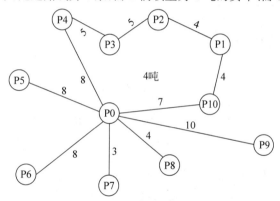

图 7-16　【算例 7-3】示意图（5）

③ 修正方案 2：按节约里程由大到小的顺序,连接 P5 和 P6,P6 和 P7,形成巡回路线 P0—P5—P6—P7—P0,如图 7-17 所示,装载货物 3.5 吨,这时配送路线总运行距离为 85 千米,配送路线为 4 条,需 2 辆载重为 4 吨的货车、需 2 辆载重为 2 吨的货车。

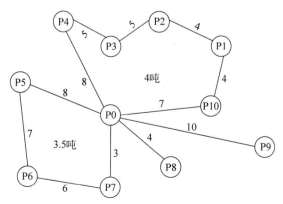

图 7-17　【算例 7-3】示意图（6）

④ 修正方案 3：按节约里程由大到小的顺序，连接 P8 和 P9，形成巡回路线 P0—P8—P9—P0，如图 7-18 所示，装载货物 1.3 吨，这时配送路线总运行距离为 80 千米，配送路线 3 条，需 1 辆载重为 4 吨的货车、需 1 辆载重为 2 吨的货车。

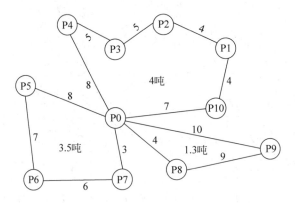

图 7-18　【算例 7-3】示意图（7）

最终配送路线方案（图 7-19）为

A：P0—P4—P3—P2—P1—P10—P0

B：P0—P5—P6—P7—P0

C：P0—P8—P9—P0

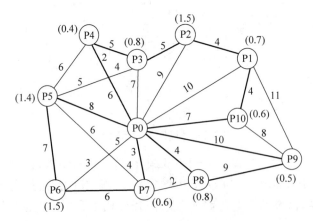

图 7-19　【算例 7-3】示意图（8）

如果考虑单车载重量均衡，由于 P3P4、P4P5 节约的里程相同，可以把 P4 放在 B 线路，其节约里程一样，都是 80 千米，配送线路为 3 条，需 2 辆载重为 4 吨的货车、需 1 辆载重为 2 吨的货车。装载量分别为 3.6 吨、3.9 吨和 1.3 吨。

最终配送路线方案为

A：P0→P3→P2→P1→P10→P0

B：P0→P4→P5→P6→P7→P0

C：P0→P8→P9→P0

7.5　物流运输优化

7.5.1　物流运输优化的意义

现代物流运输优化是第三利润源的一个重点。所谓物流运输优化,是从物流系统的总体目标出发,运用系统理论和系统工程原理和方法,充分利用各种运输方式的优点,以运筹学等数学方法建立模型与图表,选择和规划合理的运输路线和运输工具,以最短的路径、最少的环节、最快的速度和最少的费用组织好物资、产品的运输活动,避免出现不合理运输。

物流运输优化它直接决定着商品物流的效率与结果,合理的、优化的商品运输不但能节约物流成本、提高商品运输的速度,而且还由于它能有效地连接生产和消费,因此既有利于物流服务和商品价值的实现,又能有效促进生产商的按需生产,真正使供应链物流管理建立在实际需要的经营基础上。要实现商品的物流运输优化并了解其内容和作用,必须在满足经济发展和顾客需求的前提下,保证生产和流通的社会劳动耗费最小。

7.5.2　物流运输优化的作用

物流运输优化的作用主要体现在以下几点。

(1) 合理组织物品的运输,有利于加速社会再生产的进程,促进国民经济持续、快速、稳定、协调地发展。

(2) 合理运输能节约运输费用,降低物流成本。运输费用是构成物流费用的重要组成部分。在物流过程中,运输作业所消耗的人力和物力劳动占的比例最大。物流过程的合理运输,就是通过运输方式、运输工具和运输路线的选择,进行运输分类的优化,实现物品运输的合理化。物流运输的合理化必然会达到缩短运输里程、提高运输工具的运用效率,从而达到节约运输费用、降低物流成本的目的。

(3) 合理的运输可以缩短运输时间,加快物流速度。运输时间的长短决定着物流速度的快慢。合理组织物品的运输,才能使被运输的物品在途时间尽可能缩短,达到及时送货的目的,并且可以减少库存物品的数量,实现加快物流的目标。因此,从宏观的角度来讲,物流速度的加快减少了物品的库存量,节约了资金的占用。

(4) 运输合理化能节约运力,缓解运力紧张状况,节约能源。运输合理化可以改变许多不合理的运输现象,从而节约运力,提高货物的通过能力,起到合理利用运输能力的作用。同时,合理运输降低了运输部门的能源消耗,从而提高了能源利用率。

7.5.3　物流运输优化的方法

1. 图上作业法

图上作业是在交通示意图上,就产地产量与销地销量的平衡关系,运用运筹学原理,寻找能满足需要而运费最低的方法。图上作业法的基本规则是对于不成环状的交通路线图,从各端开始,按就近供应的原则和先支线后干线的基本要领,绘制出没有对流的调运方案图,这就是所要规划的最优调运方案。对于形成环状的交通线路图,且发点与收点迂回交错的,就比较复杂,必须以“环内外流向总路程分别小于或等于该环总路程的一半”为准则,设计所要控制的最优方案。

设计步骤如下。

（1）调运线路呈线状。

【算例 7-4】 假设某种商品由 3 个发货点 A1、A2、A3 调运到 4 个收货点 B1、B2、B3、B4。3 个发货点的发货量为 4 吨、10 吨和 8 吨，4 个收货点的收货量为 8 吨、5 吨、3 吨和 6 吨。并已知各点的距离（单位：km）及交通图如图 7-20 所示，问如何调运使总的吨千米数最小？

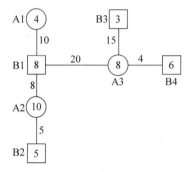

图 7-20　【算例 7-4】示意图（1）

解：① 根据已知的收、发货数量，列出产销平衡表，见表 7-6。

表 7-6　产销平衡表（1）　　　　　　　　　　　吨

产　　地	销　　地				产　　量
	B1	B2	B3	B4	
A1					4
A2					10
A3					8
销量	8	5	3	6	22　22

② 规划调运方向时，要按照"先端点由外向里"的原则，逐步进行各收发点之间的产销平衡。

本例的调运图中一共有 4 个端点，规划时先从这 4 个点开始，即把 A1 的 4 吨调运到 B1，B1 尚有 4 吨的需要量。发货点 A2 先调运 5 吨货物给 B2，其余 5 吨调到 B1，则 B1 满足需要后还剩 1 吨运往 A3。发货点 A3 调运 6 吨货物给 B4，调运 3 吨货物给 B3，从而达到收发平衡。以上线路如图 7-21 所示。

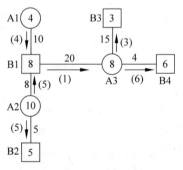

图 7-21　【算例 7-4】示意图（2）

③ 对规划的产销平衡图,检查一下是否有对流现象,如果没有对流,则是一个最佳的调运方案。然后把收发数量填入产销平衡表中,见表 7-7。

表 7-7　产销平衡表(2)　　　　　　　　　　　　　吨

产　　地	销　　地				产　　量
	B1	B2	B3	B4	
A1	4				4
A2	4	5		1	10
A3			3	5	8
销量	8	5	3	6	22 / 22

依照调运方案,计算出商品调运的总吨千米数

4 吨 × 10 千米 ＋ 5 吨 × 8 千米 ＋ 5 吨 × 5 千米 ＋ 1 吨 × 20 千米 ＋ 3 吨 × 15 千米 ＋

6 吨 × 4 千米 ＝ 194 吨 × 千米

依据商品调运的流向,可以填出不同方案的平衡表。但这些方案的流向不变,所以总的运输量相同。此算例共有 4 种方案可供选择(略)。

(2) 调运线路呈环状。

【算例 7-5】　设某种商品的发点和收点各四个,形成两个环状的线路图,各收发点的供需量及它们之间的距离(单位:km)已知,如图 7-22 所示。问如何规划调运方案才能使得运输总吨千米数最小?

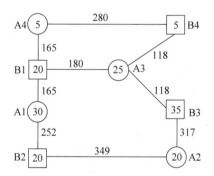

图 7-22　【算例 7-5】示意图(1)

解:①列出产销平衡表,见表 7-8。

表 7-8　【算例 7-5】产销平衡表(1)　　　　　　　　　　吨

产　　地	销　　地				产　　量
	B1	B2	B3	B4	
A1					30
A2					20
A3					25
A4					5
销量	20	20	35	5	80 / 80

② 规划环状的线路图,先采用"丢边破圈"的方法,变成一个不呈环状的线路图,通常找出里程最长的丢掉,在本题中上环丢掉最长边 A4B4 和下环边最长 B2A2,如图 7-23 所示。

③ 按"调运路线呈线状"的图形进行规划,并做出一个没有对流的调运图,如图 7-24 所示。

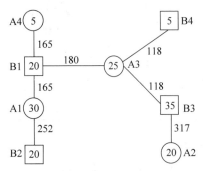

图 7-23 【算例 7-5】示意图(2)　　　图 7-24 【算例 7-5】示意图(3)

④ 补回原来丢掉的边 A4B4 和 B2A2,得到一个初始方案,检查初始方案是否有迂回,如果没有迂回,则为一个最优调运方案,如有迂回,则需要进一步调整,如图 7-25 所示。

在初始调运方案中,上环周长的一半记作 $L_{上}/2$,本例 $L_{上}/2=371.5$ 千米,下环周长的一半记作 $L_{下}/2$,本例 $L_{下}/2=690.5$ 千米。

检查上环,内环流向的总长 $L_{上内}=180$ 千米,外环流向总长 $L_{上外}=283$ 千米,可知没有迂回。

因为:$L_{上内}=180$ 千米<371.5 千米

　　　　$L_{上外}=283$ 千米<371.5 千米

再检查下环,内环流向的总长 $L_{下内}=283$ 千米,外环流向的总长 $L_{下外}=749$ 千米,不是最优方案,需要调整。

因为:$L_{下内}=283$ 千米<690.5 千米

　　　　$L_{下外}=749$ 千米>690.5 千米

⑤ 检查后可以看出,下环的初始调运方案还不是最优方案,需要进行调整。调整的方法是,在有迂回的环上,超过全周一半长的流向中,找出运量最小的一边丢掉它,并补回原来丢掉的边,便得到一个新的调运路线成线状的图形,重新规划,如图 7-26 所示。

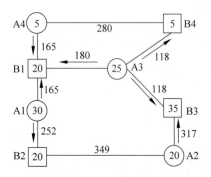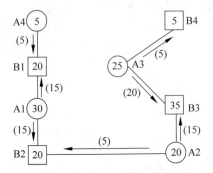

图 7-25 【算例 7-5】示意图(4)　　　图 7-26 【算例 7-5】示意图(5)

⑥ 补回丢掉的边 A4B4 和 B1A3，得到一个新的调运方案，如图 7-27 所示，再进行检查。由于上、下环都没有迂回，所以这就是一个优秀的调运方案。将调运量填入产销平衡表，见表 7-10。

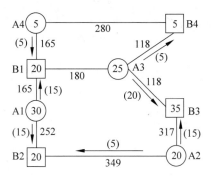

图 7-27　【算例 7-5】示意图（6）

表 7-10　【算例 7-5】产销平衡表（2）　　　　　　　　　吨

产　　地	销　　地				产　　量
	B1	**B2**	**B3**	**B4**	
A1	15	15			30
A2		5	15		20
A3			20	5	25
A4	5				5
销量	20	20	35	5	80 / 80

检查：$L_{上内}=0$ 千米＜371.5 千米

　　　$L_{上外}=283$ 千米＜371.5 千米

　　　$L_{下内}=632$ 千米＜690.5 千米

　　　$L_{下外}=569$ 千米＜690.5 千米

总吨千米数＝15 吨×165 千米＋15 吨×252 千米＋5 吨×349 千米＋15 吨×317 千米＋

　　　　　20 吨×118 千米＋5 吨×118 千米＋5 吨×165 千米

　　　　＝16530 吨×千米

（3）调运线路有环状也有线状。

在商品调运的线路上，经常存在既有环状也有线状的情况。遇到这两种情况，规划它们的最优方案时，首先使直线上的收发量汇集在与环形的交叉点上，简化成一个只有环状的线路图，再按前面讲过的方法求出最优调运方案。

【算例 7-6】　设有商品产地 A1、A2、A3 与销地 B1、B2、B3、B4、B5，构成一个有环也有线的交通图，如图 7-28 所示，具体收发量（单位：吨）及距离（单位：千米）已给出。问如何规划商品流向，使调运的总吨公里数最小。

解：按照线路图可以看出，销地 B1 所需商品，必定由产地 A1 或由其他产地经 A1 供给，所以将 B1 的销售量与 A1 的生产量汇集在 A1 处，使 A1 变成一个生产量为 5 吨的发货点,记作 C1。同样,B5 与 A3 的收发量,汇集在 B4 处,B4 变成一个有 20 吨生产量的发货点,记作 C2。这样原来的线路图简化成一个只有环状的交通图,如图 7-29 所示,可按前面讲过的方法求出最优调运方案。

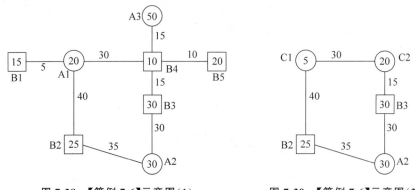

图 7-28 【算例 7-6】示意图(1)　　　　　　　图 7-29 【算例 7-6】示意图(2)

2. 表上作业法

表上作业法是利用商品调运平衡表和单位运价表的资料,通过位势表和检验表的运算作业,设计所要控制的费用最低的调运方案。

利用表上作业法求解运输的最优方案,一般要经过以下三个步骤:首先给出一个初始方案;其次依据一个判定准则,判别其是否为最优;最后对判定不是最优的已有方案进行调整。

【算例 7-7】　某种商品有 3 个产地,每天的产量为 A1:7 吨、A2:4 吨、A3:9 吨。要将这些产品分别运往 4 个销售部门,各地的销售量为 B1:3 吨、B2:6 吨、B3:5 吨、B4:6 吨,各产销地之间每吨商品的运价见表 7-11。问在满足销售部门需求量的情况下,如何调运使总运费支出最少。

表 7-11　运价表(1)

产　　　地	销　　地				产量/吨
	B1	**B2**	**B3**	**B4**	
A1	3 元/吨	11 元/吨	3 元/吨	10 元/吨	7
A2	1 元/吨	9 元/吨	2 元/吨	8 元/吨	4
A3	7 元/吨	4 元/吨	10 元/吨	5 元/吨	9
销量/吨	3	6	5	6	20 / 20

解:(1) 确定初始调运方案——最小元素法。

最小元素法是按运价中的最小运价依次确定产销关系,直到达到产销平衡。

从表 7-12 中找出最小运价为 1,表示先将 A2 生产的产品调运给 B1。A2 每天生产的产品全部调运给 B1 后,还剩余 1 吨,因此在平衡表中(A2,B1)方格内填上 3,表示 A2 调运 3 吨产品给 B1,并将运价表中 B1 这一列划去,表示销地 B1 已得到全部需求量,不需要继续调运。然后在运价表未划去的各运价中,再找出一个最小的数值 2,即 A2 每天余下产品,应尽量满足 B3 的需要,A2 只有 1 吨了,所以在平衡表(A2,B3)方格内填上 1,划去运价表中 A2 这一行。按最小元素法在表上继续求解,直到运价表上所有行、列都划去为止。这样,就在产销平衡表上得到一个初始方案,见表 7-13。

表 7-12　运价表(2)　　　　　　　　　　　　　　元/吨

产　　地	销　　地			
	B1	**B2**	**B3**	**B4**
A1	-3	-11	-3	-10————⑥
A2	-1	-5	-2	-8————②
A3	-7	-4	-10	-5————⑤
	①	④	③	

表 7-13　产销平衡表初始方案　　　　　　　　　　　　吨

产　　地	销　　地				产　　量
	B1	**B2**	**B3**	**B4**	
A1		4	3		7
A2	3		1		4
A3		6		3	9
销量	3	6	5	6	20 / 20

根据初始方案,可以计算出调运费用是

$$S = 3 \text{ 吨} \times 1 \text{ 元/吨} + 6 \text{ 吨} \times 4 \text{ 元/吨} + 4 \text{ 吨} \times 3 \text{ 元/吨} + 1 \text{ 吨} \times 2 \text{ 元/吨} +$$
$$3 \text{ 吨} \times 10 \text{ 元/吨} + 3 \text{ 吨} \times 5 \text{ 元/吨}$$
$$= 86 \text{ 元}$$

由上述方法得出的方案能否作为表上作业法的初始方案要看是否能满足以下两项要求:

① 产销平衡表中所填数字的方格数应为($m+n-1$)个。即平衡表填有数字的方格数,应是生产地个数加上销售地个数再减去 1。

需要说明可能出现的情况:平衡表上产销各点供需量已全部达到平衡,平衡表上所有数字的方格小于($m+n-1$),这时,必须在表内填上“0”,以达到所规定的条件,这个“0”同其他数字一样,不能视作空格。

② 找不到以有数字的方格为顶点构成的闭回路。这是指以平衡表上某一有数字的方格为起点,沿水平或垂直方向前进,遇到适当数字的方格(填“0”的方格也视作一个有数字的方格)便转角 90° 继续前进,这样进行下去,最后回到原来的起始点,如果找不到这样的回路,便符合这一条件。

(2) 对初始调运方案进行检验——对角线法。

采用最小元素法得到的初始调运方案是否为运费最省的方案,还有待判别。判别的方法就是求出各个空格对应的检验数。

① 用对角线求检验数,先依照初始调运方案(见表 7-13)做一个表,不过要将表 7-13 中所填的调运量换成运价表中相应的运价,见表 7-14。

表 7-14　运价表(3)　　　　　　　　　　　　　　　　　　　元/吨

产　　地	销　　地			
	B1	B2	B3	B4
A1			3	10
A2	1		2	
A3		4		5

② 根据对角线之和相等的原则,在表中把剩余的数填上。如在 A1B3、A1B4、A2B3、A2B4 形成的矩阵中,其 4 个顶点中有数字是 3、10、2,因此,一条对角线为 2+10=12,那么另一条也应是 12,所以 A2B4 空格即为 9(由 12-3 得)。以此类推,填完剩下的空格,得到对角线表(见表 7-15)。为了和原有数值区别开来,可以把原有数值加上括号。

表 7-15　对角线表　　　　　　　　　　　　　　　　　　　　元/吨

产　　地	销　　地			
	B1	B2	B3	B4
A1	2	9	(3)	(10)
A2	(1)	8	(2)	9
A3	-3	(4)	-2	(5)

③ 用单位运价表上的运价减去表 7-15 上相应的数字,便得到了各空格上的检验数,见表 7-16。检验数如果都大于或等于 0,则此方案为最优;如果有负数,则需对初始方案进行调整。

表 7-16　检验数表

产　　地	销　　地			
	B1	B2	B3	B4
A1	1	2		
A2			1	-1
A3	10		12	

(3) 对初始调运方案进行调整。

对初始调运方案进行调整的方法是,以检验数为负值的空格为起点(如果有两个以上负检验数时,选绝对值最大的空格为起点)作为一条闭回路。在表 7-17 的闭回路中,除了起点外,其余顶点均要求由调运数量的方格组成,再对运量作最大可能的调整。

表 7-17　调整方案　　　　　　　　　　　　　　吨

产　地	销　地				产　量
	B1	B2	B3	B4	
A1			4(+1) ◄── 3(+1)		7
A2	3		1(−1) ──► (+1)		4
A3		6		3	9
销量	3	6	5	6	

具体的做法是将闭回路所经过的顶点,分成奇数与偶数两类(令起点为"0",即偶次点),选奇次顶点最小的数字(本例是"1")填入空格内,再做相应的改动以保持产销平衡,这样便得到一个新的调运方案,见表 7-18。调整后的方案运费为 85 元。

表 7-18　新的调运方案　　　　　　　　　　　　吨

产　地	销　地				产　量
	B1	B2	B3	B4	
A1			5	2	7
A2	3			1	4
A3		6		3	9
销量	3	6	5	6	

新得出的方案是否为最优还需要运用求检验数的方法进行检验。新方案的检验数没有负数(见表 7-19),说明表 7-18 就是最优方案。

表 7-19　新方案的检验数

产　地	销　地			
	B1	B2	B3	B4
A1	0	2		
A2		2	1	
A3	9		12	

需要说明的是,对初始方案用闭回路法进行调整的过程中,遇到奇次顶点有两个以上的最小数时,除一个外,其余空格要补上"0",以保持方案仍有 $(m+n-1)$ 的调运数。最后得出的最优方案不一定只有一个,尽可能求出多个运费相同的最优方案,全面考虑实际情况后,选择其中某一方案。

【复习思考题】

1. 简答题

（1）简述运输的功能和特点。

（2）不同运输方式的优缺点有哪些？

（3）描述运输在供应链中的作用。

（4）如何进行运输方式的比较与选择？

（5）运输方式选择的标准有哪些？

（6）简要说明不同运输方式的成本特征。

（7）运输线路优化的方法有哪些？

（8）简要说明运输优化的意义和作用。

（9）在实际运输中，你认为应从哪些方面避免不合理运输的发生？

2. 计算题

（1）某公司首次承揽到三个集装箱运输任务，时间较紧，从上海到大连铁路 1200 千米，公路 1500 千米，水路 1000 千米。该公司自有 10 辆装载量为 10 吨普通货车和一个自动化立体仓库，经联系附近一家联运公司虽无集装箱货车，但却有专业人才和货代经验，请问如果将此业务交给这个联运公司的话需要做好哪些工作？

（2）某种商品有三个产地，三个产地每天的产品分别是 30 吨、30 吨和 35 吨，要将这些商品分别运往两个销售部门，各地销量分别为 70 吨和 25 吨，各产销地之间的距离（单位：千米）如图 7-31 所示，在满足销售部门的需求量的情况下，如何调运使总的运距最小？最小总吨千米数是多少？

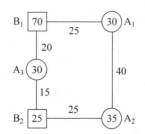

图 7-31 各产销地之间的距离

第8章 供应链数字协同

思政案例

【主要内容】

本章共四节内容,分别从供应链数字化转型的起因、数字化供应链的概念和转型趋势、数字化供应链的协同与细分策略以及供应链数字意识指数框架构建进行讲述。在信息技术快速发展的今天,企业数字化转型已是大势所趋,企业需要紧跟数字技术发展的步伐,利用数字技术为企业创造效益。

【学习目标】

了解供应链数字化转型的主导内因和推动外因,理解供应链数字化转型的概念,掌握数字化供应链的含义,了解埃森哲数字化转型指数参考模型。掌握数字化供应链的参考架构,掌握数字化供应链的协同策略和细分策略。熟悉供应链数字意识指数框架的主要内容,了解供应链数字化转型的双模战略。

【引导案例】

京东物流集团借助数字物流技术整合发展

京东物流集团(以下简称京东)借助新兴的数字物流技术,通过整合共享、技术赋能和平台开发,不断提升供应链物流服务水平。与此同时,京东以整合共享为基础,以系统和数据产品服务为核心,输出物流技术、标准和品牌,赋能商家和合作伙伴,建设物流和商流相融合的云物流基础设施的数字平台,并以此为基础,构建由数字平台、商家网络以及合作伙伴网络组成的京东物流生态系统。该生态系统的核心基于数字技术精细化的物流运营能力,它包括:①在产品市场方面以标准服务为基础,满足商家差异化需求;②以 B2B 和 B2C 业务为基础的客户需求的洞察和匹配;③为合作伙伴提供品牌服务,采用智能协同(包括信息共享和资源共享)以整合合作伙伴能力,并以区域化中小物流企业为主体,为其提供"仓—运—配"一体化赋能;④借助于对需求的快速响应和采用智能协同及调度,以达到成本风控。京东实行的供应链数字化转型战略和投资给其带来了高效的业务绩效、强势的市场竞争力、超高的客户满意度、丰厚的收益回报和其他硕果。

8.1 供应链数字化转型的起因

数字化供应链在第四次工业革命中应运而生,它给供应链带来了革命性的变革。供应链数字化转型既有内因主导也有外因推动。

8.1.1 供应链数字化转型的内因主导

供应链数字化转型的内因主要有四个方面:提高企业竞争力的需要;企业数字化转型关键要看供应链的数字化转型;以客户为中心的市场需求带来的挑战;传统的商业模式向数字化商业模式的转型。

1. 提高企业竞争力的需要

21世纪的供应链结构已转变为全球相互连接的供求网络结构,供应链节点企业暴露在不确定世界的脆弱性中,相互依赖性增强,建立更紧密的企业协作伙伴关系,经常涉及外包和离岸外包,从而创建了包含多个利益相关者的拉长网络。因此,如今的供应链已产生多层和交织的网络分销系统,促进企业、城市和国家之间更有效地推行贸易活动。在网络竞争的时代,形成了全球供应链生态系统,供应链的竞争力直接影响企业的产品及其市场的竞争力。供应链数字化转型帮助企业提升供应链竞争力,增强企业的竞争优势。

2. 企业数字化转型的关键要看供应链数字化转型

第四次工业革命所产生的数字化浪潮正在使制造业发生巨大变革,制造过程中的产业链、价值链以及资产链都在发生变革。生产模式从传统的以产品为中心的大规模生产向以客户为中心的定制化生产模式转变,与此同时,现代数字技术、云计算、大数据、人工智能、数字孪生等正在改变制造业的“游戏规则”。不同企业正在摸索自身的数字化转型之路。尽管不同行业转型之路不同,但大量研究表明,供应链的数字化转型是所有企业数字化转型的关键之一。从数字化在供应链中的应用来看,企业通过数字化提升对供应链运营过程的影响见表8-1。

表8-1　企业通过数字化提升对供应链运营过程的影响

序号	项目	影响	关键
1	定制化订单	提高客户满意度评分30%~50%	①协同客户共创 ②在线定制订单 ③客户参与和互动
2	产品开发	缩短设计和工程期20%~50%	①3D打印原型 ②快速实验与模拟 ③产品全生命周期管理
3	智能供应链	降低库存持有成本20%~50%	①大数据预测 ②实时供应链绩效与优化 ③先进排产计划
4	数字化采购	降低采购成本3%~10%	①数字化开支分析 ②线上供应链名单 ③电子招标平台 ④线上下单
5	数字化生产	降低生产成本20%~40%	①数字化业绩管理 ②数字化质量管理 ③预见性维护 ④能耗优化
6	自动化生产	提高人员生产效率20%~50%	①人机协作 ②知识工作自动化 ③远程监控和控制
7	智能物流	降低物流总成本10%~30%	①自动化仓库 ②运输路径优化 ③货车运输在线平台
8	客户服务	降低售后维护成本10%~40%	①产品可追溯性 ②预见性维护 ③远程专家指导

数字化转型能够创造价值,提高生产力,获得并保持企业竞争优势,其对供应链运营过程的影响程度分析见表 8-2。

表 8-2　数字化转型对供应链运营过程影响程度分析

项　目	说　明	影响程度
数据计算能力和连接	机器与机器、机器与产品之间的连接推动大规模个性定制的实现	① 设计和工程成本降低 10%～30% ② 库存持有成本减少 20%～50%
分析和智能	高级分析有助于实现从检测到预测再到预防的转变	① 市场投放时间缩短 20%～50% ② 质量成本降低 10%～20%
先进生产方法	生产制造,包括原型设计和生产的整合及加速(如 3D 打印)	① 整体生产能力提高 3%～5% ② 通过知识工作的自动化使人员生产率提高 45%～55%
人机交互	虚拟和增强现实、工业自动化(如协作机器人、自动导向车)	① 设备停机总时间减少 30%～40% ② 预测准确度提高 85%以上

3. 以客户为中心的市场需求带来的挑战

以客户为中心的市场需求主要体现在以下几个方面。

(1) 超个性化。客户对任何产品和服务,如汽车、冰箱或者建筑方案都要求满足自身需求和喜好。促使供应链制造从批量和集中式生产向定制化分布式生产变革,供应链必须进行数字化、智能化变革。传统的静态 BOM 结构必须转型为动态 BOM 结构,驱动数字化的智能采购产生。动态的物料配送同样需要数字化智能物流。

(2) 敏捷响应。客户要求产品的交付也要及时送达。在社群经济发达的区域,客户对产品送达时间的要求已经短到当日几小时。传统的供应链物流已经无法满足客户的需求,数字化供应链服务提供商,如京东、菜鸟等,需要以敏捷的数字化智能物流迎接挑战。

(3) 高质量服务。客户不仅要求产品质量好,而且要求交付产品透明、可跟踪追溯,还要求到货之后有良好的售后服务。制造需向智能化转型,通过 3D 打印等数字技术改进产品设计和工艺。这对传统的供应链是一个巨大的挑战,如果产品没有数字标识、物流交接没有扫码、在途运输没有数字管控、退货不可追溯,则无法满足客户需求。

(4) 需求复杂多变。数字经济时代,由于超个性化、产品生命周期缩短、需求不确定性等导致市场需求复杂多变,促销计划难以预测。这是对供应链最大的挑战之一,传统的供应链计划已经不能适应如今复杂多变的市场需求。因此,供应链数字化转型已经成为不可逆转的趋势。

4. 传统的商业模式向数字化的商业模式转型

传统的商业模式正在向数字化的商业模式转型。例如,传统制造业在 20 世纪 90 年代后期的全球化经济背景下,企业面临着成本上升、盈利下降、节能环保要求提高等诸多压力,制造业依靠市场份额领先已无法保证利润来源,价值增值的潜力已转移到下游节点企业服务和融资活动中。于是制造业从以制造产品为核心的商业模式向制造服务化或制造＋服务的新商业模式转型,从而挖掘价值链上更多的增值机会,保持和提升自身的竞争优势。在数字化经济时代,制造服务化已成为一种趋势,同时它带来了供应链服务的机遇。例如,富士康名下的供应链管理部门从富士康分离出来成立了准时达国际供应链管理有限公司(以下简称准时达),不仅服务于富士康,还服务于其他制造企业。不管是制造企业本身的服务化还是供应链的服务化,数字化转型已成为其必由之路。几年内准时达已经成功构建了其智能供应链的数字平台,并以市值 150 亿元入围"2019 胡润全球独角兽榜"。

传统线下(门店)零售业转型以线上为主、线上＋线下的新零售商业模式,极大推动了供应链的销售交付短链的数字化转型。构建新零售商业模式一般性原则离不开的因素有数字化战略布局、全渠道思维和新零售系统性思维、线上线下渠道融合、统一标准化职能管理、大数据采集、云计算和物联网、智能物流等。例如,苏宁的新零售采用"数字化平台＋智慧供应链"模式,从传统的"生产—销售—顾客"的模式,演变为"顾客需求—销售端反馈—生产端—销售端—顾客"的供应链新模式。凭借科技工具,苏宁全程智能供应链已经能够实现反向定制、预测销售、库存补货、物流路线布局到"最后一公里"等整个供应链上的智能化运营。

8.1.2 供应链数字化转型的外因推动

1. 数字经济的发展促进供应链数字化转型

联合国发布的《2019 年数字经济报告》列举了许多数字经济蓬勃发展的数据,认为数字经济快速上升为主导地位的因素主要有网络对企业运营的影响,利用数字平台能够提取、控制和分析数据,利用数字平台能降低企业之间的高转换成本。在联合国《2019 年数字经济报告》统计的 2017 年数字经济的数据中,全球数字经济占到了全球 GDP 的 4.5%～15.5%。其中,美国数字经济占其 GDP 的 6.9%～21.6%,中国则为 6%～30%。全球的互联网数据流量从 1992 年的每天 100 千兆字节增加到 2017 年的每秒 46600 千兆字节。发展中的数字经济与若干数据推动的前沿技术密切相关,包括区块链、数据分析、人工智能、3D 打印、物联网、自动化、机器人和云计算。全球互联网协议流量(代表数据流量)急剧增长,但世界还处于数据驱动经济的早期阶段。数据流量随时间变化趋势见表 8-3。

表 8-3 数据流量随时间变化趋势表

年　　份	1992	2002	2017	2022
数据流量	100GB/天	100GB/秒	46600 GB/秒	150700 GB/秒

2. 全球化及日益增加的不确定性和复杂性

早在 2009 年,IBM 基于对全球 400 多位首席供应链管理者的调查,发表了著名的《智慧的未来供应链——全球首席供应链管理者调查报告》。报告指出了供应链面临的五大挑战,这些挑战至今依然是供应链管理面临的重大挑战,经济全球化加速了供应链的不确定性和复杂性。供应链面临的五大挑战如图 8-1 所示。

以特斯拉电动车为例,形成了复杂的产业链和复杂的成本构成。2019 年 6 月 30 日,特斯拉上海超级工厂与捷安特共建关务物流平台,并正式上线启动,该平台支持特斯拉通关物流全程电子化、全程可视化,数据驱动进出口合规保障和风险管控,平台最终将支持全数字化的供应链协调,支持面向订单交付的敏捷制造对高效、灵活、精准、可视的供应链要求,数字化的供应链系统将工厂、供应商、物流服务商、客户连接在一个透明可视的数字链上。

3. 工业 4.0 带来的新兴技术驱动供应链数字化转型

数字化转型是人类社会经济转型史上一次伟大的社会经济转型。人类社会经历了或正在经历以四次工业革命为导向的转型。

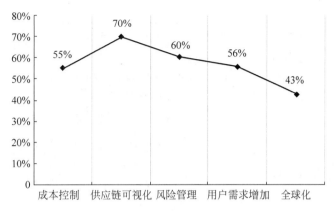

图 8-1　供应链面临的五大挑战

（1）第一次工业革命——手工劳动到蒸汽机时代的转型。其中主要有 1765 年纺纱机的问世、1785 年瓦特制成改良型蒸汽机并投入使用、1840 年英国基本完成此次工业革命、农村变成工业化城市、钢铁和纺织工业随着蒸汽机发展而发展、开创了以机器代替手工劳动的蒸汽时代。

（2）第二次工业革命——蒸汽机时代到电气时代的转型。主要突破包括 1866 年，西门子制成发电机、1913 年福特汽车流水生产线形成、1870 年辛辛那提屠宰场电动流水线形成，既有产业与新产业处于扩张期，利用电力创造大规模生产，主要技术进步包括电话、电灯、留声机和内燃机，世界由蒸汽时代迈入电气时代。

（3）第三次工业革命——电气时代到信息时代的转型。这个阶段发生的主要变化有1969 年，美国成功实现人类登月，同年，第一块编程逻辑控制器出现，互联网诞生；从模拟电子到机器设备到数字技术的进步，个人计算机、互联网、信息和通信等先进技术产生，世界由电气时代迈入信息时代。

（4）第四次工业革命——信息时代到数字智能时代的转型。这个阶段的成就包括美国工业互联网/德国工业 4.0 和中国制造 2025，以数字革命为基础，代表技术进入社会；信息领域的技术包括机器人、人工智能、纳米技术、量子计算、生物技术、物联网、3D 打印、无人驾驶车辆等；世界正在由"信息时代"迈入"数字智能时代"。

发生在第四次工业革命之前的三次工业革命和转型，极大地丰富了人类的物质生活。正在发生的第四次工业革命和数字化转型将极大提高劳动生产率，进一步丰富人类的物质和精神生活。第四次工业革命和供应链数字化转型蓝图见表 8-4。

表 8-4　第四次工业革命和供应链数字化转型蓝图

名　　　称	描　　　述	信　息　流	关键能力映射
产品生命周期管理	对产品的整个生命周期进行全程管理，从开始的工程设计与制造、再到服务和处理制造的产品	产品和生产系统生命周期中的双向信息流	质量、敏捷性和可持续性

名　称	描　述	信　息　流	关键能力映射
供应链管理	管理供应商、公司、经销商和最终消费者之间的物料、最终产品和相关信息的上游和下游增值流	供应链利益相关者、制造商、客户、供应商和分销商之间的双向信息流	敏捷性、质量、生产率
面向供应链管理的设计	设计产品以利用和加强供应链	供应链管理活动和设计工程师活动之间的双向信息流	质量、敏捷性
持续流程改进	一组持续的系统工程和管理活动,用于选择、定制、实施和评估生产产品的过程	从实时制造系统到过程设计活动的信息流	质量、可持续性、生产率
持续测试	生产系统的诊断、预测和性能改进的持续过程	生产过程活动与生产经营活动的双向信息流	生产率、敏捷性、可持续性、质量
面向制造和装配的设计	为便于制造的零件设计	从生产过程、运营活动到产品设计活动信息流	生产率、敏捷性
柔性制造系统/可重构制造	系统机器是灵活的,可以被配置成在不改变过程的情况下产生改变的体积或新的产品类型	从产品工程活动到生产工程活动的信息流	敏捷性
制造金字塔	有ERP、MOM和车间三层制造金字塔描述的现有制造系统的层级性	ERP、MOM活动中控制系统之间的双向信息流	质量、敏捷性、生产率和可持续性
快速改进新产品导入周期	从产品使用中收集的数据和产品构思的反馈、趋势预测,快速改进新产品导入周期	从产品使用到产品设计的信息流	质量、敏捷性

供应链就像人体的动脉和静脉一样,供应链数字化转型对实现第四次工业革命的目标至关重要。例如,德国汽车工业预计在2030年前后实现流水线的动态生产。在这个过程中,供应链与物流必然要经历数字化的变革。传统的福特流水线生产将转化为模块化柔性生产,企业的集中式生产结构转变为分布式生产结构,产品的静态BOM结构转变为动态BOM结构,数字化智能采购和数字化智能物流将成为主流。

4. 提高供应链竞争力和国家战略的需要

我国非常重视数字经济下各领域的数字化转型发展,原因主要体现在:①宏观经济增长速度放缓,对全行业造成了影响;②市场竞争继续加剧,赚钱的行业会吸引大量公司快速进入该行业;③客户的个性化需求越来越高,如何满足客户需求,给客户提供更好的体验,是所有企业面临的压力。基于这样的背景,我国颁布了大量数字经济相关政策,这些政策概括为5个方面,涉及17个领域,见表8-5。

表 8-5　国家政策影响的主要 17 个领域

文化复兴	科技引领	创新驱动	全球布局	民生为本
视频音频领域 游戏动漫领域 知识付费领域	电子信息领域 智能制造领域 生物科技领域 能源环境领域 海洋天空领域	现代服务领域 智慧新区领域 智慧城市领域	物理一带一路领域 数字一带一路领域 自贸区建设领域	能源环保领域 健康养老领域 旅游休闲领域

2017 年,国务院办公厅颁发《关于积极推动供应链创新与应用的指导意见》(国发办〔2017〕84 号),把供应链的数字化转型提到国家战略的高度。总之,供应链数字化改革是提升我国的国际竞争力和实施国家数字经济发展战略的重要举措。

8.2　数字化供应链的概念和转型趋势

8.2.1　供应链数字化转型需要明晰的几个概念

1. 数码化、数字化和数字化转型的含义

数字化的概念源于西方国家对工业革命的研究和战略报告。数码化(digitization)、数字化(digitalization)和数字化转型(digital transformation)三个名词代表了社会和企业工业革命的不同发展阶段。三个名词的含义与不同新工业发展阶段相对应,见表 8-6。

表 8-6　三个名词的含义及对应新工业发展阶段

名　　词	含　　义	新工业发展阶段
数码化	从模拟形式向数字形式转变的过程,又称数字实现。即数字化需要一个模拟过程,并将其转换为数字形式,而过程本身没有任何不同的实物变化	计算机化/信息化
数字化	将交互、通信、业务功能和商业模式转变为(更多)数字化,通常归结为 IT 和 OT 的某种程度的集成,如全渠道客户服务、集成营销、互联网平台等	计算机化＋互联系统
数字化转型	业务和商业模式的数字化变革。它是让企业/组织处理整体变革(模式、组织、流程、管理)的任务,以变革作为核心竞争力,帮助企业/组织从端到端成为客户导向(和驱动)的智慧企业/组织	业务可视化 业务透明化 预测性 自我适应性(智慧企业)

2. 数码化、数字化和数字化转型在新工业发展阶段的特征

(1) 数码化在新工业发展阶段的基本特征。

数码化是指通过使用新的数字技术替代手工工作和传统 IT 解决方案,应用这些技术来改变组织的性能和成本状况的过程。不同信息技术在公司内部的相互独立使用,使企业各个部门及企业之间形成了信息孤岛。

（2）数字化在新工业发展阶段的基本特征。

数字化是指将数字化资源转化为新的收入来源、增长和运营成果，为组织创造资本的过程。信息技术的孤立部署被相互连接的组件取代，广泛使用的业务应用程序相互连接，反映公司的核心业务流程。部分运作技术（OT）系统提供连接性和互操作性，但 IT 层和 OT 层的完全集成尚未实现。在这个阶段，一般只有局部的和描述性的可见性信息互通。

（3）数字化转型在新工业发展阶段的基本特征。

企业面临着"为工业 4.0 创造基本条件"的挑战，发展过程从数字化开始，尽管数字化本身并不构成工业 4.0 的一部分，但计算机化和连接性是实施数字化转型的基本要求。两个初级阶段之后是工业 4.0 所需能力开发的阶段。这个阶段是端到端和实时的可视化、可揭示原因的透明化，进而发展出能预测未来的能力，其最高境界是自主的能力，如自主供应链。其中的每个节点企业都将在新技术（物联网、人工智能、大数据、云计算等）的推动下的发生业务和商业模式的变革。最后企业将成为端到端、以客户为中心的智慧企业。在这一阶段，才能实现完全的 IT 和 OT 的融合。

3. 数字化转型的必要性

2019 年开始的新冠肺炎疫情，推动了企业的数字化转型，2021 年，供应链管理专业协会（CSCMP）与 ToolsGroup 联合发布的一份研究报告显示，只有 3％的企业在开展业务时没有受到新冠肺炎疫情的影响，有 42％的企业表示，此次的新冠肺炎疫情大大加速了企业的数字化进程。此外，有 90％的企业已经处于推动数字化转型的进程当中，但是相关专业人才的短缺减缓了他们的数字化进展。有 42％的受访企业表示，目前企业员工对数字化的理解和应用能力远远不够支持企业推动数字化的速度。

供应链管理专业协会与 ToolsGroup 调查了全球 200 多名供应链专业人员，通过分析数据来评估供应链数字化转型的状态，并将其与 2019 年数字化转型报告的结果进行对比，兼顾其他行业研究的趋势。受访者包括高管、经理和规划师，从业人员来自制造、零售、包装消费品、售后配件、批发分销企业、第三方物流服务（3PL）公司和咨询机构。绝大多数受访者表示，新冠肺炎疫情在某种程度上影响了企业的业务，主要是暴露出流程漏洞（49％）和供应商不稳定（45％），但也增加了对其产品和服务的需求（45％）。需求下降（31％）和人员短缺（30％）也对许多企业提出了挑战。只有 3％的人表示，新冠肺炎疫情对业务没有影响，调查统计数据如图 8-2 所示。

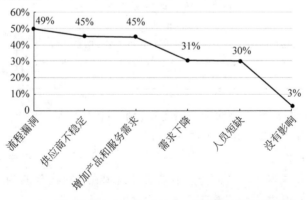

图 8-2 新冠肺炎疫情对企业业务影响调查数据

随着新冠肺炎疫情对全球供应链的影响,特别是对供应链数字化战略的影响,这些问题渗入了企业数字化转型战略中,近 75% 的受访者表示,新冠肺炎疫情影响了企业的数字化转型;42% 的受访者表示,新冠肺炎疫情加速了企业供应链的数字化转型;17% 的受访者表示新冠肺炎疫情改变了企业组织的数字化优先事项;15% 的受访者表示疫情要么推迟,要么搁置了企业的转型计划,超过 25% 的受访者表示,新冠肺炎疫情对企业的数字化转型战略没有任何影响。新冠肺炎疫情对企业供应链数字化战略进程的影响如图 8-3 所示。

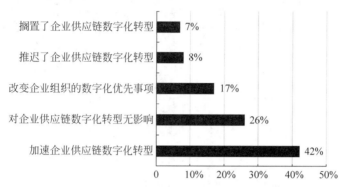

图 8-3　新冠肺炎疫情对企业供应链数字化战略进程的影响

8.2.2　从智慧供应链到数字化供应链

1. 智慧供应链的特征

学者唐隆基认为,数字化变革始于 2009 年 IBM 提出的“智慧的未来供应链”。IBM 的全球首席供应链官员调查报告定义的智慧供应链包含三个特征:先进、互联和智能。

(1) 先进。早期由人工填写的信息将逐步由机器生成,信息来自传感器、射频识别标签、仪表、执行器、全球定位系统等自动化设备,库存可以自动盘点,集装箱可以自行检测其内部的货物,如果托盘被送错地方,会产生自动报错等。

(2) 互联。整个供应链将连为一体,不仅是普通的客户、供应商和 IT 系统,还包含各个部件、产品和其他用于监控供应链的智能工具。这样紧密相连就能使全球供应链网络协同规划和决策。

(3) 智能。供应链决策也将变得更加智能。先进的分析和建模技术可以帮助决策制定者更好地分析极复杂多变的风险和制约因素,评估各种备选方案。更加智能化的系统甚至还可以自动制定决策,提高响应速度,减少人工干预。构建这种供应链属于战略性事业,对供应链主管而言,意味着不同的角色和职责,主管必须成为能优化复杂全球网络的战略思想家、合作者和协调人。首席供应链执行官有义务、有能力预见更加智能的未来供应链。

2. 传统供应链的发展

2015 年 5 月,中华人民共和国国务院发布《中国制造 2025》,在智能制造方面,特别强调了要依托优势企业,紧扣关键工序智能化、关键岗位机器人替代、生产过程智能优化控制、供应链优化,建设重点领域智能工厂/数字化车间。在基础条件好、需求迫切的重点地区、行业和企业中,分类实施流程制造、离散制造、智能装备和产品、新业态新模式、智能化管理、智能化服务等试点示范及应用推广。建立智能制造标准体系和信息安全保障系统,搭建智能制造网络系统平台。到 2025 年,要求制造业的数字化研发设计工具普及率达到 84%。

2016 年,美国数字化供应链研究院发布了《数字化供应链白皮书》,把传统的供应链分为三个阶段,发展过程如图 8-4 所示。

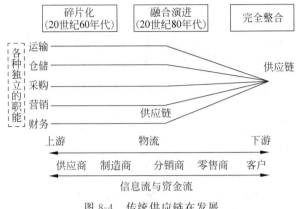

图 8-4　传统供应链在发展

尽管传统的供应链从碎片化发展到完全整合的供应链,但其供应链形态基本上是线性的,数字化还停留在信息化阶段和数字化初始阶段。

8.2.3　数字化供应链的含义

我国学者对于数字化供应链还没有明确的定义,根据美国权威研究或咨询机构给出的数字化供应链定义或趋势描述如下。

美国数字化供应链研究院(DSCI)对数字化供应链的定义:数字化供应链是以客户为中心的平台模型,通过多渠道实时获取,并最大化利用数据,实现需求刺激、匹配、感知与管理,以提升企业业绩,并最大限度降低风险。

德勤咨询公司对数字化供应链的定义:基于数字化平台,构建数字化供应链网络,通过数字化技术记录,分析从上游采购到下游交付形成的端到端数据信息,持续优化联合设计、新品测试、库存优化、物流透明、质量追溯,改进内部和外部仓储和物流网络,优化和创新供应链结构和生态关系,保持快速高效供应。

埃森哲咨询公司描述数字化供应链趋势特征:供应链运营从“串联”改造为“并联”,供应链由“链”到“网”,从短期改善到长期变革,从成本中心到利润中心。

数字化供应链被认为是涵盖计划与执行功能的供应链管理过程,包含的具体活动内容有综合业务和财务规划、需求管理、类别管理、销售与运作规划、分类计划、生产计划与调度、库存部署计划、交通运输规划与管理、仓库和劳动管理、店铺规划和操作。

数字化供应链是基于物联网、大数据与人工智能等关键技术构建的以客户为中心,以需求为驱动,动态、协同、智能、数据驱动、自适应、弹性、可视、可预测、可持续发展的网状供应链体系。应用数字化供应链,整个供应链并联的同时转变为网状,每个部门跟客户之间都能直接联系。客户的需求变化可以通过网状直接回到各个部门和各个企业,在快速响应的同时高效率、低风险运营。

因此,数字化供应链是以需求来驱动,而不是以预测来驱动的;同时,数字化供应链是动态的,这种动态说明,面对上千种场景,就必须有上千种供应链对应。数字化供应链必须达成协同,传统供应链协同强调企业内部的销售部门跟供应链部门一起联合预测,即

S&OP;有了数字化供应链以后,这种协同可能就不再需要 S&OP,因为有了足够多的数据和快速响应,S&OP 被完全取代。

8.2.4　供应链数字化转型的发展趋势

随着企业数字化发展,供应链数字化转型继续推进,数字化转型呈现出的趋势有云计算与物联网深度融合、区块链与传统金融进一步融合、XaaS 和云服务展现出强大的发展潜力、移动化管理发展成端到端管理。

1. 云计算与物联网深度融合

数字化转型成为很多组织推动内部信息化、资源优化、实现 IT 重构的共同选择。云计算与物联网虽然都是未来技术的发展趋势,但云计算的应用对象主要体现在传统的服务器、PC 等方面。物联网与云计算的结合,给企业带来很大的想象空间。在云计算技术的支持下,物联网被赋予更强的工作能力,云计算为物联网产生的海量数据提供了优良的存储空间。云存储可以通过集群应用、网格技术或分布式文件系统等功能,将网络中大量不同类型的存储设备通过应用软件集合起来协同工作,共同对外提供数据存储和业务访问功能;而物联网则为云计算提供了落地应用,丰富了云计算的应用场景,能够进一步推动数据价值的挖掘,使数据价值进一步显现,促进产业革新"瞬间爆发"。

2. 区块链与传统金融进一步融合

区块链构建的实质机制及沟通渠道,可以让用户在没有第三方介入的情况下进行商业交易。同时,区块链网络本身的特点允许支持线性的、永久性的索引记录,促使用户在完全不需要授权的情况下进行全局审查或引用。区块链产业发展不仅需要整合行业资源,还需要多方参与,集人才、技术、资源于一体。中国区块链技术创新与应用联盟将成为我国区块链技术的一个新高地。由此,各级别的区块链组织相继成立,比如由金汇金融、京东金融、平安银行、微众银行、招商证券等金融机构和金融科技发起成立的营利性组织,其宗旨就是以技术标准为纽带,整合协调金融区块链技术研究资源,形成仅用区块链技术和应用研究的合作与协调机制,提高成员在区块链技术领域的研发能力。

3. XaaS 和云服务展现出强大的发展潜力

利用 XaaS(X as a Service,即"一切即服务"),可以将很多的传统业务云化,将传统的服务交付方式转移到云端,为企业特别是中小企业提供信息流、资金流、物流等各个层面全方位的业务支持。对此,启迪国信企业数字化研究中心专家指出,有几个 XaaS 类别正在中型企业中变得流行起来,其原因是这些服务要么是易于外包的服务(CaaS),要么是已经成为一种要求,前提是 IT 公司选择在云服务中运作业务(MaaS);要么则是足够成熟,足以给企业带来效益,如网络即服务(NaaS)。以 DaaS(Data as a Service)为例,就是云端公司负责建立全部的 IT 环境,收集用户需要的基础数据,通过集中化管理、分析,最后对分析结构或者算法提供编程接口,并把数据场景化,让数据成为服务。DaaS 结构如图 8-5 所示。

4. 移动化管理发展成端到端管理

全球各地的企业正在面临从客户端-服务器应用,向云与移动应用转变的挑战。在过去,终端主要是指 PC、平板电脑、手机等,随着物联网技术的发展,终端类型不断增多,复杂度不断提升,各企业正在采用数字工作空间来简化云端应用的管理、交付与消费,纯粹内部端点管理模式难以应对专为固定桌面与客户端-服务器应用而设计的杂乱管理及复杂流程,

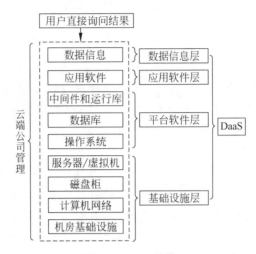

图 8-5　DaaS 结构

单纯的移动化管理方式也很难满足组织对于内部复杂终端的管控需求。

　　为此,一些企业的数字化解决方案提供商,开始将移动管理平台升级为统一端点管理平台。新平台能够覆盖全面的端点操作系统,对终端设备进行全生命周期管理。平台还拥有完善的中间件系统,支持流程定制及二次开发。通过统一端点管理平台,可以极大地提升组织管理的安全性与效率,同时为组织进一步数字化转型提供保障。

8.2.5　埃森哲数字化转型指数参考模型

　　埃森哲咨询公司与两化融合服务联盟、国家工业信息安全发展研究中心合作,基于企业两化融合数据及智能运营和数字化创新两大维度,对八大代表性行业的 450 家企业数字化成熟度进行调研,并从 2018 年至 2020 年每年发布一个研究报告——《中国企业数字化转型指数研究》。建立了埃森哲中国企业数字化转型指数参考模型,分别从主营增长、智能运营和商业创新这三个方面入手,为企业数字化发展提供了方向。

　　1. 主营增长方面

　　(1) 数字渠道与营销需要开展的工作有针对客户的个性化需求实现精准营销、实现线上线下全方位渠道建设、安全保护自身及客户的数据隐私。

　　(2) 产品与服务创新需要开展的工作有对现有产品或服务进行数字化改造升级、开发智能产品或服务、基于用户个性化需求提供定制产品和服务。

　　2. 智能运营方面

　　(1) 智能生产与制造需要开展的工作有运用数据技术实现敏捷开发、基于数字平台的合作研发、实现智能制造与柔性供应链。

　　(2) 智能支持与管控需要开展的工作有依据业务需要灵活调整职能部门结构、实现数据流与业务流在各部门无缝衔接、搭建基于数据分析的决策体系与管控系统。

　　3. 商业创新方面

　　(1) 数字商业模式需要开展的工作有基于数字平台的商业模式、开拓数据变现模式、数字商业模式的迭代改进。

　　(2) 数字创投与孵化需要开展的工作有建立内部创投部门推动数字化新业务、建立机制鼓励内部创新与创业、和初创企业合作培育数字化技术。

8.3　数字化供应链的协同与细分策略

8.3.1　数字化供应链的参考架构

数字化供应链产生于数字经济时代,变革于传统的供应链。2018 年年初,美国罗戈研究与京东联合推出了《数字化供应链综合研究报告》,并在其中发布了第一个版本的数字化供应链的参考架构。数字化供应链参考架构定义了一个可为不同行业及企业参考的统一的数字化供应链系统模型和高层次的变革策略及解决方案。模型由五部分内容组成。

1. 数字化商业模式

数字化商业模式是整个参考架构的顶层。数字经济产生的各种商业模式如 B2C、B2B、C2M 等催生了数字化供应链。反之,数字化供应链也滋生了新的商业模式,如供应链服务化、平台化。

2. 数字化供应链的要素

数字化供应链的要素包括 5 个方面,即数字化计划、数字化采购、数字化生产、数字化运营和数字化服务。

3. 数字化供应链技术

数字化供应链技术主要聚焦在两个方面:①流程创新,主要是实施管理模块化和流程组装化。通过集成供应链工程,使供应链更敏捷,以适应不断变化的市场需求,即管理模块化;将产品和流程被凝聚在模块中,但可以任意相互组合(如合作互补组合优化),实现流程组装化。②技术创新,主要是进行数据分析和自动化。通过技术(物联网、大数据、人工智能等)获取和评估客户需求、流程、质量、产品、生产手段和员工的数据并预测未来,实现数据分析功能;通过数据自动分析、系统自动响应(如物联网、机器人和传感器、M2M 通信)实现自动化。

4. 数字化供应链网络新基建

数字化供应链网络新基建侧重于 4 个方面:①互联供应网络,形成新的供应链组织形态;②供应链网络数字资产,强调一切都与数据有关,构建数字化供应链;③供应链网络控制塔,即形成虚拟决策中心;④数字化供应链孪生,即物理供应链的数字表示和"大脑"。

5. 数字化供应链的策略

数字化供应链主要针对两个策略,即协同策略和细分策略。协同策略主要提供横向、纵向供应链一体化,支持构建数字供应链网络新基建;细分策略主要针对差异化的供应链管理,支持供应链流程创新、管理模块化和灵活的流程构建。

8.3.2　数字化供应链的协调策略

1. 供应链协同的含义

供应链协同(supply chain collaboration,SCC)是供应链管理的关键策略之一。在供应链管理中,供应链协同被定为两个或两个以上的自主公司共同合作以计划和执行供应链运作。供应链协同式共赢的策略,可以为供应链主体及其合作伙伴带来巨大的利益。当一个或多个公司或业务部门共同创造、互惠互利时被称为合作战略。供应链协同有两种主要类型,纵向协同和横向协同。纵向协同是指来自供应链不同级别或阶段的两个或多个组织共担职责,资源和绩效信息以服务于相对相似的最终客户时的协同。横向协同是指供应链中处于相同级别或阶段的两个或多个公司形成组织间关系,目的是使工作和合作更加轻松,以实现一个共同的目标。供应链协同使供应链中的每个成员更好地满足客户的需求。

实施供应链协同的优势在于实现较低的库存水平和较高的库存周转率;降低运输和仓储成本;降低缺货水平;缩短交货时间;改进客户服务指标;可视化的客户需求和供应商绩效;更快速地制定决策。数字化供应链协同大大提高了供应链协同的能力,极大地提高了产品的上市速度,它为公司与其他合作伙伴以新的方式进行交流铺平了道路。

2. 传统供应链协同与数字化供应链协同的异同

从实质上讲,供应链协调的目的都是为供应链节点企业之间更好的合作提供服务,从战略层、战术层和执行层分别予以不同的协同策略。三个层次协同策略的内容各异。

(1) 事务集成:初级协同——执行层。

通过完成采购订单、生产订单、销售订单的处理任务,收集汇总 POS 信息;处理相关发票信息;确定信用等级和款项支付。

(2) 供应链管理信息共享:中级协同——战术层。

生产预测、生产和运输计划及其能力的确定、产品说明、价格确定、促销策略;库存管理和分配;产品和材料的可用性;服务水平、合同条款,如供应能力、库存和服务。

(3) 战略协作:高级协同——战略层。

提高预测准确性,加强战略供应链关系和盈利能力,加强销售和运营计划,加速和管理整个供应链的需求计划、直接采购、采购预案,解决关键供应时间,促进生产能力相匹配,更新生产设施,实现网络扩展,推动协同定价计划。

随着现代数字技术的发展,数字化供应链的协同策略与传统供应链的协同策略在三个层次上已经发生了巨大的变化。传统供应链与数字化供应链协同策略对比见表8-7。

表 8-7　传统供应链与数字化供应链协同策略对比

供应链协同 层次	传统供应链	数字化供应链
执行层	EDI 互联网 专用工具(系统、E-mail、电话等) 无线连接	物联网连接所有事物 系统连接 数字化协同平台
战术层	EDI、互联网或专有工具 非实时信息交流 结构化信息 信息孤岛	物联网 数字化协同平台 实时信息交换 结构化信息 半结构化信息 大数据
战略层	与合作伙伴联合制定规划、设计流程、分享风险与回报 非实时 非智能认知的分析与预测	物联网实现网络扩展 数字化协同平台 人工智能、机器学习帮助提高预测的准确性,解决关键的供应时间,提高整体生产能力,帮助计划协同、优化采购

3. 数字供应链网络协同

数字化供应链使得传统的线性供应链变革为动态连接的供应网络,供应链协同提高到了一个新的水平:数字供应链网络协同。随着每个供应节点的能力和连接性增强,供应链会裂变成为一个动态的数字供应网络。动态的数字供应网络通过实时数据更好地为决策提供信息,提供更高的透明度,从而增强整个供应网络之间的协同,克服了线性供应链反应过程的延迟行动。数字供应网络结构如图 8-6 所示。

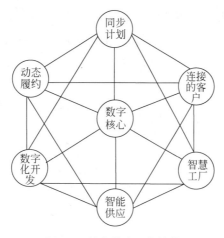

图 8-6　数字供应网络结构

数字供应网络像一个连接的社区,它跨越整个价值链,把供应商、合作伙伴及客户/消费者连接在一起。它能提供端到端的可见性和透明性,并且利用数据分析实现智能寻源、共享资源、区块链、云计算/控制塔和供应商生态系统,达到最大限度的供应商协同。

4. 数字化供应链协同框架

供应链的端到端可见性对实现供应链协调极其重要。数字化供应链协同(数字供应网络协同)实际上是借助数字技术来实现协同的。提高供应链可见性和数字化成熟度是供应链领导者的重要任务。多企业协作使多层可视性有助于企业达到更高的供应链成熟度水平。供应链中数字协同背后的一些主要驱动力如下所述。

(1)复杂性和不确定性。

产品、销售渠道和相应的供应链的复杂性要求信息以高带宽快速流动。供应链的参与方各自为政、筒仓式管理系统、信息孤岛等形式,将使新型流通缓慢,并且难以协同。

(2)业务的开发和响应速度。

社交网络和协作工具以更有效的方式连接人、信息和公司资产。利用社交媒体可以帮助组织快速有效地获得有关市场定位、客户需求和产品接受度的反馈。这些信息甚至可以鼓励非传统的进入者以新的方式与客户互动,进入新市场。

(3)大数据。

高度复杂的全球供应链将大量结构化和非结构化数据代入系统。问题不在于收集数据,而在于从中获取价值。因此,企业在大数据和分析项目中看到了做出更明智商业决策的巨大潜力。数字化供应链协同逻辑步骤如图 8-7 所示。

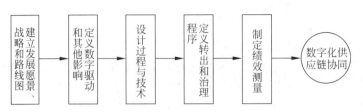

图 8-7　数字化供应链协同逻辑步骤

8.3.3　数字化供应链的细分策略

由于全球化、外包以及库存和产品配置的快速增长,使得供应链变得非常复杂,不易于管理。一些企业将供应链战略作为战略重点领域(如沃尔玛和 Zara 在零售业,宝洁和联合利华在消费品领域,苹果在消费电子领域),但即使是非常成功的公司现在也面临着进一步削减成本的新的巨大压力:用更少的钱做更多的事情。客户的要求比以往任何时候都高:更多的定制、更好的服务和更密切的关系。

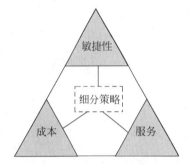

图 8-8　制定差异化细分战略的三个需要权衡的重点和聚焦的领域

1. 制定差异化细分战略

未来属于能够将其供应链与客户细分市场特定需求相匹配的公司。供应链细分的优点很多,现在很多人同意它的基本原理。在高产量、低变动性市场的背后,供应链可能是为了提高效率而设计的;而高产量、高变动性市场的背后,供应链可能是为了提高灵活性和响应能力而设计的。一般来说,制定差异化细分战略的三个需要权衡的重点和聚焦的领域:敏捷性(agility)、成本(cost)和服务(service),如图 8-8 所示。

根据需要权衡的重点和聚焦的领域,制定差异化细分战略,差异化细分战略的划分如图 8-9 所示。

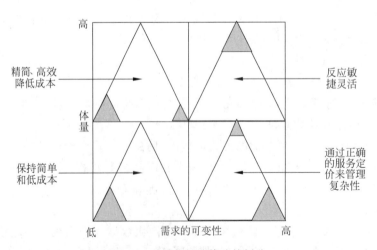

图 8-9　差异化细分战略的划分

在数字经济时代,终端客户对供应链的影响已从最后一公里转移到开始的第一公里,迫使供应链管理人员专注于提高差异化的客户体验。提高不同客户的体验是困难的,因为传统的供应链是"一刀切"的策略。从今天到未来,将供应链分割在客户周围,是保持数字世界竞争力的基本要求。

供应链细分(supply chain segmentation,SCS)是提高差异化供应链解决方案,以满足不同客户需求的能力。此能力是实现数字化供应链的基本能力之一。它也是数字化供应链的一个重要策略。任何用于供应链细分的框架都必须考虑到需求的不确定性、成本驱动因素、与客户的关系、客户价格主张和技术时钟速度——技术和产品在特定行业中的变化速度。要实现这一过程,就要根据购买行为细分客户并为他们设计产品,调整供应链以在适当的时间向正确的客户提供合适的产品。数字化供应链细分策略如图 8-10所示。

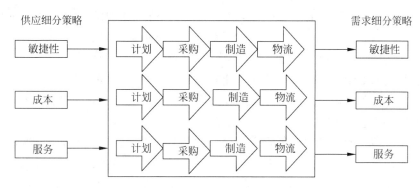

图 8-10　数字化供应链细分策略

为了在电子商务主导的世界中保持竞争力,企业必须不断调整供应链能力以满足客户需求。供应链细分的概念不一定是全新的或与以往不同,市场营销部门几十年来根据其销售信息划分客户和购买倾向,数字化迫使企业将这个原则运用于现在的供应链,数字数据信号提供了必要的信息,帮助企业发现并使用数据。这将是企业生存发展的关键。数据从供应链中的许多节点流出,如销售时点(POS)系统收集的数据,物联网(IoT)设备收集的数据,社会、新闻、事件和天气信息发布的数据,产品属性说明的数据,客户反映得到的数据,都为企业发展数字化供应链提供了信息资源。所有这些类型的数据都需要清洗、整理和汇总。机器学习算法必须不断挖掘和连接多个系统中的多种数据源,以获得不同的意见和建议。

这一步是成功实施供应链细分策略的基础。使用销售交易、社会数据、人口统计数据和其他数据,把客户分成各种群体。对这部分的细分应告知产品设计师、物流服务供应商和供应链策略师。

除了客户细分外,还有内部产品和供应细分、渠道反分割等。总之,供应链细分策略可以帮助数字供应链网络的数字化、供应链模块化和进行灵活的流程组合。通过集成供应链工程(如模块化供应链管理),使敏捷供应链适应不断变化的市场需求。另外,数字化可以提高供应链细分的能力。

2. 供应链细分的挑战

供应链领导者必须充分了解企业在供应链细分过程中将面临挑战的范围和深度。低估挑战和短兵相接不仅会导致短期的失败,还会减少企业在未来成功的机会,供应链细分的挑战包括以下几个方面。

（1）多变的服务数据,详细成本难以获取和合理化。

在细分策略过程中,建立一个清晰的成本平衡图是第一步,也是基础性的一步,很少有公司有技术专长或 IT 预算来独立完成这项工作。

（2）各种不确定性增加了与客户的交易成本。

在许多情况下,由于多变的环境,需要对客户、供应商和服务提供商的合同进行检查和重新谈判,包括支持新的细分战略所需的服务和条款,需要对这些内容进行修改,还需要对操作流程本身进行重大变更,因此增加了各项交易成本。

（3）需要对传统的供应链进行重组。

围绕传统"一刀切"的供应链,需要对供应链设计的组织和团队结构进行重组,某些情况下需要彻底重组;企业可能面临着严重的人才短缺;招聘和培训专业职位需要时间和持续的承诺。

（4）实施智能供应链细分策略意味着规模化的变革管理。

由于涉及成百上千的外部贸易合作伙伴和服务提供商,企业实施智能供应链细分策略,会面临规模化的变革管理。这项工作可能比许多供应链管理者想象的要复杂得多。

（5）企业面临着完全更新业务系统的支出。

由于跨业务网络的业务协调需要完全更新的信息系统,这些系统与企业购买和安装了几十年的企业系统截然不同。拥有深厚企业文化或对"旧的"方式（如 ERP 或其他以企业为中心的软件系统）的机构有承诺的公司可能会发现,重新设置 IT 议程并转向新的基于网络的 IT 系统不仅在资金上存在困难,同时在人力资源上也会具有挑战性。

8.3.4　供应链不同场景下的客户细分策略

1. 供应链细分的场景、案例及其策略

（1）保持客户服务水平的分销计划。

按分销渠道细分:①现代渠道下保持高服务水平;②电商渠道下保持高服务水平,竞争强、增长快;③传统渠道维持普通服务水平,采用折扣策略。

（2）消费品制造商在不同分销渠道下的客户细分策略。

消费品制造商根据不同的分销渠道,对客户的优先级进行划分,并以此为依据为不同客户提供个性化服务,满足客户个性化需求。消费品制造商在不同分销渠道下的客户细分策略见表 8-8。

表 8-8　消费品制造商在不同分销渠道下的客户细分策略

制　造　商	分　销　渠　道	客户优先级细分
消费品制造商	现代渠道（商场、超市、便利店）	第一优先级
	传统零售渠道（北方、南方）	第三优先级
	电商渠道	第一优先级
	出口渠道	第二优先级

（3）零售商在不同分销渠道下的客户细分策略。

零售商的业务需求是将有限的库存分配到配送中心,优先满足电商渠道,其次满足现代渠道,最后满足传统零售渠道。制订分销方案时,往往需要精确分配有限库存资源,确保在资源短缺时,重要的客户和渠道能优先满足,有限库存得到最优化配置。零售商在不同分销渠道下的客户细分策略见表 8-9。

表 8-9　零售商不同分销渠道下的客户细分策略

	分销渠道	客户优先级细分
零售商	现代渠道(商场、超市、便利店)	第二优先级
	传统零售渠道(北方、南方)	第三优先级
	电商渠道	第一优先级

（4）供应分配下的客户细分策略。

对于全球化企业来说,供应链在一个网络上全面展开,但也是有限的。按区域、级别、客户预留细分库存,能在接到客户需求时更好地提供差异化服务。供应分配下的细分有三种情况:①库存预留可按照排名、比例、承诺预测量或者供应链中的其他业务规则进行设定;②遇到异常情况,可对预留库存进行修改和重新安排;③进行结构化的预留,以保障做出订单承诺时有足够的可用库存量。

（5）需求不确定性下的客户细分策略。

大卫·辛奇-利维在《运营规则》中指出,考虑需求不确定性和客户的关系,从这个维度确定不同的客户群,每个客户群都需要不同的供应链策略。例如,当需求不确定性高且客户关系松散时,应采用的供应策略必须不同于当需求不确定性低且客户关系紧密时应采用的供应策略。戴尔的四种基本供应链见表 8-10。

表 8-10　戴尔的四种基本供应链

供应链类型 项目	按订单加工	按计划加工	按库存加工	按规范加工
客户部门	在线零售/容量配置	零售	在线销售/受欢迎的配置	企业客户
产品	客户定义的配置	为市场设计的少量配置	为市场设计的少量配置	为客户设计
生产批量	一个	大量	大量	大量
生产策略	装配由订单驱动	平稳生产以降低成本	平稳生产以降低成本	数量和时间进度表由客户订单定义
产成品库存	否	是(零售商处)	是(戴尔工厂)	否
提前期	否,(空运)以达到响应性	长,(海运)以降低运输成本	长,(海运)从生产到库存地点和短(邮包)到客户地点	长,(海运)以降低成本
计划期	短	长	中	长

8.3.5 跨供应链细分的协同效应

供应链细分的一个重要挑战是利用跨供应链的协同效应来降低复杂性并利用规模经济。通常可以在采购、产品设计、制造、计划和订单履约方面产生协同效应。

（1）采购协同效应。

利用各个细分市场的销量来降低采购成本。

（2）产品设计协同效应。

强调在所有供应链中使用标准组件，并减少产品组合。

（3）制造协同效应。

要求整合尽可能多地制造基础设施。

（4）计划协同效应。

企业需要一种方法将制造能力分配给供应链不同的部分。这就是销售和运营计划（S&OP），这是一个应用所有供应链部分的过程，用于调整需求、供应和库存，并根据实际和预测需求将生产能力分配给各个供应链。

（5）订单履约协同效应。

IT 部门对订单配置策略的传统 IT 基础架构进行了全面的改造，该策略不存在批量。随着客户细分的实施，某些细分市场（如零售业）要求该技术支持大批量生产并暗示存在成品库存，这是戴尔公司以前从未考虑过的，该公司需要重新规划 IT 基础架构，以便它可以支持多个渠道。戴尔公司根据客户的价值主张对不同的客户类型进行细分，使得公司可以简化其产品线并销售最受欢迎的配置。这种简化通过提高预测准确性来降低成本并提高响应速度。

戴尔公司利用跨供应链细分的协同效应，通过对 4 种供应链使用一个基于云的数字网络平台基础架构来构建北美供应链。这一策略对公司的最终盈利产生了巨大的影响：产品可用性提高了 37%，订单交付时间缩短了 33%，笔记本电脑的运费减少了 30%，制造成本减少了 30%。这种可编排的供应链只能在基于云的数字网络平台上完成。

8.4 供应链数字意识指数框架构建

越来越多的供应链领导者认识到数字化供应链是供应链的未来，供应链的数字化转型是大势所趋。然而，供应链的数字化变革进程缓慢，随着技术颠覆的影响力日益扩大，许多领导者对如何实现供应链数字化转型疑虑重重。这实际上使得企业面临失去竞争力，而被数字化领先者赶超的风险。纵观领先企业正在提升的"供应链数字意识"，以推动企业创新，适应新时代背景下数字经济持续增长。因此，提升企业领导者供应链数字意识是一个关键举措。

8.4.1 供应链数字意识指数框架

2019 年，国际贸易协会（MHI）和德勤（Dloitte）开发了供应链数字意识指数（digital consciousness index，DCI）框架，以帮助企业评估其数字化思维，并评估其在迈向数字化的过程中取得的进展。提高供应链数字意识的重要性在于：它有助于组织获得数字化视角，并更快地找到数字化解决方案。

1. 供应链数字意识成熟度阶段划分

供应链数字意识指数框架描述了供应链数字意识的 4 个阶段,不同阶段的特征见表 8-11。

表 8-11　供应链数字意识成熟度层次及特征

阶段	无数字意识	发展中的数字意识	数字意识趋向成熟	成熟的数字意识
特征	① 初级状态,几乎没有数字化能力 ② 等待采用基础数字创新 ③ 没有自动化或数字连接	① 数字化应用的早期阶段 ② 连接和自动化程度较低	适度或成熟的数字创新;从传感器收集信息,收集和分析数字信息的自动化	① 完全成熟的连接系统和自动化流程 ② 利用数字数据的价值 ③ 通过高级分析和人工智能支持主动决策
DCI 分值	1	2	3	4

2. 基于供应链数字意识框架的数字意识分类

供应链数字意识指数框架形成 5 个数字意识分类,每一类都按数字意识成熟度(表 8-11)分为 4 个阶段。每一类有两种按照成熟度自我打分评估的方式:对现状的打分评估,对未来期望的打分评估。最后评估的结果是上述 5 类数字意识评估的两个总分:对现状打分的评估总分和对未来期望打分的评估总分。每一项最高分是 20 分。所得的两个总分就是该公司当前供应链数字意识指数和未来期望的供应链数字意识指数。

(1)领导力。公司领导专注于调整公司的战略、劳动力、文化和技术,以满足客户、员工和贸易伙伴的数字化期望,分别从供应链数字技术成熟度的不同阶段进行分析,制作评估表打分,得出评估分值。以此为依据,制定领导力数字意识水平评估表。

(2)创新/技术。一种实验和创新的文化正在形成,推动着数字化进程。此外,还制定了技术战略,通过数字镜头探索可能的艺术——将技术与核心业务能力相结合,使公司能够在适应快速变化的数字环境的同时跟上步伐。从业务发展、前瞻性技术创新等方面,制定创新/技术数字意识水平评估表。

(3)客户参与度。培养以客户为中心的思维方式,与客户建立联系,有效预测和影响客户的需求。充分考虑客户未来变化趋势,制定符合数字化发展需要的客户参与度数字意识水平评估表。

(4)数字化人才。数字化人才和技能遍布整个组织,为吸引、留住和培养未来的数字化人才制定明确的战略。吸引人才、用好人才、发展人才,以此为依据,制定数字化人才数字意识水平评估表。

(5)工作环境。接受并使用数字技术,数字人才是关键。创造一个有吸引力和令人信服的工作环境和文化氛围,有助于吸引和留住人才。工作环境数字意识水平评估见表 8-12。

表 8-12　工作环境数字意识水平评估

无数字意识	发展中的数字意识	数字意识趋向成熟	成熟的数字意识
① 在工作场所几乎没有使用创新技术 ② 提供最少的个人或专业发展机会 ③ 提供一个员工不喜欢花时间的工作场所	① 开始在工作场所尝试新技术 ② 探索工作空间概念，以鼓励交流、协作和想法共享 ③ 鼓励和支持以创新和技术为重点的员工社区的形成	① 通过员工主导的举措鼓励开放/共享的文化 ② 开放使用新工具和领货的工作时间表 ③ 鼓励个人的企业，承担社会和个人的责任 ④ 创建一个工作环境，让员工享受工作时光	① 鼓励和支持持续学习，尤其是有关数字创新和技术的学习 ② 使用针对每个劳动力细分市场的适用性培训计划 ③ 为员工提供个人和专业成长的机会，使员工成为人才 ④ 结合技术支持的灵活工作安排，使工作移动化

8.4.2　供应链数字意识指数框架基准

　　国际贸易协会构建了一个基于网络的供应链数字意识指数自我评估的工具，重点关注数字意识指数以及企业如何看待自己在数字化成熟方面的进展，调查数据显示，对于所有数字意识类别（领导力、客户参与度、数字化人才、创新/技术和工作环境），只有不到9％的企业将其成熟度评定为成熟的数字意识水平。同时，将企业列为无数字意识水平的比例为13％～26％，具体取决于类别，其中领导力的数字意识水平最低，为13.9％，而数字化人才的数字意识水平最高，为26.4％。22％～27％的受访者认为自己使用数字化技术来建立吸引、招募和留住顶尖人才所需的文化方面（数字化人才和工作环境）的数字意识处于无数字意识水平。而13％～21％的企业认为自己在领导力、客户参与度和创新/技术三个方面处于无数字意识水平。统计受访的440人得到的数字意识水平调查结果如图8-11所示。

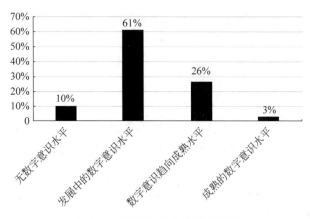

图 8-11　数字意识水平调查结果

　　调查结果表明，当今企业的供应链数字意识水平是中间大两头小，也就是处于发展中的数字意识水平和数字意识趋向成熟水平的企业占60％以上，而处于无数字意识水平的企业低于20％，处于数字意识趋向成熟水平的企业低于10％。这和全球供应链数字化转型的现状基本一致。数字意识成熟的领先企业，如华为、阿里巴巴、京东等已在供应链数字化方面硕果累累、收益丰厚。表明供应链数字化变革前景广阔,但需要企业领导者的努力。按类别划分的数字意识水平调查结果汇总如图 8-12 所示。

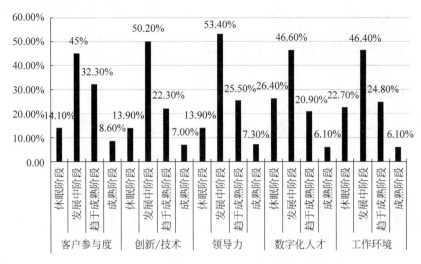

图 8-12　按类别划分的数字意识水平调查结果汇总

8.4.3　识别和管理供应链 DCI 优先级

识别和管理供应链 DCI 优先级对正确制订供应链数字化变革的行动计划大有帮助。MHI 开发的基于网络的工具通过数字意识水平评估当前和期望水平来帮助企业定位,确定各类数字意识水平的优先级,从而用于制订变革或转型的行动计划,具体步骤如下。

(1) 根据企业当前状况和未来期望,给 5 类数字意识打分,每类数字意识将会获得两个分数:当前水平分数(记为 A)和未来期望的水平分数(记为 B)。

(2) 分别计算它们的变化差异,记为 C=B−A。

(3) 设定变革优先级为 5 个级别,1 级为最高级,5 级为最低级。企业根据自身发展的需要确定变革的优先级。某企业完成的 DCI 评估,形成变革优先级计算结果,见表 8-13。

表 8-13　变革优先级计算结果

数字意识 类别	当前意识水平层次	期望意识水平层次	变化差异 C＝B－A	变革优先级
领导力	无数字意识:1	数字意识趋向成熟:3	2	2
创新/技术	数字意识发展中:2	数字意识趋向成熟:3	1	1
客户参与度	数字意识趋向成熟:3	数字意识趋向成熟:3	0	5
数字化人才	数字意识发展中:2	成熟的数字意识:4	2	3
工作环境	数字意识发展中:2	成熟的数字意识:4	2	4
分值汇总	10 分	17 分		

在变革优先级确定之后,需要企业根据领导力、创新/技术、客户参与、数字化人才和工作环境 5 个方面分别制定具体举措,最终达到数字意识水平提升的目的。

8.4.4　供应链数字化转型指南

1. 基于数字意识指数框架的供应数字化转型方法论框架

供应链数字化转型方法论的构建主要有五步。

(1)供应链数字意识评估。

(2)制定提升数字意识和转型的规划。

(3)实施提升数字意识和转型的规划。

(4)卓越供应链数字化转型。

(5)不断迭代,持续改进。

2. 供应链数字化转型执行框架

美国数字化供应链研究院全球专家组编写的《数字化供应链》白皮书定义了一个执行框架,在这个框架中围绕客户这个中心,形成了 4 个管理要求,需要公司领导和高层管理人员特别注意和支持。这四个管理要求是管理需求、管理团队、管理技术和管理风险。它们应该成为企业战略方向的奠基石,因为它们能够区分出真正成功的、有市场领导地位的数字供应链公司。供应链数字化转型执行框架如图 8-13 所示。

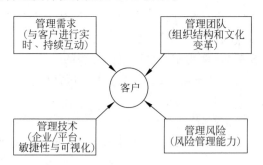

图 8-13　供应链数字化转型执行框架

3. 供应链数字化转型路线图

根据数字化供应链转型执行框架,企业家和高级管理人员将需要获得关于如何定位企业和制定供应链数字化转型的执行路线图以抓住这些机遇的建议。然而,每个企业都会有不同的执行路线图。数字化供应链执行路线图依旧根据管理需求、管理团队、管理技术和管理风险 4 个方面,结合企业自身实际,考虑需要从哪些方面寻找突破口,不同的企业应该设置不同的起点,使之适应具体条件,旨在帮助管理者在"数字化供应链"的工作中找出方向、衡量标准和建立问责机制。

4. 供应链数字化转型的技术战略执行框架

根据学者唐隆基的建议,由假设-探索的供应链数字化转型的执行框架取代传统的计划-执行的框架,形成的环形框架,其中以战略执行框架为核心,连接四大步骤,五项操作内容,供应链数字化转型的技术战略执行框架如图 8-14 所示。

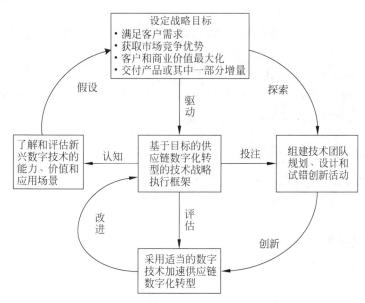

图 8-14 供应链数字化转型的技术战略执行框架

8.4.5 供应链数字化转型的双模战略

传统企业的数字化转型面临两个困难,一方面,存在的 IT 组织不可能一夜之间变成原生数字化团队,为转型提供创新技术支持;另一方面,存在需要维护的业务系统很难提升以适应数字化需求。高德纳早在 2015 年就从数字信息技术的开发的角度定义了双模 IT 的概念和方法论。该模型后来发展到其他领域,如供应链的数字化转型,称为双模供应链、双模计划等。供应链数字化转型包括 IT 和 OT 的转型,因此,双模 IT 将有助于供应链数字化转型。双模 IT 见表 8-14。

表 8-14 双模 IT

项 目	可预测的产品和技术演变(模式 1)	新的和创新的模式(模式 2)
目标	可靠性	敏捷性
价值	价格新能	收入、品牌、客户体验
方法	瀑布式、V 模型、高规格 IID	敏捷、看板系统、低要求 IID
治理	计划驱动	经验、连续
采购	企业供应商,长期交易	新/小供应商,短期交易
人才	擅长常规项目	擅长新项目和不确定性项目
文化	以 IT 为中心,远离客户	以业务为中心,贴近客户
周期	长(月)	短(天、周)

供应链组织必须在创新和卓越运营之间保持微妙平衡,这种平衡取决于双模供应链:传统的和探索性的模式,这种供应链可以改进和运行既定的盈利方式,同时引入新技术和策略,从而带来竞争优势。双模供应链需要两个供应链管理团队,模式 1 团队负责运营传统供应链,模式 2 团队负责供应链的数字化转型。两个模式采取并行的工作方式但目标各不相同。

（1）负责运营传统供应链——模式1。

主要是寻求降低总成本、审核可预测需求的情况。该方法沿用了效率、增值和减少浪费的概念。重点是保持现状的同时保留传统的业务往来。

（2）负责供应链的数字化转型——模式2。

在创新的驱动下，模式2专注于敏捷和灵活的解决方案，这些解决方案采用深入新市场的方式，并推出前沿解决方案所需的策略。模式1试图保持平衡，模式2则侧重于供应链如何适应新的风险和机遇。

在数字化转型时代，供应链双模战略是一种新的供应链战略思维，它达到了一种趋同思维（模式1）和趋异思维（模式2）的平衡，从而使供应链组织的当前业务和数字化转型创新同步开展，互相促进，推动创新，减少风险，达到双赢。

【复习思考题】

1. 简答题

（1）主导供应链数字化转型的内因有哪些？

（2）推动供应链数字化转型的外因有哪些？

（3）如何区分数码化、数字化和数字化转型？

（4）数字化供应链的含义是什么？

（5）传统供应链和数字化供应链有什么区别？

（6）简要说明数字供应链网络协同策略和细分策略。

（7）描述供应链数字意识指数框架的内容。

（8）如何识别和管理供应链 DCI 优先级。

2. 分析题

提升企业数字意识水平是一项重要的工作，若要提升领导力数字意识水平，从无数字意识提高到发展中的数字意识水平再到数字意识趋向成熟的水平，应该制定哪些具体举措，确保数字意识水平得以提升。

第9章　供应链金融管理

思政案例

【主要内容】

本章共三节内容,供应链金融概述中涉及供应链金融创新的产业背景、供应链金融的内涵、供应链金融的特点、供应链金融的主体关系和供应链金融的优势比较;供应链金融融资模式中涉及应收账款融资模式、存货融资模式和预付账款融资模式;供应链金融风险管理中对供应链风险因素进行分析,提出了供应链金融风险管理的原则和供应链金融风险评估指标体系的构建。

【学习目标】

理解供应链金融创新的产业背景,掌握供应链金融的内涵和特点,熟悉供应链金融的主体关系,了解供应链金融的优势。掌握供应链金融应收账款融资、存货融资和预付账款融资三种模式。熟悉供应链风险产生的因素,了解供应链金融风险管理的原则,能够应用供应链金融风险评估指标分析供应链融资相关案例。

【案例引导】

汇付天下的供应链融资创新

近几年我国航旅行业快速发展,航旅分销渠道已经形成了比较成熟的三级供应链:航空公司、机票一级代理商和二级代理商。航空公司将部分机票批发给一级代理商,而后一级代理商又会抽出一部分机票通过分销渠道分给二级代理商。这条供应链的资金支付过长,严重降低了供应链上资金的利用效率,平均每年只有15~20次的资金周转率。并且供应链上的资金回流分销也较大,航空公司只能通过担保公司对一级代理商的回款进行担保。汇付天下作为一个第三方支付的金融科技服务提供商,针对航空公司只能通过担保公司联手解决支付链过长存在的供应链资金风险问题,引入保理公司,以"互联网＋动态结算"的方式,减少了应收账款延期导致的坏账和资金短缺问题。

1. 注入数字化

汇付天下首先利用自身第三方支付技术提供商的优势,利用人工智能和云计算等技术为航空公司官网进行技术升级和系统改造,实现了航空公司官网的快捷支付全覆盖;其次利用移动互联技术和大数据,给一级代理商设计了多样的支付服务场景,目的是实现支付费率低且出票成功率高,并能够达到秒入账的结算效率。通过数字化,不仅提高了支付效率,也提高了机票的交易量。

2. 注入资金池

汇付天下不仅解决了支付效率问题,同时还承担了支付链上的保理业务。汇付天下一方面引入担保公司进行资金垫付和支付票款等业务;另一方面投入天使投资和风投融资5亿元,以降低资金压力和授信风险。

3. 优化代理商

汇付天下挑选航空机票代理商排名前10%的一级代理商,这些代理商拥有成熟的分销渠道,占据了很大的市场份额。在这条进行了融资创新的供应链中,汇付天下主要提供航空公司与一级代理商之间的大额支付和快捷结算业务。当航空公司将机票批发给汇付天下指定的一级代理商后,汇付天下将提前垫款支付给航空公司机票金额,而一级代理商则会在分销回款后将票款支付给汇付天下。优化后的供应链资金实现了每年 80～100 次的高效率运转。

9.1 供应链金融概述

随着经济全球化和网络化的发展,不同公司、国家甚至一国之内不同地区之间的比较优势被不断地挖掘和强化。对于经济和金融欠发达地区或资金不够雄厚的中小企业而言,一些"成本洼地"成为制约供应链发展的瓶颈,影响着供应链的稳定性和财务成本。供应链研究和探索的重心逐渐转向提升资金流效率的供应链金融层面。在激烈的竞争环境中,充足的流动资金对企业的意义越来越重要,尤其是对于具有良好发展前景却受到现金流制约的中小企业,由于没有大型企业的金融资源。因此,解决中小企业融资难问题成为供应链金融研究的一个重要方向。

9.1.1 供应链金融创新的产业背景

1. 供应链金融创新的产业背景

颠覆式金融创新被认为是商业时代的主旋律,主要原因是物联网、人工智能、区块链、云计算和大数据技术的发展与应用,加速了各类产业的转型升级。科技渗透率最高的行业有"TMTA(电信、媒体和科技)"、金融、零售、医疗及交通运输等。普华永道提出的 B 端赋能模式——"T2B2C"模式,其内涵为:T 端为科技企业,如京东金融;B 端为企业端;C 端为消费端。在 C 端市场接近饱和状态下,B 端市场还极具发展空间,B 端的科技企业创新模式具有新特点,因为科技企业作为"T 端",不是简单的技术服务,而是能够赋能 B 端、服务 C端。T2B2C 概念模型如图 9-1 所示。

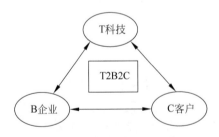

图 9-1 T2B2C 概念模型示意图

传统企业在产业转型与电商化过程中面临困局,T 端赋能 B 端正好能解决这一关键问题。但 T 端面临着 B 端灵活性、产品专业性、市场细分和场景复杂等要求更高的特征,立足于特定产业、理解与打通产业链、提供场景式解决方案是 T 端赋能 B 端的关键。

金融创新对产业转型升级有关键的作用。金融技术和生产技术是同步发展的,但金融技术创新是生产技术创新的先决条件。我国目前属于银行主导型的金融体系,符合我国劳动密集型的成熟制造业的特点,银行贷款倾向于流向这一领域,这一金融体系不利于新兴产业融资,不能满足产业结构升级的需要。不同经济发展阶段与金融发展的匹配机制如图 9-2 所示。

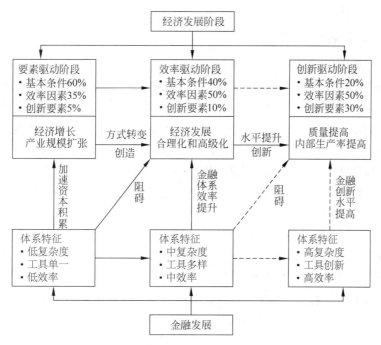

图 9-2　不同经济发展阶段与金融发展的匹配机制

图 9-2 虚线箭头指向表示中国将来可能达到的阶段,实线箭头指向代表中国已经或正在经历的阶段。随着我国经济发展从要素驱动阶段向效率驱动阶段的转变,再到创新驱动阶段,效率和创新因素的影响起到关键作用。而实现效率和创新水平的提高必然要求匹配金融结构的多样化,以及更高的资本配置效率。同时,产业结构升级带来技术的更新、新兴产业的出现,都要求金融系统为其提供更加丰富、多样化和个性化的金融产品和工具,产业升级反过来促进金融效率的提高和金融结构的变化。

我国制造业正处于转型升级阶段,政府正在大力推进"互联网+"战略下的金融创新,相对于传统金融,大大降低了信息的不对称和交易成本,弱化了金融中介的作用,促使中小企业的融资可能性提高、融资成本降低,让企业有更多的资金用于研发和生产,是金融创新直接促进产业转型升级的重要价值所在。

2. 供应链中小企业融资问题分析

中小企业融资难的问题,从不同角度分析能得出不同的原因和结论。如银行的借贷、区域经济的影响、中小企业的信用等级低及缺少合格的抵押品等。虽然中小企业融资难是世界性问题,但在我国出现长周期、大面积、持续性的融资难问题,与我国的市场机制性问题密切相关。中小企业的主要融资渠道为非银行体系(票据、委托贷款、小额信贷等),中小企业融资难问题归结于两个根本性的问题:一是宏观方面的融资结构,二是微观方面的融资机制。

基于"互联网+"来构建产业链金融服务体系,成为市场的热门问题。其关键在于利用大数据、云计算、移动互联网、人工智能、区块链等技术,打造基于产业的数字化普惠金融平台,获得分析客户交易、结算、征信、资产、行为等各个维度的数据,深刻理解客户的融资需求和行业特点,体现"场景驱动、智能风控、贯穿链条"等特点,为企业生产交易各环节自动匹配合适的融资产品和融资额度。

9.1.2　供应链金融的内涵

1. 供应链金融的概念

我国《物流术语》(GB/T 18354—2021)对供应链金融(supply chain finance)的定义为：以核心企业为依托，以企业信用或交易标的为担保，锁定资金用途及还款来源，对供应链各环节参与企业提供融资、结算、资金管理等服务的业务和业态。供应链金融是商业银行信贷业务的一个专业领域，也是企业尤其是中小企业的一种融资渠道。供应链资金约束可以通过两类融资渠道解决。一是供应链内部融资，通过采购合同以部分货款提取全部货物，延迟支付尾款；二是供应链外部融资，获取第三方金融机构(银行)的商业贷款。通常，银行系统分析供应链内部交易结构和各节点企业的业务情况，并运用自偿性贸易融资的模式，引入核心大企业、第三方物流企业等风险控制变量，对供应链的不同环节提供包括封闭的授信支持、结算、理财等金融服务。

2. 国内外学者对供应链金融的理解

国内外学者对供应链金融理解不同，首先在对供应链金融的内涵方面：国内学者将供应链金融的融资功能作为供应链金融的全部；国外学者对供应链金融的理解更为广泛，包含了对供应链融资的资本结构、成本结构和资金流周期等问题的研究，以更加整体的视角看待供应链金融问题。其次在供应链金融的广度方面：国内学者侧重于从商业银行的视角来介绍供应链融资的模式、概念和特征；国外供应链金融的研究则相对广泛，不仅包括了商业银行在内的金融机构，也包括了供应链产业企业的金融性行为。以 2005 年霍夫曼提出的供应链金融定义为例，他认为：供应链金融是为供应链中包括外部服务提供者在内的两个以上的组织，通过计划、执行和控制金融资源在组织间的流动，是共同创造价值的一种途径。由此形成的供应链金融整体框架如图 9-3 所示。

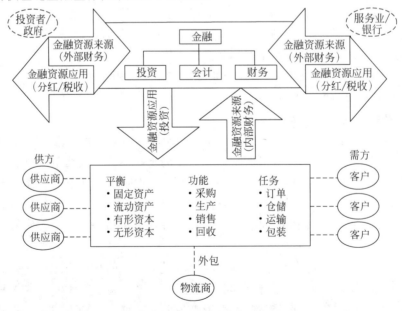

图 9-3　供应链金融整体框架

　　借鉴我国学者宋华教授的《供应链金融》,供应链金融是指一种集物流运作、商业运作和金融管理为一体的管理行为和过程,它将贸易中的买方、卖方、第三方以及金融机构紧密地联系在一起,实现了用供应链物流盘活资金,同时用资金拉动供应链物流的作用;而在这个过程中,金融机构如何更有效地嵌入供应链网络,与供应链经营企业相结合,实现有效的供应链资金运行,同时又能合理地控制风险,成为供应链金融的关键问题。

**　　3. 供应链金融模式发展**

　　供应链融资是在贸易融资的基础上发展而来,是一种主要由商业银行或物流公司主导的新型融资模式。严格意义上的供应链金融是在同时掌握和管理全面的商流和物流的基础上,展开综合性的融资业务。其风险的控制既来源于对整个交易过程和价值增值过程的设计、运营和管理,又来源于物流方案的设计、流程的运营和操作。供应链金融被认为是物流金融和贸易金融的乘数效应,它是针对供应链不同的参与者、不同的阶段、不同的时期提供的综合性全面融资解决方案,因此,供应链金融的信息整合度很高。融合物流、商流和信息流的供应链金融发展过程如图 9-4 所示。

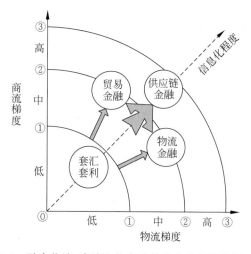

图 9-4　融合物流、商流和信息流的供应链金融发展过程

9.1.3　供应链金融的特点

　　简单地说,供应链金融就是银行将核心企业和上下游企业联系在一起,提供灵活运用的金融产品和服务的一种融资模式,即把资金作为供应链的一个溶剂,增加其流动性。从产业供应链角度出发,供应链金融的实质就是金融服务提供者通过对供应链参与企业的整体评价(行业、供应链和基本信息),针对供应链各渠道运作过程中企业拥有的流动性较差的资产,以资产的多少来确定未来现金流作为直接还款来源,运用丰富的金融产品,采用闭合性资金运作的模式,并借助中介企业的渠道优势,来提供个性化的金融服务方案,为企业、渠道以及供应链提供全面的金融服务,提升供应链的协同性。降低其运作成本。供应链金融的特点主要体现在以下几个方面。

**　　1. 依托现代供应链管理基本理念**

　　供应链金融是一种适应新生产组织体系的全方位金融服务,特别是融资模式,不是单纯依赖客户企业的基本面资信状况来判断是否提供服务,而是依据供应链整体运作情况,从企业之间真实的贸易背景入手,来判断流动性较差资产未来的变现能力和收益性。通过融入供应链管理层面,可以更加客观地判断客户企业的抗风险能力和运营能力。这意味着没有实际的供应链作支撑,就不可能产生供应链金融,而供应链运行的质量和稳定性,直接决定了供应链金融的规模和风险。

2. 借助大数据对客户企业的整体评价

整体评价是指供应链服务平台分别从行业、供应链和企业自身三个角度对客户企业进行系统的分析和评判,然后根据分析结果判断其是否符合服务的条件。行业分析主要是考虑客户企业受宏观经济环境、政策和监管环境、行业状况、发展前景等因素的综合影响;供应链分析则主要评判客户所在供应链的行业前景与市场竞争地位,企业在供应链内部的地位,以及与其他企业之间的合作情况等信息;企业基本信息的评价主要是了解其运营情况和生产实力是否具备履行供应链合作义务的能力,是否具备一定的盈利能力与营运效率,最重要的就是掌握企业的资产结构和流动性信息,并针对流动性弱的资产进行融通可行性分析。所有信息都依赖于大数据的建立。供应链运行中每一笔交易、每一项物流活动,甚至每一个信息沟通都是数据通过筛选、整理、分析所得出的结果,而不仅仅是简单、客观的结论,更能用于帮助提高企业经营决策。搜集起来的数据还可以被规划,引导供应链金融活动的产生。

3. 闭合式资金运作的刚性要求

供应链金融是对资金流、贸易流和物流的有效控制,使注入企业内的融通资金的运用限制在可控范围之内,按照具体业务逐笔审核放款,并通过对融通资产形成的确定的未来现金流进行及时回收与监管,达到过程风险控制的目标。即在供应链金融服务运作过程中,供应链的现金流、物流运作需要按照合同预先确定的模式流动。

4. 构建供应链商业生态系统的必要手段

供应链金融得以有效运行,商业生态系统的建立是一个关键因素。所谓商业生态系统是指以供应商、生产商、销售商、市场中介、投资商、政府、消费者等以生产商品和提供服务为中心组成的群体。他们在一个商业生态系统中发挥着不同的功能,但又形成相互依赖且共生的生态系统。在这一商业生态系统中,个体虽由不同的利益驱动,但身在其中的组织和个人互利共存,资源共享,注重社会、经济、环境综合效益,共同维持系统的延续和发展。在供应链金融运作中,也存在着商业生态的建立,包括管理部门、供应链参与者、金融服务的直接提供者以及各类相关的经济组织,这些组织和企业共同构成了供应链金融生态系统,如果不能有效地建构这一金融生态系统,或者相互之间缺乏有效的分工,不能承担相应的责任和义务,并且进行实时的沟通和互动,供应链金融生态系统就难以顺利开展。供应链金融生态系统如图 9-5 所示。

5. 侧重于为成长型中小企业提供供应链金融服务

与传统信贷服务不同,供应链金融服务运作过程中涉及渠道或供应链内的多个交易主体,供应链金融服务提供者可以获得渠道或供应链内大量客户群和客户信息,为此可以根据不同企业、渠道或供应链的具体需求,定制个性化的服务方案,提供全面的金融服务。供应链中的中小企业,尤其是成长型中小企业往往是供应链金融服务的主体,供应链金融服务使这些企业的资金流得到优化,提高了企业的经营管理能力。传统信贷模式下中小企业存在的问题,都能在供应链金融模式下得到解决。传统金融和供应链金融视角下对中小企业认知的差异见表 9-1。

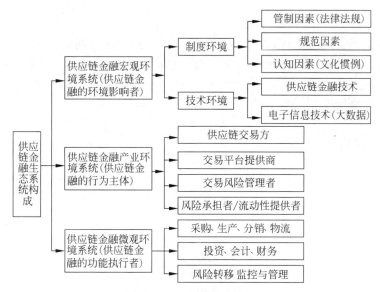

图 9-5　供应链金融生态系统

表 9-1　传统金融和供应链金融视角下对中小企业认知的差异

视角 比较项目	传统金融视角	供应链金融视角
企业信息	信息披露不充分	供应链中的交易信息可以弥补中小企业的信息不充分、采集成本高的问题
企业信用	信用风险高	中小企业能成为供应链运行中的参与者或合作伙伴,有较强经营能力;因上下游合作伙伴严格筛选机制,企业信用风险低于一般意义中小企业风险
企业道德	道德风险大	中小企业进入供应链有一定的成本,资格本身也是资产;通过认证体系的中小企业声誉和退出成本降低了风险
企业成本	成本收益不经济	借助供应链降低信息获取成本,电子化、外包等运营手段可以降低一部分成本

6. 倾向于流动性较差的资产

在供应链的运作过程中,企业会因为生产和贸易的原因,形成存货、预付款项或应收款项等众多资金沉淀环节,并由此产生了对供应链金融的迫切需求,因此,这些流动性较差的资产就为服务提供商或金融机构开展金融服务提供了理想的业务资源。但是流动性较差的资产要具备良好的自偿性。这类资产会产生确定的未来现金流,如同企业经过"输血"后,成功实现"造血"功能。供应链金融的实质,就是供应链金融服务提供者或金融机构针对供应链运作过程中,企业形成的应收、预付、存货等各项流动资产进行方案设计和融资安排,将多项金融创新产品有效地在整个供应链各个环节中灵活组合,提供量身定制的解决方案,以满足供应链中节点企业的不同需求,在提供融资的同时帮助提升供应链的协同性,降低其运作成本。

9.1.4 供应链金融的主体关系

供应链金融基于供应链上游核心企业和上下游节点企业之间的长期贸易合作关系,其中包括银行等金融机构、中小企业、核心企业以及物流企业等主体,四类主体之间的关系如图 9-6 所示。

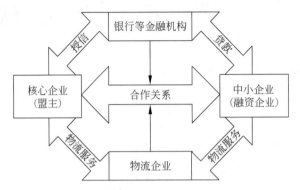

图 9-6 供应链金融融资主体业务关系

1. 银行等金融机构

商业银行是供应链金融的供给主体,为中小企业提供融资支持。通过与支持性企业如物流企业合作,在供应链的各个环节,根据预付账款、存货、应收账款等动产进行"量体裁衣",设计相应的供应链金融模式。金融机构提供供应链金融服务模式,决定了供应链金融业务的融资成本和融资期限。

2. 中小型企业

在生产经营过程中,受经营周期的影响,预付账款、存货、应收账款等流动资产占用大量的资金。而在供应链金融模式中,可以通过货权质押、应收账款转让等方式从银行获得融资,盘活企业资产,资金优先用于业务扩张,从而减少资金占用,提高资金利用效率。

3. 物流等支持性企业

供应链金融的主要协调者,一方面为中小企业提供物流、仓储服务,另一方面为银行等金融机构提供货物抵押监管服务,搭建银企之间合作的桥梁。对于参与供应链金融的物流企业而言,供应链金融为其开辟了新的增值业务,带来了新的利润增长点,为物流企业业务的规范与扩大带来更多的机遇。

4. 核心企业

在供应链中,规模较大、实力较强且能够在整个供应链的物流和资金流产生较大影响的企业为核心企业。供应链作为一个有机的整体,中小企业的融资瓶颈会给核心企业造成供应或经销渠道的不稳定。核心企业依靠自身的优势地位和良好的信用,通过担保、回购和承诺等方式,帮助上下游中小企业进行融资,维持供应链稳定性,并有利于核心企业自身的发展壮大。

9.1.5 供应链金融的优势比较

供应链金融能够将资金在供应链中进行有效的整合,一方面为处于供应链各环节的节点企业提供资金,促进贸易活动开展,另一方面把这种贷款服务投向供应链中处于弱势地位的中小企业,实现有限资金整合和合理分配。供应链金融不但能有效缓解长期困扰中小企业的融资难问题,还能让有限资金在供应链企业中实现均衡分配,有效提升整个供应链群体企业的综合竞争力。对比企业三类不同的融资模式,供应链金融的优势明显。企业三类不同融资模式对比见表 9-2。

表 9-2　企业三类不同融资模式对比

比较项目	银 行 信 贷	小 额 贷 款	供应链融资
申请条件	严格考量贷款企业主体信用	主要考量贷款企业主体信用	主要考量交易双方债权信用
融资担保	要求抵押物、质押物/保证金	对足额抵押物、质押物/保证金的要求日益严格	仅需转让应收账款或存货债权,无须额外担保
授信审核	一般 1~2 月	通常 2 周	首次 1 月,后续循环信用审核
融资成本	低	高	略高于银行,远低于小额贷款
信贷额度	额度最高,但不接受小额业务	杠杆率低,额度较低,几万至几十万元	额度较高,单笔信贷几十万至几千万元
增值服务	无	无	信贷调查,信用风险担保

9.2　供应链金融融资模式

国内对供应链金融的探讨始于物流金融,随着产业的发展,物流金融已经无法完整描述当前供应链中改善资金流效率的实践。供应链金融同时重视对物流和商流的把控,兼具物流金融和贸易金融的特点。在此基础上,供应链金融形成了当下三种最具代表性的融资模式:应收账款融资模式、库存融资模式和预付账款融资模式。此外,在国内的实践中,相较于其他金融机构,商业银行是供应链金融最为主要的参与者,因此,在讨论供应链金融的融资模式时,多以商业银行作为金融机构的代表。

9.2.1　应收账款融资模式

应收账款融资模式是指企业为取得运营资金,以卖方与买方签订的真实贸易合同所产生的应收账款为依据,为卖方提供的以合同项下的应收账款作为还款来源的融资业务。即供应商首先与下游客户达成交易,下游客户发出应收账款单据,供应商将该单据转让给金融机构,同时在下游客户对金融机构做出付款承诺的情况下,金融机构向供应商提供信用贷款,以缓解供应商的资金压力,待账款到期后,下游客户再将该笔账款支付给金融机构。

1. 保理

保理业务主要是为以赊销方式进行销售的企业设计的一种综合性金融业务,通过收购企业的应收账款为企业融资,并提供其他相关服务。保理的基本流程是银行(或保理公司等)从供应商(卖方)处买入以发票形式表示的对债务人(买方)的应收账款,同时根据客户需要提供与此相关的服务,包括账款回收、销售分账户管理、信用销售控制以及坏账担保等。对卖方而言,转让应收账款可以在很大程度上提前实现销售回款;对于买方而言,转让应收账款不影响其正常的赊购行为。

保理业务根据银行是否将应收账款转让通知买方,可分为明保理和暗保理;按有无第三方担保,可分为有担保保理和无担保保理;按有无追索权,可分为有追索权保理和无追索权保理。其中,无追索权保理又称买断保理,是指企业将应收账款通过无追索权的形式转让给银行或专业的保理机构,以获得短期融资的一种模式;有追索权保理又称回购保理,是指当应收账款到期无法收回时,出售应收账款的企业要承担相应的坏账风险。

保理业务的一般操作流程描述为:银行(或独立的保理机构)与供应商(卖方)签订保理协议,供应商将通过赊销而产生的应收账款出售给银行。在协议签订后,对于无追索权保理,银行首先需要对下游客户(买方)进行资信评估,并核定其信用额度,当买方无力偿还该笔货款时,银行对卖方没有追索权;而对于有追索权保理,如果货款到期后买方无力支付,那么银行将向卖方追索其提供的融资。保理业务的一般操作流程如图9-7所示。

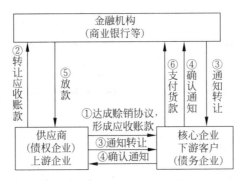

图 9-7　保理业务的一般操作流程

2. 保理池融资

在融资过程中,作为供应商的企业会将一个或多个具有不同下游客户、不同期限、不同金额的应收账款一次性全部转让给银行,银行根据累计的应收账款给予融资。这种融资模式能够挖掘企业零散应收账款的融资能力,同时免去了多次保理服务的手续,提高了融资效率。另外,保理池融资通过多个下游客户的应收账款来降低单一下游客户的还款风险,分散风险有利于降低融资企业的授信风险。保理池融资的基本流程如图9-8所示。

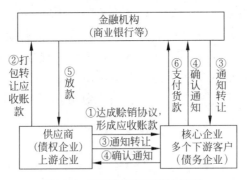

图 9-8　保理池融资的基本流程

保理池融资对银行的风控能力提出了更高的要求,如果不能充分掌握每笔应收账款的交易细节,银行就很容易出现坏账。因此,银行首先应在筛选客户时选择记录良好的供应商作为服务对象;其次应选择与供应商保持长期合作关系、信用记录良好的效益客户与该供应商之间的应收账款;再次规定应收账款入池的有效单据要求,保证账款的真实性;最后建立实时的账款数据管理系统,追踪、监控供应商的销售回款情况。

3. 反向保理

反向保理又称逆保理,通常是核心企业与银行达成的一种服务合作形式,银行通过这种合作为核心企业的上游供应商提供一揽子资金解决方案。反向保理的服务对象一般是与核心企业有大量稳定贸易往来的、信用评级较高的中小企业,针对的是与其核心企业形成的应收账款,其实质相当于银行对高质量买家的应付账款进行买断。反向保理的基本流程如图 9-9 所示。

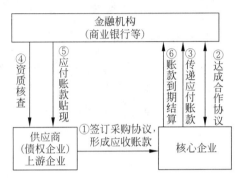

图 9-9 反向保理的基本流程

反向保理与普通保理的本质区别首先在于,在提供反向保理时,银行风险评估的重点在于核心企业,而普通保理的风险评估重点是供应商的信用;其次,由于买家作为核心企业具有良好的信用资质,且与银行保持良好的合作关系,银行可以选择买家同意支付的应收账款进行融资,从而降低了整体的融资风险。

4. 融资租赁保理

当实施大型设备采购时,融资租赁保理是比较常见的一种融资模式。在租赁业务中,由于出租人(租赁企业)需要在初期大量投入现金进行采购,而后将设备出租给承租人(生产企业)开展生产,承租人在通过生产盈利的同时向出租人缴纳设备租金。即租赁企业是一次性投入采购货款,而后以收取租金的形式逐步回款获利,这对出租人而言资金压力较大,融资租赁保理便解决了这一问题。

在这个模式中,租赁企业首先需要与设备供货商之间签订设备(租赁物)买卖合同,然后与出租人签订融资租赁合同,将该设备出租给承租人;其次,向银行申请保理融资。当银行对交易各方主体审核无误后,与租赁公司签署保理合同,合同规定在融资期间将对承租人的应收租金债权由租赁公司转让给银行,随后将该债权的转让消息通知承租人并得到回执;银行受让租金收取权利后,向租赁公司提供融资。融资租赁管理的基本流程如图 9-10 所示。

承租人按期向银行支付租金,当其租金逾期或无法支付时,如果是无追索权保理,则银行不能向租赁公司追索,只能向承租人追偿。如果有追索权保理,当出租人到期未支付租金时,租赁公司须依据约定向银行回购其未收回的租赁款。在设备供应商或其他第三方提供回购保证或物权担保的情况下,由设备供应商或其他第三方回购银行未收回的租赁款。

5. 出口信用险项下的贸易融资

出口信用险项下贸易融资适用于国际贸易中已经投保出口信用保险的出口企业,是一

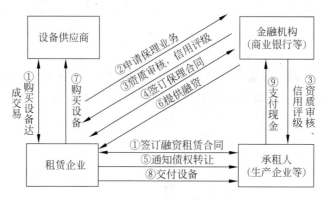

图 9-10　融资租赁保理的基本流程

种供应商在将保险获赔权益转让给银行后,获得短期融资的服务模式。当保险责任范围内的损失发生时,保险公司依据相关规定,按照保单的规定将理赔直接支付给银行。这种融资模式零抵押、零担保,降低了出口企业的融资难度,银行可以根据自身经营情况给出口企业提高授信额度或增加直接投资。出口信用险项下贸易融资的基本流程如图 9-11 所示。

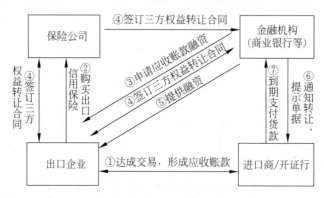

图 9-11　出口信用险项下贸易融资的基本流程

出口信用险项下贸易融资使出口企业可提前从银行获得回款,有效解决了资金周转问题,同时还可以提前锁定收汇金额,规避了汇率变动的风险。另外,该模式充分体现了专业分工、风险分散的原则,银行与保险公司可以充分发挥各自的优势,从而更好地分散风险。通过出口企业、保险公司与银行的三方合作,不仅解决了出口企业的资金流动性问题,还降低了融资风险,实现保险公司、金融机构、出口企业和进口商的多赢局面。

9.2.2　库存融资模式

库存成本是供应链成本的重要组成部分,主要包括库存商品中的资金占用,以及因资金占用而形成的机会成本。由于当前产品的生产周期不断缩短,市场需求波动频繁,缺乏良好融资渠道的中小企业陷入两难境地:一方面为了保证生产和销售的稳定,不得不留有大量库存以应对市场变化;另一方面又希望尽快将库存转变为现金流,以维持运营。存货融资又称库存融资,供应链金融中的存货融资模式能帮助企业加快库存中被占用资金的周转速度,降低库存资金的占用成本。尤其是在大多数中小企业无法改善供应链管理能力的情况下,库存融资成为其提高资金流动性的重要手段之一。

1. 存货静态质押融资

存货静态质押融资是指企业自有资产或第三人合法拥有的动产(一般为库存货物)作为质押物的融资业务,银行委托第三方物流企业对融资企业提供的质押物实行监管,质押物不允许以货易货,企业如果需要收回货物必须打款赎货。这种融资模式适合除了存货没有其他合适质押物的贸易型企业,且企业的购销模式为批量进货、分次销售。存货静态质押融资的基本流程如图 9-12 所示。

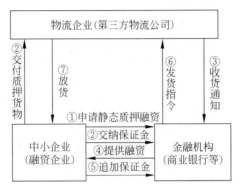

图 9-12　存货静态质押融资的基本流程

通过存货静态质押融资,企业可以将原本积压在存货上的资金盘活,同时激发该融资模式的保证金效应。由于只允许用保证金赎货,不能以货易货,所以赎货后释放的授信敞口可被企业重新使用。

2. 存货动态质押融资

存货动态质押融资是静态质押融资的一种延伸业务,银行对企业质押的货物的价值设定最低限额,允许在最低限额以上的货物出库,企业可以以货易货。这种模式适合库存稳定、货物品类一致、质押物价值核定较容易的情况,以及存货进出频繁、难以采用静态质押授信的情况。存货动态质押融资的基本流程如图 9-13 所示。

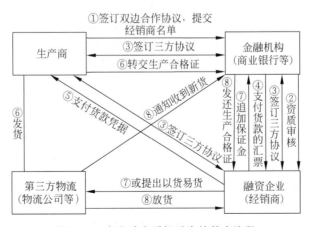

图 9-13　存货动态质押融资的基本流程

对于融资企业而言,由于可以以货易货,所以质押物的设定对生产经营活动的影响较小,特别对库存稳定的企业而言,在合理设定质押物价值底线的前提下,在融资期间几乎无须通过追加保证金就可赎回,这对盘活存货的作用非常明显。对于银行而言,该模式的保证金效应低于静态质押融资,但以货易货的过程可以授权第三方物流进行,因此操作成本较低。

3. 普通仓单质押融资

普通仓单质押与标准仓单质押统称仓单质押,区别在于质押物是否为期货交割仓单。普通仓单质押融资是指融资企业将第三方物流开具的非期货交割用的仓单作为质押物,在第三方物流对仓单做出质押背书后,金融机构向融资企业提供融资的方式之一。普通仓单质押融资的基本流程如图 9-14 所示。

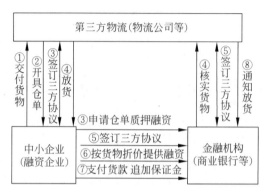

图 9-14　普通仓单质押融资的基本流程

鉴于仓单具有有价证券的性质,出具仓单的第三方物流需要具有很高的资质,并且在融资期限内,第三方物流在很大程度上受银行委托对质押物进行监管。

4. 标准仓单质押融资

标准仓单是指符合期货交易所要求的,由指定交割仓库在完成入库商品验收、确认合格后,签发给货主用于提取商品,并经期货交易所注册生效的标准化提货凭证。标准仓单质押融资是指融资企业以自有或第三人合法拥有的标准仓单作为质押物的融资业务。这种融资模式适合通过期货交易市场进行采购或销售的融资企业,以及在期货交易市场套期保值、规避经营风险的融资企业。标准仓单质押融资的基本流程如图 9-15 所示。

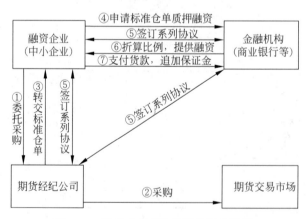

图 9-15　标准仓单质押融资的基本流程

对于融资企业而言,标准化仓单质押融资手续简便、成本较低;对于金融机构而言,标准仓单的流动性很强,便于银行在企业融资后违约的情况下对质押物进行处置。

9.2.3 预付账款融资模式

预付账款融资模式是指在上游企业承诺回购的前提下,由第三方物流提供信用担保,中小企业以金融机构指定仓库的既定仓单向银行申请质押贷款,用以缓解预付货款压力的融资业务。在融资的过程中,中小企业(融资企业)、核心企业、第三方物流以及金融机构需要共同签署融资业务合作协议,金融机构以开具承兑汇票的形式为中小企业提供融资,最后买方直接将货款支付给金融机构。这种融资模式多用于企业的采购阶段,担保基础是预付款项下企业对货物的提货权,或在提货权实现后通过发货、运输等环节形成的在途存货和库存存货。在货物到达后,融资企业可以进一步向银行等金融机构申请将货物转化为存货融资,从而实现融资的无缝连接。

1. 先票(款)后货融资

先票(款)后货融资是指在上游大企业(供应商)从银行等金融机构取得授信、下游中小企业向银行等金融机构缴纳一定比例保证金的前提下,银行等金融机构向供应商预付全额货款,供应商按照购销合同约定发货,在货物到达后设为质押物,作为银行等金融机构授信的担保。在实践中,一些热销产品往往库存较少,此时企业的资金需求集中在预付货款领域,而先票(款)后货融资也常常被视作存货融资的进一步发展,先票(款)后货融资的基本流程如图 9-16 所示。

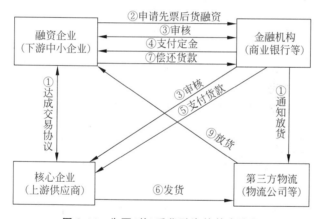

图 9-16　先票(款)后货融资的基本流程

对于融资企业而言,由于融资周期不仅覆盖了供应商安排生产的时间和货物的在途时间,并且在到货后可以转为库存融资,因此该融资模式对企业流动资金需求压力的缓解作用明显。同时,在银行资金的支持下,融资企业可以进行大批量采购,从而有条件从上游供应商处争取到较高的商业折扣,进而提前锁定采购价格,规避涨价风险。对于银行而言,通过订立供应商进行销售、回购或调剂的相应条款,有利于化解在融资企业违约时质押物的变现风险,但需要重点考察供应商在发货、退款及回购等环节的履约能力,以及对在途和入库环节的风险控制能力。

2. 保兑仓融资

保兑仓融资又称担保提货融资,在本质上是先票(款)后货融资的变种,是指在采购商(买方)交纳一定保证金的前提下,银行向买方贷出全额货款供其向供应商进行采购,且采购的货物在融资周期内被用作融资的质押物,随后买方分次向银行提交提货保证金,银行分次通知供应商向买方发货,供应商承诺就发货不足的价值向银行承担退款责任。保兑仓融资的基本流程如图9-17所示。

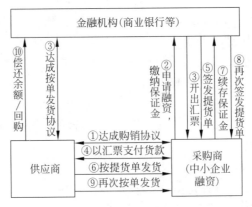

图9-17 保兑仓融资的基本流程

保兑仓融资适用于一些特殊的贸易背景。例如,买方为争取大批量采购的折扣采取一次性付款,而供应商因安排生产等问题无法一次性发货的情况;或者买方在淡季向供应商打款,提供上游所需的流动资金并提前锁定优惠价格,然后在旺季到来时分次提用于销售。此外,由于货物直接由上游供应商监管,节省了物流监管的费用支出。

3. 国内信用证融资

国内信用证融资是指在国内企业之间的商业交易中,银行依照买方申请开出的符合信用证条款的单据,该类单据在本质上是银行支付货款的承诺,用以解决陌生交易对象之间的信用风险问题。国内信用证为不可撤销、不可转让的跟单信用证,且没有签发银行承兑汇票时所设的金额限制,使交易更具弹性且手续简便,更容易规避卖方的信用风险。国内信用证融资的基本流程如图9-18所示。

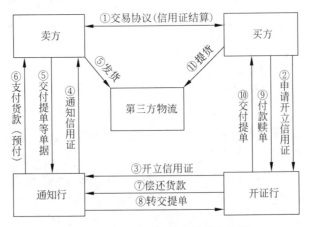

图9-18 国内信用证融资的基本流程

买方利用开证行的授信额度,实施延期付款来提取货物,延期付款期限通常在6个月以内,随后用销售收入支付国内信用证款项,实现不占用自有资金,达到企业的自有资金使用效率得到优化的目的。同时,卖方在按规定发货后,其应收账款具备银行信用保障,能够杜绝拖欠及坏账的发生。但银行要对货权单据的有效性严格审核,并且要与交易双方提前明确解决争端的办法。此外,在跨行操作时还需要关注不同银行间对国内信用证进行管理的差别。

4. 国内信用证项下打包贷款融资

国内信用证项下打包贷款融资是银行因卖方的实情,以其收到的信用证项下预期销货款作为还款来源,为解决卖方在货物发运前因原材料采购、组织生产、货物运输等而发生的资金需求,向其一次性打包发放的短缺贷款融资,货款额度一般不超过信用证额度的80%。国内信用证项下打包贷款融资的基本流程如图 9-19 所示。

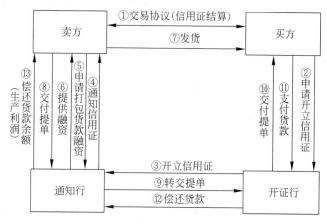

图 9-19　国内信用证项下打包贷款融资的基本流程

这种融资模式有利于卖方在流动资金不足又无法争取到预付账款时把握贸易机会,使其在生产、采购等备货阶段不必占用自有资金。对买方而言,在卖方货款不足的情况下,银行提供打包货款可以增加买方按时收货的可能性。同时,国内信用证项下打包货款的结算方式有条件付款,如果卖方不能按期发货,银行可以不付款,从而保护了买方的利益。此外,由于国内信用证是表外业务,只有在交易双方融资变现后才划归到企业负债中,因此在融资期间还可以改善买方的财务报表,降低企业负债率。

9.3　供应链风险因素分析和金融风险管理

9.3.1　供应链风险因素分析

供应链金融作为供应链参与者之间依托金融资源实现商流、物流结合的一种行为,必然会受到各种运营因素的影响,并且会对融资量、融资周期和融资费率产生作用。具体来讲,影响供应链金融风险的因素划分为供应链金融外生风险、供应链金融内生风险和供应链金融主体风险三类。

1. 供应链金融外生风险

供应链金融外生风险主要是指由于外部经济、金融环境或产业条件的变化,供应链资金流与物流、商流的协调顺畅受到影响从而产生的潜在风险。市场利率、汇率变动导致供应链各个节点企业融资成本上升;或者宏观经济政策调整、法律修订、产业组织等因素导致产品需求中断,供应链增值难以实现,由此引起资金循环迟缓甚至中断的风险。

在供应链金融业务的实际开展过程中,供应链金融的综合管理者需要实时关注这些因素的变化,以及这些变化可能对供应链金融运行产生的正面或负面影响。一般来说,外生风险越大,融资的周期和总量就会越小,费率相应就会偏大。在供应链金融外生风险的分析过程中,除了自然灾难、战争等不可抗力风险因素外,很多风险驱动因素往往与供应链运营的行业、领域密切相关。因此,三维供应链金融外生风险判断需要对供应链业务所在的领域进行识别,进而确立融资对象(客户)所在的行业,并基于行业领域进行各种外生风险要素分析,形成供应链外生风险程度分析报告,并考虑供应链融资外生风险决策。供应链金融外生风险分析流程如图 9-20 所示。

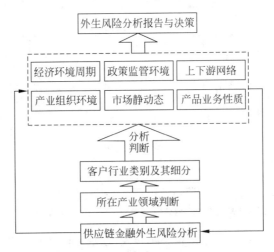

图 9-20　供应链金融外生风险分析流程

2. 供应链金融内生风险

供应链金融内生风险主要是供应链内在的结构、流程或要素出现问题而导致的潜在金融风险,显然,这是供应链组建和运行不当所产生的风险。供应链上的各个环节、流程、要素以及参与主体相互关联、相互依存,一旦中间出现问题或障碍,就可能波及整个供应链体系。朱特等学者(2003)的研究认为,供应链内生风险的产生有三个原因:一是由于供应链中企业的供需界限变得模糊,为了集中核心能力,企业大量采用外包获取外部的生产资源、分销资源和物流资源,这种网络化的行为可能会混淆责任的界限,出现断货或过度仓储等现象;二是供应链中复杂的力量有时会导致供应链"混乱效应",这种"混乱效应"来自供应链的过度反应、非必要性的介入、不信任以及信息扭曲等原因;三是供应链结构和系统的惯性,即固有供应链体系使得供应链的结构和运作模式难以应对环境和市场的变化,因为供应链新体系的建立往往是以成本的上升为代价的。而整个供应链体系运行的状态又会对企业信用评价产生影响。供应链的运营状况良好,交易风险较小,就可以弱化供应链节点企业的综合信用风险,融资的总量将放大,融资周期将延长,而费率将降低;反之,则会加剧供应链节点企业的综合信用风险,使其信用状况恶化,融资的代价增大,而融资量和融资周期降低。

从流程上来看,首先需要对产业进行分析,产业是一个行业上下游的经营机构和状况,它反映了一个产业纵横向发展的程度,也是价值链和供应链分析的基础和前提;其次在产业链分析的基础上进行价值链分析,价值链即企业的价值是由相互不同但是互为关联的价值活动组成的。也就是说需要分析产业链中价值产生、形成和流动的状态。在此基础上,进一步深入分析为了实现价值过程而转变为组织化的供应链网络状况。

从本质上看,供应链管理是企业之间的关系创新与互动,是组织和企业通过相互之间的信任、依存和承诺,实现关系绩效的过程。具体来讲,这种关系的建立和维系往往涉及相互之间目标的一致性、利益分享和补偿机制,以及合作的经验与期限等因素。供应链金融内生风险分析流程如图 9-21 所示。

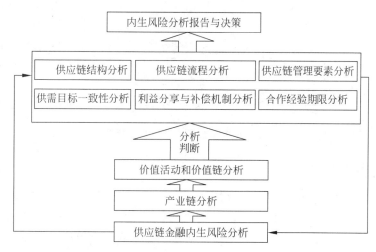

图 9-21　供应链金融内生风险分析流程

3. 供应链金融主体风险

供应链主体分析主要是对供应链融资企业(或者说融资需求方)本身的调查和分析,其目标是防止在供应链金融活动中,融资需求方或关联企业采取机会主义行为,从而使金融活动组织者或某一方产生巨大的损失。机会主义行为普遍存在于商业交易中。威廉姆森将机会主义定义为了追求自我利益最大化,主动或被动、事前或事后出现的说谎、欺骗,或是提供完全扭曲信息的行为。机会主义是驱动交易成本理论的一个重要的行为变量。交易成本理论将组织理论与契约理论结合在一起,用来预测和解释伴随着企业之间交易出现的各种不同组织治理结构,以及发展和理解不同系统的比较优势。威廉姆森解释了机会主义产生的原因——交易者的有限理性和市场环境的不确定性,由于交易双方存在认知环境和交易事项的差异,交易者随时随地都会有机会主义的冲动。因此,机会主义直接或间接导致信息不对称问题,从而使经济组织中的问题极大复杂化。

对于供应链金融中的主体分析,既包括供应链运营中的节点企业,也包括供应链金融中的组织者。对这些主体的分析,既要看其自身的运营情况和资源、经营实力是否具备履行供应链合作义务的能力;更重要的是要对供应链背景下客户企业或合作者真实的业务运作状况进行分析,了解企业的盈利能力与营运效率的优劣,掌握企业的资产结构组成和各项资产的流动性的强弱,并针对流动性弱的资产进行融通的可行性分析。此外,还要了解企业经营者或合作对象的素质和信用,是否符合供应链金融长期合作的要求。供应链金融主体风险分析流程如图 9-22 所示。

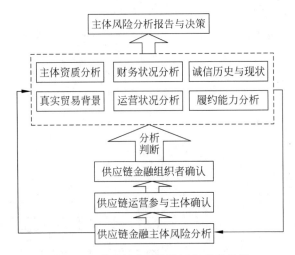

图 9-22　供应链金融主体风险分析流程

9.3.2　供应链金融风险管理

在供应链金融风险管理过程中,供应链内生风险来自供应链企业之间不当的互动行为产生的风险;供应链外生风险是供应链中所产生的外部不确定性因素,形成系统性风险;供应链主体风险则因供应链行为本身的原因造成的风险和不确定性。三种风险均会影响供应链融资绩效,因此,在供应链金融风险管理中,应遵循以下几点。

1. 业务闭合化

供应链金融运行的首要条件就是要形成闭合的业务,也就是说,供应链的整个活动是有机相连、合理组织、有序运行的,并且从最初的价值挖掘到最终的价值传递和价值实现形成完整循环。供应链金融的核心和前提是供应链运营,一旦供应链活动和环节难以实现闭合,或者价值产生和实现过程中产生偏差,必然就会产生潜在的问题,导致金融风险产生。供应链金融风险管理的基本要求就是从供应链参与者以及金融组织者之间的协同计划和预测市场,到具体的供应链运营组织和金融活动的开展,并且有效地管理分销和营销活动,最终实施高效的服务管理。闭合化是充分利用社会性资源来实现金融价值,作为融资平台商和综合风险管理者能全面组织、协调、管理供应链价值和活动,这样的模式更加有利于供应链生态的打造,也更易于被合作者所接受。供应链金融业务闭合化模式如图 9-23 所示。

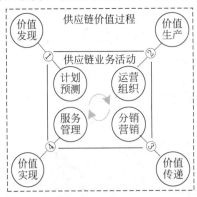

图 9-23　供应链金融业务闭合化模式

2. 管理垂直化

供应链金融的管理垂直化是指对各个管理环节和领域实施转化管理,使得管理部门之间相互制衡,互补从属或重叠。具体包括四个方面:一是业务审批与业务操作的分离,使之相互制约,避免因盲目扩张带来经营风险;二是交易和监管的分类,从事交易的主体不能同时从事对交易商品(尤其是质押物)的监管;三是经营单位在组织机构的设置上,应采取金融业务开发、金融业务实施和贸易活动监管的三权分立原则,并按照目标一致、相互制约、协同发展的思路对各部门的职责进行明确分工;四是对供应链金融业务的审批要实行经营单位与企业总部两级审议制度,经营单位对具体项目进行评审,企业总部从企业的整体战略和对利益相关者的影响等角度对融资业务进行考量。

3. 收入自偿化

收入自偿化是指根据企业真实的贸易背景和供应链流程,以及上下游企业的综合资信,向供应链中的企业提供短期融资的解决方案,并且以供应链上下游交易产生的未来确定的现金流作为直接还款来源的融资过程。收入自偿化注重客户的债项评级结果,其业务模式的设计本身包含较强的风险控制,主要包括动产质押、单据控制、个人无限连带责任,以及关联方责任捆绑等。对于动产质押作为主要风控措施的情况,金融机构及平台风控部门需要注意三点:①审核处置动产的权属;②慎重选择动产保管的第三方,必须有仓储场所的所有权,有完善的管理制度、专业的管理设备和技术;③规范质押物出入库的管理。应该逐步建立贸易产品市场行情动态监测和分析机制,做好贸易产品的市场运行监测,这在一定程度上可以避免道德风险和虚假贸易风险。

4. 交易信息化

供应链金融风控有赖于高度的信息化管理,其不仅表现在企业生产经营系统的信息化,更在于企业内各部门以及上下游企业之间的信息沟通,从而实现供应链运营过程管理的信息化。企业内部跨职能的信息沟通,表现在企业销售部门能否及时提供项目执行情况反馈表、会计核算中心及时按月提供资金到款表、生产制造或供应部门及时反馈项目运行情况、物流管理部门提供客户发货和物流等信息;供应链上下游企业之间,或者金融服务组织者之间的信息沟通,诸如融资企业能否与配套企业积极地进行信息交换、金融机构与产业企业之间能否及时有效地协调、服务平台商和整合风险管理者以及流动性提供者之间能否顺畅沟通等,都决定了供应链金融风险的大小。

供应链运营过程的信息化也是关注的重点,这涉及能否及时掌握供应链运行状况和信息的准确性,包括金融业务的网上审批和联网管理、利用金融业务现场操作管理系统等,从而实现监管点账目的无纸化、监管网上仓库数码化、监管报表的自动化和银行查询端口的实用化等功能。使用互联网远程监控技术、移动通信系统的“全球眼”“电子眼”等通信工具,实现异地可视化监控、GPS、物联网技术在物流金融领域的应用等。

5. 风险结构化

风险结构化是指在开展供应链金融业务的过程中,能合理地设计业务结构,并采用各种有效手段化解可能存在的风险。其中,保险是分散业务风险的首选方案之一。完善的金融保险分散方案应该是客户的信用险、财产险、第三方监管责任险和员工真诚险等手段的有效组合,这在经济发达国家较为普遍。

供应链金融业务中各种不同参与主体所能起到的担保与承诺的作用,也能在很大程度上缓解风险,还需要相关主体本着公开、公平、公正的原则,界定合作各方的权利和义务,约定相应风险承担的方式及范围。另外,也可以借鉴期货市场的风险准备金制度和某些中介行业的职业风险基金制度,计算和提取一定比例的高风险业务风险准备金,一旦发生风险就可形成风险对冲,将风险控制在可控范围内,从而降低损失。

6. 声誉资产化

声誉被认为是一种稀有的、有价值的、可持续的、难以模仿的无形资产,是实现竞争优势的有力工具。在供应链金融中,声誉代表了企业从事融资活动的能力、责任和担当。声誉的丧失代表企业具有较高的道德风险,可能会以恶意动机从事机会主义行为,破坏供应链金融的市场秩序。为了防范这类行为发生,需要在风险的识别、评估和控制的过程中,对融资相关方(尤其是融资企业)的声誉进行资产化评估。

声誉资产化评估要全面、系统、客观地反映融资企业的综合声誉,包括融资企业的基本素质、偿债能力、盈利能力、创新能力、成长潜力、信用记录和企业主的个人特征等方面。

9.3.3 供应链金融风险评估指标体系的构建

商业银行等金融机构作为供应链金融主体之一,在供应链融资过程中,需要对授信企业设置融资风险评估指标,即针对不同的评估对象,设置评价准则,确定评价指标,通过对供应链整体进行评估,获取供应链核心企业的经营状况、供应链节点企业的经营状况和供应链所处行业的信息;评估供应链运营能力,获得供应链信息化水平、供应链节点企业合作状况和供应链库存水平情况;评估授信企业能力,获得企业偿债能力和盈利能力的信息;评估市场竞争环境,通过微观环境和宏观环境风险,了解供应链在行业发展和行业中所处的生命周期阶段。目的是保证银行等金融机构在开展供应链金融业务时,依据获得的评价结果,根据自身风险承受能力,避开甚至主动放弃高风险项目,以降低或者规避这些潜在风险可能给自身带来的损失。供应链金融风险评估指标体系见表 9-3。

表 9-3 供应链金融风险评估指标体系

评价对象	评价原则	评价指标
供应链整体评估	核心企业经营状况	核心企业在行业中的地位
		核心企业资产规模
	节点企业经营状况	企业数量
		企业规模
	供应链所处行业信息	供应链所处的行业领域
		行业发展前景
供应链运营能力	供应链信息化水平	企业信息系统构建情况
		企业间信息传递情况
	节点企业间合作状况	合作时间
		合作形式
	供应链库存水平	供应链库存分布情况
		供应链库存周转情况
授信企业能力	偿债能力	资产负债率
		流动比率
	盈利能力	资产净利润率
		资本收益率

续表

评 价 对 象	评 价 原 则	评 价 指 标
市场竞争环境	微观环境分析	替代品威胁情况
		供应链间竞争情况
	宏观环境分析	行业发展支持情况
		行业所处的生命周期阶段

　　鉴于银行等金融机构在自身可承受的风险范围内开展业务活动,在风险和收益之间取得平衡。在实践中,银行等金融机构要在做好前期调查工作的基础上,避免与运行不稳定的供应链中的企业合作,主动避开资信差的融资企业。基于这样的考虑,设置评估指标,根据评估结果,为银行等金融机构提供决策依据。

【复习思考题】

1. 简答题

　　(1) 什么是供应链金融? 请画出供应链金融的框架。

　　(2) 供应链金融有哪些特点?

　　(3) 传统金融与供应链金融视角下对中小企业的认知有哪些差异?

　　(4) 供应链金融的优势体现在哪些方面?

　　(5) 应收账款融资有哪些形式?

　　(6) 存货融资有哪些形式?

　　(7) 预付账款融资有哪些形式?

　　(8) 如何实施供应链金融风险管理?

2. 案例分析

　　近年来,互联网和信息技术的发展日新月异,物流服务的发展突飞猛进,这带来两个直接后果:一是供应链上游的制造业开始向流通业大举进军,二是供应链下游的大型零售超市逐渐向流通业渗透。加上电商平台发展迅速,很多企业展现了行业整合的愿望,并提出了"去中介化"的构想。商贸企业传统的单靠集货分销、赚取差价的运营模式正在面临着"两头堵"的尴尬局面。

　　然而,无论是生产企业还是零售企业,要实现"去中介化"就需要搭建自己的物流体系,这对一般企业来说投资巨大,建设周期过长,从经营来看往往往得不偿失。其实,生产和零售企业的本质需求,是希望获得一种适合多种经营的综合性流通服务,在激烈的竞争中保持核心竞争力。

　　商贸企业要在新环境下实现重塑,关键在于帮助供应链中的上下游企业提高经营业绩的同时,控制供应链的运营成本。一方面,为客户提供专业化的物流服务,帮助客户将终端下沉到客户自身难以触及的区域,拓展销售市场;另一方面,尽量为客户提供综合性、集约化的流通服务,通过进货的广泛化、多样化,以及供应链运营的增长服务,帮助客户降低经营成本。也就是说,商贸企业的变革方向便是能够为客户实现"开源"和"节流"。

　　一体化贸易的供应链金融服务的特点综合了市场拓展、商务协同、深度分销和集成服务,在借助金融业务为客户创造新的业务增长点的同时,又为客户降低交易成本。当贸易流通企业同时具备这 4 种能力时,所提供的价值将会是"1+1+1+1>4"的效果。

深圳市怡亚通供应链股份有限公司(以下简称怡亚通)成立于 1997 年,总部设在深圳,是中国第一家上市的供应链企业,旗下现有近 150 家分支机构,具有遍布全国 380 个城市的深度分销与分销执行平台,形成了覆盖全国、辐射全球的供应链服务网络。怡亚通最初的供应链金融服务是从帮助中小企业采购开始的。当时很多的中小企业从事委托生产,下游买方对出货时间的要求比较严格,但原材料采购存在供货周期,很多原材料供应商还要求中小企业支付预付款或定金。怡亚通提供融资服务的最初目的,就是帮助中小企业缩减采购周期,顺利开展生产。

业务开展之初,在买方向中小企业下达委托生产加工的订单后,中小企业会将原料采购外包给怡亚通并提供采购清单,怡亚通帮助中小企业采购原材料并垫付采购款,原材料供应商在收到货款后,向怡亚通的仓库发货;中小企业在这之后定期跟怡亚通结算并提货,生产出来的成品也先存放在怡亚通的仓库里,怡亚通在跟买方确认订单后发货,买方验货付款;怡亚通在得到货款后扣除自己的服务费,将货款余额返还给生产企业。

在交易过程中,怡亚通发现,很多海外客户要把产品卖到中国,往往先将产品卖给众多进出口商,再委托众多物流公司把产品送到进出口商那里,进出口商随后再把产品转卖给分销商,分销商再一级一级地批发零售。产品的流通环节过于复杂,增加了海外客户管理的成本和难度,且多次转手也增加了产品的物流成本。同时,客户缺乏对市场终端信息的把握,无法形成对市场的快速反应。因此,怡亚通在产品分销方面开展了流通执行任务,并且提供分销商的供应链融资服务。

首先,怡亚通跟海外客户合作,成为客户的指定供应链服务商;其次,在客户与分销商达成购销协议后,怡亚通向海外客户支付货款,并负责产品的通关报关、仓储运输等一系列物流环节。在这期间,产品的终端客户会向分销商付款订货,分销商向怡亚通打款,怡亚通直接把产品配送到终端客户所在地。

在这个过程中,怡亚通是先款后货,再收款分销,并且利用自身的信息系统的物流资源,形成了产品的无缝连接,省去了大量的中间支出,这样就能降低产品的物流成本,让产品在价格上更具竞争力,也让海外客户的供应链运营变得简单和高效。

近年来,怡亚通确立了"全球供应链整合服务平台"的发展方向,在继续深化采购执行和销售执行的基础上,全面向深度采购、深度分销和产品整合升级,全力打造电子商务平台,并融合怡亚通原有的业务网络优势,使其供应链服务更具有竞争力。尤其是怡亚通打造了一个"服务大超市",企业可以在这个"服务大超市"中随意选购需要的供应链服务,其中包括由物流外包、商务外包、结算外包、信息系统以及数据外包等集成的一站式供应链服务。

问题:

①怡亚通通过供应链金融服务主要帮助中小企业解决了哪些问题?

②怡亚通在销售执行中的金融服务是如何帮助客户降低经营成本的?

第 10 章　供应链绩效管理

思政案例

【主要内容】

本章共分为三节,第一节供应链绩效评价概述讲述了供应链绩效评价的内涵、开发供应链绩效评价指标体系和供应链绩效评价指标体系的构成;第二节的供应链绩效评价方法分别讲述了供应链绩效评价指标体系设计和供应链绩效评价的具体方法;第三节分别讲述了供应链绩效改进策略和供应链激励机制。

【学习目标】

了解供应链绩效管理的内涵,了解开发供应链绩效评价指标体系,熟悉供应链绩效评价指标内容构成;掌握供应链绩效评价方法;了解供应链绩效改进策略,熟悉供应链激励机制。

【引导案例】

四川海底捞餐馆服务有限公司(以下简称海底捞)。是我国火锅连锁店中的佼佼者。海底捞公司在绩效评价中,积极引用平衡记分卡,提高平衡记分卡在企业绩效管理中的应用水准,具体做法如下。

1. 加强培训,提升人员综合素质

推进平衡记分卡要求财务人员具备专业的知识,针对企业在应用平衡记分卡中所存在的问题,一方面企业要加强对工作人员的教育培训,尤其是加强对财务人员的专项培训,通过聘请高校专家学者的方式对财务人员进行集中培训,以此提高他们灵活应用平衡记分卡的能力;另一方面营造良好的企业文化氛围,加强对平衡记分卡成功案例的宣传,以此让工作人员认识到平衡记分卡的重要性。

2. 加强沟通,部门之间及时交流

就企业的实际情况来看,很多企业员工对平衡记分卡知之甚少,在企业高层领导的支持下,企业组织员工开展专业培训和交流活动,继而借助有效的宣传方法和途径,拉近员工之间的距离,创造良好的工作环境,促进工作效率的不断提高。帮助员工正确应用平衡记分卡,同时还将当前企业的战略问题和员工的实际工作进行合理的连接,对当前企业运作过程中的各项数据要素做出客观的整合处理,并针对性地对数据内容进行分析。员工之间也需要不断强化、相互沟通,以此不断推进公司整体业绩水平的提升,带动各项工作整体水平和效率的提高,从而促进企业的发展。

3. 加强信息化建设,及时修正绩效指标

平衡记分卡机制的实行,往往需要企业对各项数据要素进行长期的收集处理,在此基础上,需要对各项数据信息进行合理的管理。此外,各个职能部门之间需要加强信息沟通和共享,这也是保障平衡记分卡得以有效应用的重要手段。这个过程往往需要相对高质量的企业信息管理系统,充分发挥平衡记分卡的重要作用。在实现企业快速发展的过程中,企业有必要不断完善信息管理系统建设,保障信息传递的流畅性以及企业信息系统的安全性,在此基础上应用平衡记分卡,才能全方位强化企业的绩效管理水准。

10.1　供应链绩效评价概述

为了确保供应链正常运行,需要掌握供应链运营状况,及时纠正存在的问题,不断改进供应链,促进供应链健康有序发展,需要对供应链整体及供应链节点企业运作绩效实施评价。依据《朗文词典》的解释,绩效,即正在进行的某种活动或者已经完成的某种活动所取得的成绩,因而绩效可以被看作一个过程产生的结果。组织绩效被描述为生产效力(单位投入的产出)、效率(单位产出的成本)、效果(单位投入的成本降低度或单位投入的市场盈利性)。组织绩效可以理解为组织运营过程中的成绩和效果,反映了组织实现其目标的程度。正确定义供应链绩效和评价供应链绩效,有助于识别和测度供应链业绩指标,对照业绩标杆值找出问题,不断改进和改善,以向更好的方向发展。

10.1.1　供应链绩效评价的内涵

绩效评价是对行为的价值做出判断的一种观念性的活动,设置绩效指标的目的有以下几点:一是促使行为者正确地做事;二是向行为者指明改善的地方;三是责罚责任者。供应链绩效一般被定义为:供应链节点企业通过信息协调和共享,在供应链基础设施、人力资源和技术开发等内外资源的支持下,通过物流管理、生产操作、市场营销、顾客服务、信息开发等活动增加和创造的价值总和。

1. 供应链绩效评价的概念

供应链绩效评价是指以系统思想为指导,统筹兼顾各个节点企业的局部性要求,从供应链管理的总体目标出发,对供应链各环节(尤其是核心企业)的运营状况,以及各环节之间的运营关系等所进行的事前、事中和事后分析与全面价值衡量。从价值角度分析,对于供应链上某一供应商来说,其提供的某种产品的价格很低,若单独对这一供应商进行评价,就会认为该供应商的运营绩效较好。此时,如果下游节点企业仅仅考虑产品价格这一指标,势必会选择价格低廉的产品;但如果此产品的性能并不能满足下游节点企业的生产工艺要求,结果必然是总生产成本、管理成本和次品率的增加,同时还会影响产品质量和企业信誉,最终影响整个供应链的绩效。

供应链的绩效与企业的营销绩效不同。企业的营销绩效取决于消费者的选择权,主体体现在公司形象和品牌价值;供应链绩效并非由消费者的选择权唯一决定,而是由消费者选择权、客户选择权和供应链效率共同决定。供应链绩效评价的内容构成如图 10-1 所示。

图 10-1　供应链绩效评价的内容构成

供应链绩效不只考虑市场份额,还应考虑顾客忠诚度、最优回报率和需求响应性等。而这些都要由满意、忠诚、有能力和高效率的成员企业创造。

2. 供应链绩效评价的意义

评价供应链的实施给企业群体带来效益的一个方法就是对供应链的运行状况进行必要的度量,并根据度量结果对供应链的运行绩效进行评价。因此,供应链绩效评价的主要意义可以总结为以下四个方面。

(1) 对整个供应链的运行效果做出评价。

主要考虑供应链之间的竞争为供应链在市场中的存在(生存)、组建、运行和撤销的决策提供必要的客观依据。目的是通过绩效评价来了解整个供应链的运行状况,找出供应链运作方面的不足,并及时采取措施予以纠正。

(2) 对供应链节点企业进行绩效评价。

主要考虑供应链节点企业的激励,吸引企业加盟,剔除不良企业。

(3) 供应链节点企业之间做出绩效评价。

主要考察供应链的上游企业(如供应商)对下游企业(如制造商)提供的产品和服务的质量,从客户满意度的角度评价上下游企业之间合作伙伴关系的好坏。

(4) 激励供应链节点企业的作用。

除了对供应链企业运作绩效的评价外,这些指标还可以对企业起到激励的作用,包括核心企业对节点企业的激励,也包括供应商、制造商和销售商之间的相互激励。

供应链绩效评价通过对供应链节点企业的诊断识别,继续识别改进,确定改进方向,完成全面测度,达到持续改善的目的。有利于核心企业按照供应链上下游节点企业的运行状况,从而对其做出准确的评价,改进、提高供应链运行效率和效益,从而更好地管理和控制整条供应链。

3. 国外企业绩效评价体系的发展

西方国家绩效评价阶段大体上依据管理理论的发展沿革及实践主线分为四个阶段:经验管理时期的描述性、观察性评价阶段;科学管理时期的成本绩效评价阶段;现代管理时期的财务绩效评价阶段;战略管理时期的战略性绩效评价和绩效评价创新阶段。四个阶段的发展过程如图 10-2 所示。

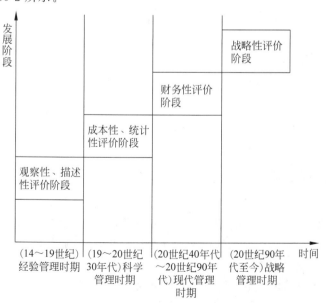

图 10-2 国外企业绩效评价发展过程阶段

第二次世界大战后,西方发达市场经济国家进入稳步发展时期,自由竞争过渡到垄断竞争,科学技术迅猛发展,生产高度自动化和社会化,跨国公司大量涌现,国际、国内市场竞争激烈,资本利润率下降,经营风险增大。与此相适应,管理学出现了革命性变革,由科学管理时期进入了现代管理时期,尤其是随着老三论(信息论、系统论、控制论)、新三论(耗散结构论、突变论、协同论)在现代管理学中的运用,企业绩效评价手段和方法得到了突破性发展。

4. 供应链绩效评价活动演进

社会经济的发展,企业绩效衡量标准也在发展变化,自 20 世纪 60 年代和 70 年代开始,消费者对企业产品的期望不断提高,而 20 世纪 90 年代供应链的快速发展,更多的绩效驱动因素产生。企业关键绩效衡量指标也在发生变化,而每个变化的关键绩效衡量指标都是基于过去已经形成的绩效衡量指标。这些累计的绩效衡量指标,为供应链上节点企业的发展提供了驱动力,推动各个企业向成本最小、服务最优的方向努力。供应链绩效评价活动发展过程如图 10-3 所示。

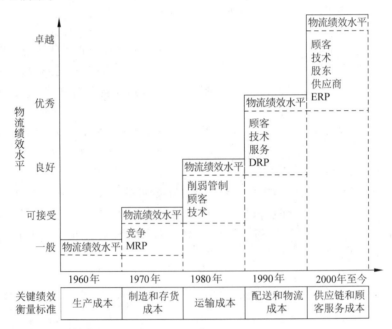

图 10-3 供应链绩效评价活动发展过程

成功的供应链绩效衡量有赖于一个适合的衡量体系,从而完整地反映整个供应链流程。供应链衡量体系需要明确它能反映哪些重要方面,一个良好、全面的供应链绩效衡量体系对于一个企业管理业务、识别利润和市场增长的机会至关重要。

10.1.2 开发供应链绩效评价指标体系

新技术如 ERP 的实施以及不断变革的商业环境,促使很多企业重新实施供应链绩效评价指标体系。企业正在努力将供应链管理从"成本"中心转变为"投资"中心。因此,开发供应链绩效评价指标体系,利用绩效评价指标获得的结果,为企业和供应链的改进与完善提供依据,实现企业与供应链发展的目标愿景。

1. 开发供应链绩效评价指标体系需要团队努力

成功实施供应链绩效评价指标体系需要在企业内部建立一个涵盖受绩效影响的各个部

门的团队。因为在这个阶段需要识别绩效指标和定义,所以需要在所有影响领域中达成一个恰当的标准和定义,这种一致性能促进评价指标体系的成功实施,使企业合理地管理业务。

2. 开发供应链绩效评价指标体系需要囊括上下游节点企业

相对于客户而言,企业能够感知到绩效指标体系的部分效果;供应商积极参与到指标的实施中,保证绩效评价结果的全面性,以利于企业获得全面的信息。

3. 开发层次化、结构化的绩效评价指标体系

很多企业都有少数的关键绩效指标(KPI)或者战略决策高层可视的"管理执行表格",与每个战略关键绩效指标相连的是策略和运作绩效体系。在这种结构化体系中,运营单位的绩效指标直接与企业战略绩效相连。

4. 确定绩效实现的"主体"

将要完成的绩效目标与个体或部门的绩效评价相结合,指标实现责任落实到部门,这样做的目的就是推动绩效评价目标的实现,促使部门负责人将绩效指标用于业务管理中。

5. 开发绩效评价指标体系的流程必须具备可行性

一个真正的绩效评价指标体系往往要求企业内的职能部门通过实施绩效管理,达到优化部门管理的目的,推动整个企业目标的实现。然而,这就可能导致职能与绩效之间的冲突。例如,准时配送的实现可能会使运输费用增加,导致较高的运输成本。因此,需要建立解决问题的流程,便于运输管理者认识到,即时配送的实现不会因为过高的运输成本而对绩效产生负面影响。

6. 开发的供应链绩效评价指标体系与企业战略具有一致性

如果整个企业的战略基于服务客户之上,而供应链绩效评价指标体系强调的是低成本或高效率,导致绩效评价指标体系实现的目标与企业战略不一致,不能形成有益的评价结果,于企业决策制定无益。

7. 高层管理者支持供应链绩效评价指标体系程序的推进

成功的绩效评价指标体系实施程序花费的时间比预期的多,需要更长的时间去推进,影响组织内部和外部的许多方面。评价指标体系实施成功的关键离不开高层管理者支持。

10.1.3 供应链绩效评价指标内容构成

供应链管理的绩效评价问题实质上是对供应链整体运行情况、供应链成员和供应链企业间的合作关系的度量,一般设计供应链节点企业内部绩效度量、供应链节点企业之间合作绩效度量和供应链整体绩效度量三个方面。

1. 供应链节点企业内部绩效

供应链节点企业内部绩效度量主要是对供应链上的企业内部绩效进行度量。它着重将活动和过程同以前的作业和目标作比较。内部绩效度量通常有如下指标:客户服务、成本管理、质量、生产率和资产管理。

(1) 客户服务。

客户服务包括服务的可得性、服务作业绩效和服务可靠性。

① 服务可得性是指当顾客需要产品或服务时,组织所拥有的库存能力或提供服务的能力。服务可得性可以用三个指标进行衡量:缺货频率、供应比率和订单完成率。

$$缺货频率=\frac{缺货次数}{用户要求次数}\times100\%$$

$$供应比率=\frac{满足用户要求数量}{用户要求数量}\times100\%$$

$$订单完成率=\frac{完成交付给客户的订单数量}{客户订单数量}\times100\%$$

使用订单完成率来衡量与产品可得性有关的绩效,是一种比较严格的方法。根据这种评价标准,如果在某个产品线上即使是只遗漏了一件货物,订单也会被看作没有完成。因此,在管理中也常常以某个时期内出现的缺货数目和延迟交货的数量作为服务可靠性的评价指标。

② 服务作业绩效可以通过速度、一致性、灵活性和故障与恢复四个方面来衡量。作业绩效涉及物流活动或服务作业期望完成的时间及活动中可接受的变化因素等。

③ 服务可靠性中的关键因素是各供应商提供准确无误的信息。服务过程中总有可能发生意外,顾客通常讨厌意外事件的发生,但如果他们能够事先收到明确的信息,就可以对意外情况做出相应的调整。

（2）成本管理。

最直接反映内部绩效的是完成特定的运作目标而发生的实际成本。成本绩效经常以每一项职能所花费的总额作为评价指标,因此,常常需要对具体的物流职能,如仓储运输和订单的处理等成本数据进行监控。企业也常常需要对成本占销售额的百分比或每个单位产品的成本消耗进行监控。

（3）质量。

评估质量绩效的方法有很多,比较典型的评估指标包括损坏比率,即计算损坏的货物数量占全部货物数量的比率,还有一些重要的质量绩效指标与信息有关。许多企业特别注重评估自身提供信息的能力,即当企业没有出现客户所需信息的情况时,企业自身是否具有提供相关信息的能力。另外,如果出现信息不准确的情况,企业通常也会对这些情况进行跟踪。

（4）生产率。

生产率是一种关系,通常会用一个比率或指数来表示,即货物产量、完成的工作或创造的服务与用于生产该产品的投入或资源的数量之间的比率。在很多情况下,对生产率的评估会有很多困难。比如,在一定的时间段内,产量难以衡量、同时所用的投入与产量难以匹配、投入与产出相混淆或类型不断变化等,使得数据难以得到。

（5）资产管理。

资产管理的重点是投资在设备和设施上的资本的利用,同时还有投资在库存上的经营资本的利用。如物流设施、设备和库存可以代表一个公司资产的很大部分。设施与设备经常以容量的利用——总容量的利用比率来进行评估,这种评估方法表明了资本资产投资的有效或无效利用,资产管理同时也关注库存。库存周转比率是最常见的绩效评估方式。

$$库存周转率=\frac{销售成本}{平均存货价值}$$

2. 供应链节点企业之间合作绩效

供应链节点企业之间合作绩效评价主要是对供应链上企业之间运行状况进行的评估。

企业之间合作绩效评价的指标主要有客户满意度和基准评估。

（1）客户满意度。

客户作为供应链市场的导向和利润来源，是供应链绩效的主要驱动因素。客户不断变化，满足客户要求和消费的偏好增加了供应链在运作成本上的压力。同时，产品质量计划的柔性不能有任何的下降。客户对产品为自身带来的价值增值或成本节约愈发注重，使得供应链需要在每一个环节都考虑客户要求。节点企业所有基础服务的统计数据可以作为衡量客户满意度的内部指标，但是，要量化满意度就要对来自客户的信息进行监控、评估。一般会采用问卷调查等方法来获得相关的数据。

典型的满意度评估方法要求企业对客户的期望、需求和客户对企业各方面运作绩效的影响和理解进行详细调查。例如，典型的调查会就客户的期望和绩效影响进行评估。客户的期望和绩效影响包括可用性、信息有效性、订单准确性、问题处理情况等方面。只有通过收集来自客户的数据信息，才能够真正地评估满意度。更进一步地说，必须从客户的角度去衡量那些为提升客户满意度而付出的努力。

（2）基准评估。

基准同样是绩效评估的关键方面，它使管理者了解到一流的经营运作。关于基准的一个关键问题是选择基准评估的对象。许多公司对企业内部设计相同区域的绩效或处于不同地区的运作区域的绩效进行比较，由于从事多种经营的大公司的运作区域经常不知道其他区域中所发生的事情，因此内部基准提供了共享信息和改进绩效的渠道。此外，竞争者的绩效信息为判定组织哪些地方最需要改进提供参考。

3. 供应链整体绩效

供应链的绩效包括企业内部的绩效和企业之间的绩效。但最终体现供应链综合竞争实力的还是供应链的整体绩效，这就要求供应链的绩效评价能够从总体上度量供应链运作绩效。一般情况下，可以通过三个方面体现：供应链总运营成本、供应链响应时间和供应链闲置时间。

（1）供应链总运营成本。

供应链总运营成本是供应链上所有企业成本的总和，而非单个企业的成本。具体计算公式为

$$供应链总成本 = 原材料来源成本 + 基本产量初始生产成本 + 制造商成本 +$$
$$分销商成本 + 零售商成本$$

供应链总运营成本越低，反映在供应链产品中的成本也就越低，供应链产品的利润率就高，说明供应链的运营越有效率，从而在供应链之间的竞争中越具有竞争力。

（2）供应链响应时间。

供应链响应时间可以通过相应的需求时间计算，即一个企业认识到市场需求的根本性变化，并将这一发现内化，然后重新计划和调整产量来满足该需求所需要的时间。以汽车制造业为例，当发现市场上对运动型汽车的需求较高时，汽车制造厂往往要花好几年的时间来开发充足的生产力，重新安排组建供应链关系，才能满足消费者的需求。

当考虑到整个供应链（包括从原材料来源到最终分销）需要多长时间才能准备好以面对产品需求波动比预期大很多的情况时，供应链响应时间就显得极其有用。供应链的响应时间标志着供应链的反应速度和响应能力，是决定供应链竞争力的关键因素之一。

（3）供应链闲置时间。

供应链闲置时间是另一个用来衡量整体供应链在资产管理方面绩效的指标。一般用库存天数利用率表示。

$$库存天数利用率=\frac{供应链中库存闲置的天数}{供应链库存有效利用（或配置）天数}\times100\%$$

闲置时间指标也可以用于其他资产的计算，如运输设备闲置时间。

10.2 供应链绩效评价指标体系设计和方法

10.2.1 供应链绩效评价指标体系设计

供应链绩效评价指标体系设计应该涵盖企业内部绩效、企业间绩效和供应链整体绩效，一般划分为财务评价、客户满意度评价、供应链联结评价和供应链流程评价。

1. 财务性评价指标

从供应链运作的结果来看，如果供应链目标得以实现，则供应链本身和节点企业均能够取得财务上的成功。因此，整个供应链的财务优化依旧是供应链管理的重中之重，也是构建供应链绩效评价指标体系的核心。常用的评价指标如下。

（1）总资产报酬率。用于评价供应链成员企业利用资产产生利润的能力。

$$总资产报酬率=\frac{利润总额}{平均总资产}\times100\%$$

（2）销售收入增长率。反映销售收入增长速度。

$$销售收入增长率=\frac{（本期销售收入-上期销售收入）}{上期销售收入}\times100\%$$

（3）资产负债率。是指总负债与总资产的比率。

$$总资产负债率=\frac{总负债}{总资产}\times100\%$$

（4）供应链运营总成本。包括供应链通信成本、供应链库存费用以及各节点企业外部运输总费用，反映了供应链运营的效率。

2. 客户满意度评价指标

供应链客户既包括供应链上的其他节点企业，也包括最终的消费者。

（1）柔性。指产品和服务符合客户个性化需求的程度，即供应商为了留住顾客，满足客户定制化需求的灵活能力。

（2）查询时间。是指一家公司向客户提供所需信息花费的时间。在线信息是客户服务的重要部分，是提升竞争力的重要措施。

（3）售后服务。及时提供客户需要的售后服务，可以提升企业形象，增强客户对企业产品和服务的认同感和满意度。

（4）客户保有率。是指重复购买的客户数量与客户总数量的比值，反映供应链的客户忠诚度水平。

$$客户保有率=\frac{重复购买的客户量}{（期初客户总量+期末客户总量）/2}\times100\%$$

（5）客户增长率。反映供应链吸引客户的能力。

$$客户增长率=\frac{新客户的数量}{期初客户总量}\times100\%$$

3. 供应链联结评价指标

供应链联结评价指标主要是指反映供应链节点企业之间关系的绩效评价指标。

（1）准时交货率。是指上游供应商在一定时间内准时交货的次数占其总交货次数的百分比。供应商准时交货率低，说明其协作产能不足，或者交货组织不力。

$$准时交货率=\frac{一定时间内准时交货次数}{一定时间内交货总次数}\times100\%$$

（2）成本利润率。指单位产品净利润占单位产品总成本的百分比。产品成本利润率越高，说明供应链的盈利能力越强。

$$成本利润率=\frac{单位产品净利润}{单位产品总成本}\times100\%$$

（3）满意交货率。是指产品质量合格且准时交货次数占产品总交货次数的百分比，反映供应商准时交货的服务质量。

$$满意交货率=\frac{产品质量合格且准时交货次数}{产品总交货次数}\times100\%$$

（4）响应提前期。这个时间对客户来说越短越好，提高上下游企业的衔接程度能使供应链更顺畅。

4. 供应链流程评价指标

（1）信息化指标。反映供应链运营过程中的信息化程度。信息化可以有效降低供应链运作成本，实时监督供应链的运作状态，提高节点企业之间的协调程度。

（2）产销率指标。是指在一定时间内已售出产品与已生产产品数量的比值，反映企业的经营情况和库存情况。其具体的细分指标包括节点企业的产销率、核心企业的产销率、供应链产销率（节点企业产销率之和）。

（3）产销偏差度。通过平均产销绝对偏差指标度量，即节点企业在一定时间内生产量与其销售量之差的平均值。

（4）产需率指标（包括节点企业产需率和核心企业产需率）。节点企业产需率为一定时间内已生产的产量与下游节点企业对该产品的需求量之比，反映上下游节点企业之间的供需关系。核心企业产需率是一定时间内核心企业生产的产量与最终用户对该产品的需求量之比，反映供应链整体生产能力和快速响应市场的能力。

（5）有效增值率。反映供应链在客户订单中有效增值活动时间与总运作时间的比率。

（6）库存闲置率。是供应链库存闲置时间占库存总时间的比率，其中，闲置时间包括以物料、在制品、半成品和产成品库存的不同形式在供应链仓库中的总停滞时间；库存移动时间则是指在加工、运输、发运中的总时间，反映供应链的库存经营效率。

（7）新产品开发率。是指在研的、储备的和已投产的新产品数之和与现有的产品总数的比值，反映了供应链整体产品创新能力和适应市场变化的能力。

（8）专利拥有率。是指供应链整体专利技术拥有数量与全行业专利技术拥有数量的比值。显而易见，该指标的数值越大，说明供应链整体技术水准越高，核心竞争能力越强。

（9）供应链产品出产（或服务）循环期指标。是指供应链各节点企业产品出产（或服务）的出产节拍或出产间隔时间。节点企业零部件出产期反映对其下游节点企业需求的快速响应性；核心企业产品出产循环期反映整个供应链的在制品库存水平和成品库存水平，也反映整个供应链对市场或用户需求的快速响应能力。

（10）产品质量。是指供应链各节点企业生产的产品或零部件的质量，主要包括合格率、废品率、退货率、破损率、破损物价值等指标。

从这些量化的指标中，可以检测出供应链运行的症结所在，从而有的放矢地加以解决。当然，企业不可能在上游供应链所有性能指标上都达到最优，因此，合理选择对企业成功最为重要的指标来评测供应链性能极为重要。

10.2.2 供应链绩效评价方法

传统企业绩效评价存在不合理性，供应链管理的发展促使评价体系不断完善，不同的评价方法被应用于实践中。对于企业来说，选择合适的供应链绩效评价方法显得尤为重要。绩效评价方法一般有基于财务指标的绩效评价方法、基于关键绩效指标的评价方法、基于平衡记分卡的绩效评价方法和基于 SCOR 模型的绩效评价方法。

1. 基于财务指标的绩效评价方法

（1）资产收益率。

供应链过程管理是决定企业盈利能力的一个十分重要的因素，供应链流程的效率和产出越高，企业的盈利能力就越强。相反，若供应链流程的效率和产出越低，整个企业的供应链运营成本就越高，盈利能力就越差。供应链服务的效果影响着企业销售水平，供应链流程的效率则决定了企业的成本总和，收入减去成本等于利润，这是决定资产收益率的主要因素。供应链管理与资产收益率之间的计算关系如图 10-4 所示。

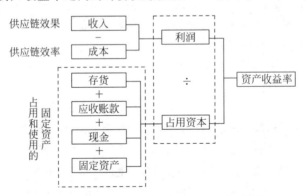

图 10-4 供应链管理与资产收益率之间的计算关系

企业供应链库存水平决定着用于库存的资产或资金。订单处理时间和信息传输时间决定着企业从销售到收款的周期长短，所以它们也影响着应收账款和现金资产。同样，企业仓库数量多少和规模大小的供应链决策将直接影响企业固定资产。由图 10-4 可以看出，利润越高，企业的资产收益率就越高。相反，利润越低，则企业的资产收益率就越低。

（2）资产负债表。

资产负债表反映一个企业在某个特定时间的财务状况，目的是总结资产和负债并指明所有制权益净值。一个企业的现金和应收账款受供应链时间（订单周期时间/订单现金周期)、供应链可靠性(订单完成率及时配送率)及信息准确率(票据正确率)的影响,所有供应链服务在开始起运、配送和支付时就已经决定了。一个企业的库存投资由企业所要求的服务水准和缺货率所决定。资产、厂房和设备投资受企业只由拥有仓储和运输工具的决策的影响。外包活动(如仓储和运输的决策)会影响到现有的负债水平(应付账款)。同样,有关库存和基础设施的投资决策会影响到企业的负债和资产水平。供应链资产负债表相关因素分析如图 10-5 所示。

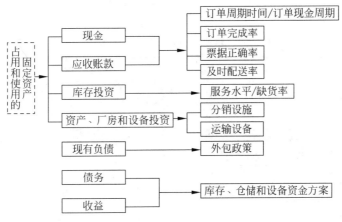

图 10-5 供应链资产负债表相关因素分析

2. 基于关键绩效指标的评价方法

关键绩效指标评价(key performance indicators,KPI)是提取一些事先认同的、影响一个企业成功的关键要素来构成评价体系,这些提取的要素就是 KPI,它们必须都是可以测量和量化的。KPI 的核心思想是"80/20"原则,即供应链或企业应当抓住主要因素,重点关注和考评与其战略目标实现关系最密切的 20% 的 KPI。

(1) KPI 子目标与主营业务流程。

供应链的总体战略目标由供应链核心企业确定,其他企业的战略目标必须与其保持一致。通常情况下,供应链战略目标可以分解为几项主要的支持性子目标,而这些更为具体的支持性子目标本身需要供应链的某些主要业务流程的支持才能在一定程度上实现。因此,本环节需要完成的工作有:由核心企业确定整个供应链的总体战略目标;供应链节点企业高层根据供应链的战略目标确立企业的总体战略目标;由核心企业将战略目标分解成主要的支持性子目标;在供应链的主要业务流程与支持性子目标之间建立关联。供应链绩效评价准则指标如图 10-6 所示。

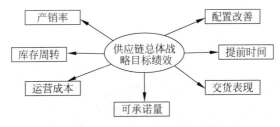

图 10-6 供应链绩效评价准则指标

（2）支持性业务流程目标。

在确认各战略子目标的支持性业务流程后，需要进一步确认各支持性业务流程在支持性战略子目标达成的前提下流程本身的总目标，流程总目标为低成本、快速满足客户对产品质量和服务的要求。将流程总目标在客户要求和组织目标要求的所有方面进行详细分解，如客户要求产品的价格低一点好，而组织要提高产品设计质量，供应链应当引进成熟的技术以弥补供应链自身的不足，其余表内内容类似，空白表示要求不相关或存在一定的冲突。供应链业务流程目标分解示例见表 10-1。

表 10-1 供应链业务流程目标分解示例

流程总目标：低成本、快速满足客户对产品质量和服务的要求		供应链目标要求（提高客户满意度）			
		产品合格品率	服务质量满意率	工艺质量合格率	准时发货率
		产品设计质量	工程服务质量	生产成本	产品交付质量
客户要求	质量高	产品设计良好	安装能力强	质量管理	发货准确
	价格低	引进成熟技术			
	服务好		提供安装服务		
	交货周期短			生产周期短	发货及时

（3）业务流程与职能部门关联。

供应链的战略目标主要由主营业务流程来实现，而主营业务是由供应链各个节点企业协作完成。以新产品开发的流程为例，确认业务流程与职能部门之间的联系。通过找出在不同业务流程中职能部门应承担的角色和应做的工作，在流程与职能部门之间建立联系，示例见表 10-2。

表 10-2 确认业务流程与职能部门联系示例

流程：新产品开发	各职能部门在流程中所承担的角色				
	市场部	销售部	财务部	研究部	开发部
新产品概念选择	市场论证	销售数据收集		可行性研究	技术力量评估
产品概念测试		市场测试			技术测试
产品建议开发			费用预算	组织调研	

（4）职能部门级别的 KPI 指标。

这里所指的"部门"不只是传统企业中的职能部门，还包括供应链节点企业协作时成立的团队中的虚拟部门。本环节需要从上述环节建立起来的流程重点、部门职责之间的联系中提取部门级的 KPI 指标。主要通过对影响绩效的时间、成本、质量和数量四个变量在测量主体、测量对象、测量结果三个方面分析，得出部门 KPI 指标。依然以新产品开发为例，部门级 KPI 指标提取示例见表 10-3。

表 10-3　部门级 KPI 指标提取示例

流程：新产品开发			关键绩效指标维度			指　　标
			测量主体	测量对象	测量结果	
维度	绩效度量	时间	效率管理部	新产品开发	上市时间	新产品上市时间
		成本	投资部门	生产过程	成本高低	生产成本率
		质量	顾客管理部	产品与服务	满意程度	客户满意率
		数量	能力管理部	销售过程	收入总额	销售收入

（5）进一步分解流程指标到职位。

根据部门 KPI、业务流程以及确定的各职能职责，建立供应链目标、节点企业目标、业务流程、职能部门与职位五个方面的统一。例如，在新产品开发的过程中，目标是通过发现客户问题、确认客户需求来发现商业机会，指标就是商业机会。这就需要市场部进行市场分析和客户调研，制定市场策略，指导市场运作，这些工作分别由市场部门两个职位的工作人员负责，确保工作人员分工明确，实现共同的目标。KPI 分解到职位示例见表 10-4。

表 10-4　新产品开发流程 KPI 分解到职位示例

流程：新产品开发			市场部部门职责		部门内职位职责			
					职位一		职位二	
步骤	指标	产出	指标	产出	指标	产出	指标	
发现客户问题，确认客户需求	发现商业机会	市场分析与客户调研	市场占有率	市场与客户研究成果	市场占有率增长率	制定市场策略，指导市场运作	市场占有率增值率	
			销售预测准确率		销售预测准确率		销售预测准确率	
			市场开拓投入率降低率		客户接受成功率提高率		销售毛利率增值率	
			市场领先周期		领先对手提前期		销售收入月增幅度	

3. 基于平衡记分卡的绩效评价方法

平衡计分卡是由哈佛大学教授 Robert Kaplan 与诺顿研究院（Noran Norton Institute）执行长 David Norton 于 20 世纪 90 年代提出的一种绩效评价体系，当时，该项研究的目的就是要"找出超越传统财务量度的绩效评价模式"，以使组织的"策略"能够转变为"行动"。平衡计分卡从财务、客户、内部运营、学习与成长四个角度将组织战略落实为可衡量的指标和目标值，圆满地达成了这一目标。平衡记分卡的一般模型如图 10-7 所示。

（1）财务层面。

财务层面指标可以显示企业的战略及其实施和执行是否对改善企业盈利有所贡献。财务目标通常与获利能力有关，其一般衡量指标包括营业收入、资本报酬率、经济增加值等，也可能是销售额的提高或现金流量等。针对供应链运营的绩效评价，可用的指标有供应链资

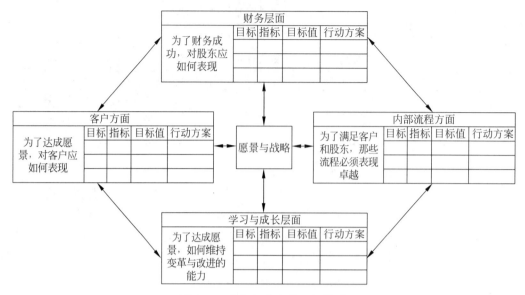

图 10-7　平衡记分卡的一般模型

本收益率、现金周转率、供应链库存天数和客户销售增长与利润等。

（2）客户层面。

客户层面指标通常包括客户满意度、客户保持率、客户获得率、客户盈利率、目标市场份额等，业务单位的管理者应当能够清晰阐明客户和市场战略，从而创造出色的财务回报。针对供应链绩效评价的指标有供应链订单完成的总周期、客户保有率、客户对供应链柔性响应的认同、客户价值率等。

（3）内部流程层面。

管理者要确认组织必须擅长的关键流程，这些流程能够帮助企业提供价值，以吸引和留住目标市场的客户，并满足股东对财务回报的期望。牵涉供应链成员的生产运营绩效，这类指标主要有供应链有效提前期率、供应链生产时间柔性、供应链持有成本和供应链目标成本达到比率等。

（4）学习与成长层面。

它确立了企业要实现长期增长及改善而必需的软实力框架，确立了目前和未来成功的关系。供应链未来成长直接关系到管理的价值。供应链改进是一个动态的过程。主要通过四个方面进行：①重新设计产品及其流程；②通过企业集成对组织间活动有效地调节和整合；③持续改进供应链的信息流管理，使供应链伙伴能够共享决策支持所需的准确信息；④随时注意外部市场的潜在威胁和机遇，重新定义核心机制。改进效果主要体现在新产品开发周期、新产品销售比率、流程改进效率、产品最终组装点和组织之间数据共享的比重等。

平衡计分卡通过因果关系提供了把战略转化为可操作内容的框架，根据因果关系对企业的战略目标进行划分，可分解为实现企业战略目标的几个子目标，同样，各子目标或评价指标又可以根据因果关系继续细分，直至最终形成可指导个人行动的绩效指标和目标。

4. 基于 SCOR 模型的绩效评价方法

（1）SCOR 模型构成。

SCOR（supply-chain operations reference-model），即供应链运作参考模型。SCOR 由

国际供应链协会开发支持,适用于不同工业领域的供应链运作参考模型。1996 年春,两个位于美国波士顿的咨询公司——Pittiglio Rabin Todd & McGrath(PRTM)和 AMR Research(AMR)为了帮助企业更好地实施有效的供应链,实现从基于职能管理到基于流程管理的转变,牵头成立了供应链协会,并于当年年底发布了供应链运作参考模型。SCOR 主要由四个部分组成:供应链管理流程的定义、对应流程性能的指标基准、供应链"最佳实施"的描述以及选择供应链软件产品的信息。

SCOR 模型描述了五个基本流程:计划(plan)、采购(source)、生产(make)、发运(deliver)和退货(return)。它定义了供应链运作参考模型的范围和内容,并确定了企业竞争性能目标的基础。企业通过对第一层 SCOR 的分析,可根据供应链运作性能指标作出基本的战略决策。

(2) SCOR 用于供应链绩效评价指标构成。

一般用五类绩效指标评价供应链绩效,即可靠性、及时反应、柔性、成本和资产管理。可靠性是指供应链运作中,将正确的产品、在正确的时间,以正确的状态和包装、正确的数量、正确的文件,送达正确的地点和正确的用户;及时反应是指通过供应链将产品传递给客户的速度;柔性是指供应链响应市场变化获得或维持竞争力的敏捷性;成本是指与供应链运作相关的成本;资产管理是一个组织管理资产满足需求的有效性,包括管理固定资产和流动资金等全部资产。SCOR 供应链绩效评价指标构成见表 10-5。

表 10-5　SCOR 供应链绩效评价指标构成

绩效性质	性能属性定义	指标构成
可靠性	供应链运作中,将正确的产品、在正确的时间,以正确的状态和包装、正确的数量、正确的文件,送达正确的地点和正确的用户	按时交付率
		可供货率
		完美供货率
及时反应	通过供应链将产品传递给客户的速度	平均订单完成提前期
柔性	供应链响应市场变化获得或维持竞争力的敏捷性	供应链响应时间
		生产柔性
成本	与供应链运作相关的成本	产品销售成本
		供应链管理总成本
		增值生产率
		保修/退货处理成本
资产管理	一个组织管理资产满足需求的有效性,包括管理固定资产和流动资金等全部资产	现金周转时间
		库存周转天数
		资金周转次数

SCOR 是基于流程管理的工具,国外许多公司已经开始学习和应用 SCOR。大多数公司都是从 SCOR 的第二层开始构建公司的供应链,此时常常会暴露出现有流程的低效或无效,因此需要花时间对现有供应链进行重组。典型的做法是减少供应商、工厂和配送中心的数量,有时公司也可以取消供应链中的一些环节。一旦供应链重组工作完成,就可以开始进行性能指标的评测和争取最佳业绩的工作。

10.3 供应链绩效改进策略与激励机制

10.3.1 供应链绩效改进策略

1. 绩效改进的前提条件

正确评价供应链绩效是改进的前提,评价目的在于了解供应链的运营状况、分析不足,从而有的放矢地实施和完善。只有通过客观、有效的供应链绩效评价,才能对供应链管理提出新方法、形成新策略,确保供应链节点企业获得持续的盈利和健康成长。因此,选择合适的评价主体,选择合适的评价指标,选择合适的评价方法,为客户创造更高的价值。

2. 绩效改进的管理策略

供应链绩效改进可以从三个方面进行:①改进供应链每个节点企业的绩效,这是最基础的一步,是进行节点企业自身绩效的改进;②提高供应链节点企业之间的协作水平,节点企业之间只有连接起来,才能形成一条有竞争力的供应链,只有节点企业之间加强合作,通过资源的整合和优化配置,才能推动整体供应链绩效的提高;③加强供应链企业之间的信息共享,供应链是各个节点企业因生产运营合作的需要而连接在一起形成的一条承载物流和信息流的链条,通过信息共享、上下游节点企业有效合作,实现最大范围的资源优化组合,提高供应链的绩效水平和竞争能力。

3. 标杆管理在绩效改进中的应用

(1)标杆管理的内涵。

标杆管理起源于 20 世纪 70 年代末 80 年代初,在美国学习日本的运动中,施乐公司首先开创标杆管理的先河,后经美国生产力与质量中心系统化和规范化。标杆管理的概念可概括为:不断寻找和研究同行业内一流企业的最佳实践,并以此为基准与该企业进行比较、分析、判断,从而使自己企业得到不断改进,进入或赶超一流企业,创造优秀业绩的良性循环过程。其核心是向业内或业外的最优秀企业学习。通过学习,企业重新思考和改进经营实践,创造自己的最佳实践,这实际上是模仿创新的过程。

(2)标杆管理的本质。

向组织外部参照物学习的价值在于使用结构化、正式的流程,持续地进行组织自身与一流实践的比较,驱使企业改善绩效的行为。基于标杆管理的绩效考核的目的是研究组织内外的最佳实践,分析标杆企业达到优秀水平的原因;将本企业的产品、服务、管理等实际情况,与标杆企业进行定量化的考核与比较;结合企业自身实际加以创造性的学习借鉴并选择改进的最优策略。企业通过追求卓越、流程再造、持续改善,夯实核心竞争力,建立学习型组织,提高企业自身的市场竞争实力。

(3)标杆管理的步骤。

标杆管理的步骤划分为 5 个阶段、20 个活动。

① 计划。组建项目小组,担当发起管理和整个标杆管理的责任,明确标杆管理的目标,通过对组织的衡量评估,确定标杆项目;选择标杆伙伴和制订数据收集计划,如设置调查问卷、安排参观访问等,充分了解标杆伙伴并及时沟通;开发测评方案,为标杆管理项目赋值以便于衡量比较。

② 内部数据收集与分析。收集并分析内部公开发布的信息;遴选内部标杆管理合作

伙伴；通过内部访谈和调查，收集内部第一手研究资料；通过内部标杆管理，可以为进一步实施外部标杆管理提供资料和基础。

③ 外部数据收集和分析。收集外部公开发布的信息；通过调查和实地访问收集外部的第一手资料；分析收集有关最佳实践的数据，与自身绩效计量相比较，提出最终标杆管理报告；标杆管理报告揭示标杆管理过程的关键收获，以及对最佳实践调整、转换、创新的意见和建议。

④ 实施和调整。这一步是前几步的目标所在，根据标杆管理报告，确认正确的改进方案，制订详细的实施计划，在组织内部实施最佳实践，并不断对实施结果进行监控和评估，及时做出调整，以最终达到增强企业竞争优势的目的。

⑤ 持续改进。标杆管理是持续的管理过程，不是一次性行为，因此，为便于以后继续实施标杆管理，企业应维护好标杆管理数据库，制订和实施持续的绩效改进计划，不断学习和提高。

10.3.2　供应链激励机制

1. 供应链激励的含义

激励是一个心理学范畴，在管理学的应用中，对激励的研究一般限于个人行为的范围。供应链激励因其对象包括团体（供应链和企业）和个人（管理人员和一般员工）而将研究范围扩大为个人的心理和团体的心理。一般来讲，供应链具有社会性，供应链的团体心理即是社会心理。供应链的社会心理作为一个"整体"具有"个体"——个人心理的一般特性，即基于需要产生动机进而产生某些行为以达到目标。

2. 激励机制的要素

激励机制是在组织系统中，激励主体系统运用多种激励手段并使之规范化和相对固定化，而与激励客体相互作用、相互制约的结构、方式、关系及演变规律的总和。激励机制是企业将远大理想转化为具体事实的连接手段。激励机制的内涵就是五个主要要素构成的整套制度：①诱导因素集合，即用于调动员工积极性的各种奖酬资源；②行为导向制度，它是组织对其成员所期望的努力方向、行为方式和应遵循的价值观的规定；③行为幅度制度，它是指对由诱导因素所激发的行为在强度方面的控制规则；④行为时空制度，它是指奖酬制度在时间和空间方面的规定；⑤行为归化制度，是指对成员进行组织同化和对违反行为规范或达不到要求的处罚和教育。

供应链企业之间要保持长期的战略合作伙伴关系，就要建立有效的激励机制，使供应链企业的利益紧密联系在一起，加强管理上的整合，促进共同发展。由于供应链横跨了多个职能部门，涉及多家企业，其中每个企业又有各自的首要事项和目标，要实现总体利益的最大化存在难度。为了鼓励供应链节点企业采取行动时，兼顾各方利益，企业提供合理和协调的激励手段有助于合作关系加强与巩固，促使供应链组织合理有序地运行，以最有效的合作方式完成供应链目标。

3. 供应链激励模式

（1）价格激励。

在供应链环境下，各个企业在战略上是相互合作关系，但是各个企业的利益也不能被忽视。供应链各个企业之间的利益分配主要体现在价格上。价格包含供应链利润在所有企业之间的分配、供应链优化产生的额外收益或损失在所有企业之间的均衡。供应链优化所产生的额外收益或损失大多数由相应企业承担,但是在许多情况下并不能辨别相应对象或者相应对象错位,因而必须对额外收益或损失进行均衡,这个均衡以便通过价格反映。

价格对企业的激励是显著的,高价格能增强企业的积极性,不合理的低价格会挫伤企业的积极性。供应链利润的合理分配有利于供应链企业之间合作的稳定和运行的顺畅。

但是,价格激励本身也隐含着一定风险,这就是逆向选择的问题,即制造商在调换供应商时,由于过分强调低价格谈判,往往选中了报价较低的企业,而将一些整体水平较高的企业排除在外,其结果影响了产品的质量、交货期等。当然,看重眼前利益是导致这一现象的主要原因,但出现这种行为的根本原因是签约前缺乏对供应商的了解,没有意识到报价越低,违约风险越高。因此,使用价格激励机制时要谨慎,不可一味强调低价策略。

(2)订单激励。

供应链获得更多的订单是一种极大的激励,在供应链内的企业也需要更多的订单激励。一般来说,一个制造商拥有多个供应商,多个供应商竞争来自制造商的订单,多个订单是对供应链的一种激励。

(3)商誉激励。

商誉是一个企业的无形资产,对于企业极其重要。商誉来自供应链内其他企业的评价和在公众中的声誉,反映企业的社会地位(包括经济地位、政治地位和文化地位)。委托-代理理论认为,在激烈的竞争市场上,代理人的代理量取决于其过去的代理质量与合作水平。从长期发展来看,代理人必须对自己的行为负完全的责任。因此,即使没有显性激励合同,代理人也在积极努力工作,因为这样做可以改进自己在代理人市场上的声誉,从而提高未来收入。

(4)信息激励。

在信息时代,信息对企业意味着生存。企业获得更多的信息意味着企业拥有更多的机会、更多的资源,从而获得激励。信息对于供应链激励实质上属于一种间接的激励模式,但是它的激励作用不可低估。随着企业之间信息共享程度的不断提高,信息激励机制在某种程度上有力地克服了信息不对称造成的企业之间互相猜忌的弊端,减少了由此带来的风险。

(5)淘汰激励。

淘汰激励是负激励的一种。优胜劣汰是事物生存的自然法则。供应链管理也不例外,为了使供应链的整体竞争保持在一个较高的水平,供应链必须建立对成员企业的淘汰机制,同时供应链自身也面临淘汰。淘汰弱者是市场规律之一,保持淘汰对企业或供应链来说都是一种激励。对于优秀的企业或供应链来说,淘汰弱者使其获得更优秀的业绩;对于业绩较差者,为避免淘汰的危险则更需要上进。

淘汰激励是在供应链系统内形成一种危机激励机制,让供应链节点企业都有一种危机感。企业在供应链体系获得群体优势的同时也获得发展,就必须承担一定的责任和义务,对自己承担的供货任务,从成本、质量、交货期等方面负有全方位的责任。防止其短期行为和"一锤子买卖"给供应链群体带来的风险。危机感可以从另一个角度激励企业发展。

(6)新产品/新技术共同开发。

新产品/新技术的共同开发和共同投资也是一种激励机制,它可以让供应商全面掌握新产品的开发信息,有利于新技术在供应链企业中的推广和开拓供应商的市场。在传统的管理模式下,制造商独立进行产品的研究与开发,只将零部件的最后设计结果交由供应商制造,供应商没有机会参与产品的研究与开发过程,只是被动地接收来自制造商的信息。这种合作方式最理想的结果也就是供应商按期、按量、按质交货,不可能使供应商积极主动关心供应链管理。因此,供应链管理好的企业,将供应商、经销商甚至用户结合到产品的研究开发工作中来,按照团队的工作方式展开全面合作。在这种环境下,合作企业也成为整个产品开发中的一份子,其成败不仅影响制造商,也会影响供应商及经销商。因此,每个人都会关心产品的开发工作,这就形成了一种激励机制,构成了对供应链上各个节点企业的激励作用。

(7) 组织激励。

在一个较好的供应链环境下,节点企业之间合作较愉快,供应链的运作通常少有争执。即拥有一个良好组织的供应链,这对于供应商及供应链内的节点企业来说都是一种无形的激励。减少供应商的数量,并与主要供应商和经销商保持长期稳定的合作关系是采取组织激励的主要措施。但有些企业对待供应商与经销商的态度不明朗,在零部件、原材料供不应求或供过于求的状态下对供应商采取不同的态度,供需双方之间缺乏信任与长期合作。因此,企业管理者必须具有战略眼光,与主要供应商建立战略合作伙伴关系,保持与供应商合作的长期性和稳定性。

【复习思考题】

1. 简答题

(1) 简述供应链绩效的内涵。

(2) 如何开发供应链绩效评价指标体系?

(3) 供应链绩效评价指标体系包含哪些方面的内容?

(4) 基于财务指标的绩效评价方法包含哪些方面内容?

(5) 基于关键绩效指标评价的供应链准则指标有哪些?

(6) 平衡记分卡模型有哪些主要内容?

(7) 一条供应链有哪些激励模式?

2. 论述题

(1) 为一家快速消费品企业设计应用平衡记分卡进行绩效评价的流程。

(2) 为一家大型零售连锁超市选用适用的供应链激励模式,并说明选择这些激励模式的依据。

参 考 文 献

[1] 谢家平,梁玲,宋明珍.供应链管理[M].4版.上海:上海财经大学出版社,2021.

[2] 马士华,林勇.供应链管理[M].北京:机械工业出版社,2000.

[3] 苏尼尔·乔普拉.供应链管理[M].杨依依,译.5版.北京:中国人民大学出版社,2013.

[4] 谢家平,迟琳娜.供应链管理[M].2版.上海:上海财经大学出版社,2012.

[5] 唐纳德·沃特斯.供应链管理概论[M].2版.北京:电子工业出版社,2011.

[6] 王道平,侯美玲.供应链库存管理与控制[M].北京:北京大学出版社,2011.

[7] 唐纳德·鲍尔索克斯,戴维·J.克劳斯,M·比克斯比·库珀.供应链物流管理[M].北京:机械工业出版社,2004.

[8] SCHUH C,STROHMER M F.供应商关系管理:机会与价值最大化[M].北京:清华大学出版社,2016.

[9] 罗纳德·H.巴罗.企业物流管理:供应链的规划、组织和控制[M].2版.北京:机械工业出版社,2006.

[10] 柳荣,庞建云.采购管理与运营实战[M].北京:人民邮电出版社,2020.

[11] 柳荣.采购与供应链管理:采购成本控制和供应商管理实践[M].北京:人民邮电出版社,2018.

[12] 刘丽艳,乔向红.物流与供应链管理[M].北京:电子工业出版社,2019.

[13] 段伟常,梁超杰.供应链金融5.0:自金融＋区块链票据[M].北京:电子工业出版社,2019.

[14] 马士华,林勇.供应链管理[M].5版.北京:机械工业出版社,2016.

[15] 马士华,林勇.供应链管理[M].6版.北京:机械工业出版社,2020.

[16] 约翰·J.科伊尔,C·小约翰·兰利,布里安·J.吉布森.供应链管理:物流视角[M].9版.北京:电子工业出版社,2016.

[17] 约翰·J.科伊尔,C·小约翰·兰利,布里安·J.吉布森.供应链管理:物流视角[M].10版.北京:清华大学出版社,2020.

[18] 中华人民共和国国家治理监督检验检疫总局.中国国家标准化管理委员会.中华人民共和国国家标准:供应链风险管理指南(GB/T 24420—2009)

[19] 宫迅伟.采购2025:数字化时代的采购管理[M].北京:机械工业出版社,2018.

[20] 赵钢,杨冰,杨英宝.供应链网络运行与控制[M].北京:科学出版社,2017.

[21] 戴菊贵.集群企业合作研发激励机制研究[M].上海:上海交通大学出版社,2015.

[22] 肖潇.一本书读懂采购[M].天津:天津科学技术出版社,2017.

[23] 宋华.供应链金融[M].北京:中国人民大学出版社,2015.

[24] 计国君,蔡远游.运输管理[M].厦门:厦门大学出版社,2012.

[25] 刘大为.电商供应链联盟企业绩效评价研究[M].杭州:浙江大学出版社,2014.

[26] 水藏玺.业务流程再造[M].5版.北京:中国经济出版社,2019.

[27] 杰拉德·卡桑,克里斯蒂安·特维施.运营管理[M].北京:中国人民大学出版社,2023.

[28] 肯尼斯·莱桑斯,布莱恩·法林顿.采购与供应链管理[M].8版.北京:电子工业出版社,2014.

[29] 程国卿,吉国力.企业资源计划(ERP)教程[M].2版.北京:清华大学出版社,2013.

[30] 霍艳芳,齐二石.智慧物流与智慧供应链[M].北京:清华大学出版社,2020.

[31] 马修·沃勒,特里·埃斯珀.供应链与库存管理:库存控制、流转与绩效评估[M].北京:人民邮电出版社,2020.

[32]　宫迅伟.如何专业做采购[M].北京：机械工业出版社,2020.

[33]　王晓光.现代物流学[M].北京：电子工业出版社,2015.

[34]　唐隆基,潘永刚.数字化供应链：转型升级路线与价值再造实践[M].北京：人民邮电出版社,2021.

[35]　马丁·克里斯托弗.物流与供应链管理[M].5 版.北京：电子工业出版社,2019.

[36]　党争奇.智能供应链管理实战手册[M].北京：化学工业出版社,2020.

[37]　邢光军.闭环供应链协调与激励机制研究[M].北京：北京邮电大学出版社,2022.

[38]　苏尼尔·乔普拉.供应链管理[M].7 版.北京：中国人民大学出版社,2021.

[39]　小保罗·墨菲,迈克尔·克内梅耶.物流学[M].12 版.北京：中国人民大学出版社,2019.

[40]　傅莉萍.运输管理[M].北京：清华大学出版社,2015.

[41]　傅莉萍.运输管理[M].2 版.北京：清华大学出版社,2020.

[42]　辛童.采购与供应链管理：苹果、华为等供应链实践者[M].北京：化学工业出版社,2018.

[43]　尤西·谢菲.大物流时代：物流集群如何推动经济增长[M].北京：机械工业出版社,2019.

[44]　张涛.企业资源计划(ERP)原理与实践[M].2 版.北京：机械工业出版社,2015.

[45]　供应链管理专业协会.供应链管理流程标准[M].2 版.北京：清华大学出版社,2020.

[46]　谢家平,梁玲.供应链管理[M].3 版.上海：上海财经大学出版社,2015.

[47]　涂高发.采购管理：从入门到精通[M].北京：化学工业出版社,2019.

[48]　王欣兰.物流成本管理[M].2 版.北京：北京交通大学出版社,2015.